名师工程
高效课堂系列

# 语文教学「勤」与「懒」的辩证艺术

王海东 著

西南大学出版社
国家一级出版社 全国百佳图书出版单位

图书在版编目（CIP）数据

语文教学"勤"与"懒"的辩证艺术/王海东著. — 重庆：西南大学出版社，2022.5
ISBN 978-7-5697-0018-3

Ⅰ. ①语… Ⅱ. ①王… Ⅲ. ①语文教学－教学研究 Ⅳ. ①H19

中国版本图书馆 CIP 数据核字（2020）第 001382 号

---

语文教学"勤"与"懒"的辩证艺术
YUWEN JIAOXUE QIN YU LAN DE BIANZHENG YISHU
王海东　著

---

**责任编辑：**雷　兮
**责任校对：**牛振宇
**出版发行：**西南大学出版社（原西南师范大学出版社）
　　　　　　地址：重庆市北碚区天生路 2 号
　　　　　　邮编：400715　市场营销部电话：023-68868624
　　　　　　http：//www.xdcbs.com
**经　　销：**新华书店
**印　　刷：**重庆市正前方彩色印刷有限公司
**幅面尺寸：**170mm×240mm
**印　　张：**13.75
**字　　数：**225 千字
**版　　次：**2022 年 5 月　第 1 版
**印　　次：**2022 年 5 月　第 1 次印刷
**书　　号：**ISBN 978-7-5697-0018-3
**定　　价：**56.00 元

若有印装质量问题，请联系出版社调换
版权所有　翻印必究

# 序

语文课在中小学是重头课程，但历来对语文教学的争论最多，可以说是意见纷纭。语文课的性质是工具性还是文化性？语文教材中文言文多一点还是少一点？语文教学以阅读为中心还是以作文为中心，以传授语文知识为主还是以发展能力为主？等等。其实，充分理解语文的性质和语文教学的任务以后，这些问题就会迎刃而解。

语言是交流和思维的工具，语文是语言的书面形式。关于语文教学的任务，2011年颁布的《义务教育语文课程标准》中写道："语文课程致力于培养学生的语言文字运用能力，提升学生的综合素养，为学好其他课程打下基础；为学生形成正确的世界观、人生观、价值观，形成良好个性和健全人格打下基础；为学生的全面发展和终身发展打下基础。"《普通高中语文课程标准》（2017年版2020年修订）中写道："语文课程应引导学生在真实的语言运用情境中，通过自主的语言实践活动，积累言语经验，把握祖国语言文字的特点和运用规律，加深对祖国语言文字的理解与热爱，培养运用祖国语言文字的能力；同时，发展思辨能力，提升思维品质，培育社会主义核心价值观，培养高尚的审美情趣，积累丰厚的文化底蕴，理解文化多样性。"这让我想起2006年我写过的三句话，好像也符合新的课程标准的要求。这三句话是：

语文是工具，有了它，才能思维，才能表达，才能交流；

语文是基础，有了它，才能学习，才能生活，才能工作；

语文是文化，有了它，才有精神，才有智慧，才有品格。

因此，以上关于语文教学的争论，其实都是辩证的统一。语言是交流的工具，当然首先要掌握它。只有会运用祖国的语言文字，才能学习好其他课程，才能与人交流。而交流的内容就是文化，无论是交流生产知识还是生活经验，都是一种文化交流。因此，语文是文化的载体，语文里装着思想、装着文化。一个民族的语文是这个民族世代创造的文明的结晶，它

反映着民族精神、民族生活的全部历史。语文课本里的内容是我国经典著作里的名家名篇，更是民族文化。交流离不开文化，语文教育当然更离不开文化。所以，语文课的工具性和文化性是辩证统一的。

　　语文是思维的工具，因此语文课要发展学生的思维。我认为课程标准中对发展学生的思维强调得不够，在语文教学中应该加强。语文教学不能只是教师讲解课文，更应该让学生阅读、体会，在阅读中发现问题、提出问题、分析问题、解决问题，从而培养学生逻辑思维、分析思维的能力。

　　语文课本中选的名著名篇是很有限的，光靠课本中的几篇文章是难以完成语文教学的任务的。因此要引导学生阅读，把课内课外的阅读结合起来，养成阅读的习惯。终身读书的习惯，对学生一生的发展是特别重要的。

　　总之，对语文教学中的问题不要绝对化，要用辩证唯物主义的方法来认识它，问题是如何掌握好"度"的问题。河南漯河高中的王海东校长从事语文教学近30年，经过实践与思考、积累与沉淀，形成了自己的教育教学理念和思想。"高中语文教学艺术"4本论著《语文教学"多"与"少"的辩证艺术》《语文教学"快"与"慢"的辩证艺术》《语文教学"勤"与"懒"的辩证艺术》《语文教学"死"与"活"的辩证艺术》，从四个方面辩证地探讨、分析了语文教学的本质、语文教学的任务和课堂教学的问题，辩证地解答了教育教学和教改中的"量""速""态""法"四大问题，也就破解了关于语文教学长期争论的问题。文章精思附会，特色鲜明，语言朴实，既有知识性又有趣味性，既有前瞻性又有思辨性，值得大家一读。

　　当前教育改革轰轰烈烈，课外活动丰富多彩。但我认为，还是要把主要精力放在课堂教学的改革上，首先要上好每一节课，再与课外活动结合，提高课堂教学的质量，使学生的全面素质达到课程标准的要求。王海东老师为我们做出了榜样。

　　王海东老师要我为他的丛书作序。有感于历来语文教学的争论，写了几句感想。是为序。

# 目 录
CONTENTS

## 第一章 语文教学"勤"的艺术

第一节 语文教学为何要"勤"/3

一、"勤"是立德树人的必备品格/3

二、"勤"是养成文化自信的关键能力/5

三、"勤"是教材内容的重点表现/6

四、"勤"是探究学习的重要基石/9

五、"勤"是大梦终成的实现途径/12

第二节 何为语文教学的"勤"/14

一、语文教学的"勤"指什么/14

二、语文教学的"勤"的原则/26

第三节 语文教学如何"勤"/36

一、语文教学"勤"的艺术的宏观要求/36

二、语文教学"勤"的艺术的实施策略/47

## 第二章 语文教学"懒"的艺术

第一节 语文教学为何要"懒"/62

一、"勤"会顾此失彼,明了语文教育的基础性,须"懒"/62

二、"勤"将喧宾夺主,懂得语文教育的本真性,须"懒"/64

三、"勤"多包办代替，知晓语文教育的发展性，须"懒"/ 67

四、"勤"常越俎代庖，敬畏语文教育的创造性，须"懒"/ 69

五、"勤"易揠苗助长，指向语文教育的未来性，须"懒"/ 71

第二节 何为语文教学的"懒"/ 74

一、语文教学的"懒"指什么/ 74

二、语文教学"懒"的原则/ 79

第三节 语文教学如何"懒"/ 87

一、语文教学"懒"艺术的宏观要求/ 88

二、语文教学"懒"艺术的实施策略/ 96

# 第三章 语文教学"勤""懒"结合的艺术

第一节 语文教学为何要"勤""懒"结合/ 113

一、广收兼蓄萃取：核心价值定语文教学实践基准/ 113

二、多元兼蓄集成：创新精神使语文教学回甘固本/ 117

三、丰富兼蓄异彩：课堂建设让语文教学妙趣横生/ 122

四、浓情兼蓄精思：纵向专注令语文教学润物无声/ 126

五、全面兼蓄个性：核心素养助语文教学纲举目张/ 131

第二节 语文教学"勤""懒"结合的意义/ 136

一、如何理解语文教学的"勤""懒"结合/ 136

二、语文教学"勤""懒"结合的意义解读/ 142

第三节 语文教学如何做到"勤""懒"结合/ 159

一、语文教学"勤""懒"结合的宏观要求/ 159

二、语文教学"勤""懒"结合的实施策略/ 169

第四节 语文教学"勤""懒"结合技法举隅/ 186

一、"勤"引玉，"懒"抛砖，如琢如磨成良璧/ 186

二、"勤"围魏，"懒"救赵，饶有兴趣解三昧/ 189

三、"勤"假痴,"懒"假癫,循序渐进制胜机/191

四、"勤"于无,"懒"于有,惹是生"非"将绮思/194

五、"勤"逸心,"懒"劳形,高潮迭起消精疲/197

六、"勤"连疑,"懒"串解,环环相扣通灵犀/200

七、"勤"结赞,"懒"相轻,以情为权立绝世/203

后记/207

# 第一章

# 语文教学"勤"的艺术

# 第一节　语文教学为何要"勤"

　　语文课程是党的教育方针和教育思想的承载者之一，是国家意志在语文教育领域的直接体现，在立德树人教育中发挥着关键作用。这就要求语文教学以"勤"为纲，积极培养学生的必备品格。同时，语文课程作为一门学习祖国语言文字运用的综合性、实践性课程，还承担着帮助学生积累丰厚的文化底蕴、理解文化多样性的责任，这就需要语文教师在教学过程中以"勤"为念，提升学生对语言文字的理解运用能力，逐步培养学生学习的文化自信。而作为语文课程实施抓手的教科书，有着明确的教学目标和教学内容，教师在教学过程中需要"勤"下功夫，抓住重点。语文教学还要求教师必须在实践中发展学生学习的思辨能力，提升学生学习的思维品质，培养学生学习的探究意识和发现问题的敏感性，探求解决问题和语言表达的创新路径，以"勤"为基石，促进学生语文学习方式的转变。其实，纵观语文发展史，每一位大梦终成的名师背后都有着超乎常人的辛勤劳作，他们口头上也许不见一个"勤"字，但勤耕慢养的身影却值得我们永远钦敬。我们当踏着他们的成功路径，去实现自己最美的教学梦。

## 一、"勤"是立德树人的必备品格

　　教育的根本任务在于育人。国家对于立德树人的政策要求，已经充分地体现出鲜明的育人导向，至于培育什么样的新青年，教育方针也已经很明确地指出来了。我们可以在基础教育课程改革中看到，教育部对课程方案和课程标准进行了充分的调整，进一步加强了教学实践中培育青年人的思想性、科学性、时代性、整体性等方面的要求。具体的内容体现在以下3个方面：一是全面落实党的十八大和十九大精神；二是切实加强中华优秀传统文化和革命传统教育；三是进一步强化学科的育人功能。从这三个方面，新课程标准进一步聚焦落实立德树人根本任务，将依托学科教学培养时代新人提升到了前所未有的地位，将有理想、有本领、有担当的时代

青年培养成德智体美劳全面发展的社会主义建设者和接班人变得越来越求本和务实。我们不仅要求学生在学习中单纯地储备学识，更需要他们在学习过程中增强中华文化自信，传承好的文化理念，提升自身的创新能力，具备必要的品格和各学科素养，在全面发展中把复兴中华民族作为自己的使命和担当。

  从中我们可以看到立德树人的重要性。作为德育的主要阵地——课堂，责无旁贷地要肩负起立德树人的重担。泰戈尔说过："教育的目的是向人类传送生命的气息。"在课堂上，教师是课堂的主导者，需要引导学生学习文化知识，同时还要不断地帮助学生树立正确的世界观、人生观与价值观，在学习的过程中甚至是在学校生活中不断培养学生的道德情感与道德认知。工具性与人文性的统一，是语文课程的基本特点。有学者认为，现行语文教育忽视人文性教育，导致了"人"的异化。在工具性教育价值观的引导下，中小学语文课堂教学看重学生的成绩和考试分数，凸显了急功近利的动机，从根本上失却对学生发展的整体关怀。然而，语文课程是博大精深的，而且内涵是丰富的。它氤氲的人文内涵在对学生进行学识教育的同时，对学生精神世界的影响是广泛而且深刻的，由此可以看出，立德树人贯穿语文课堂的始终。语文教师应借助语文课程的人文性特点，重视语文课程在潜移默化中对学生思想情感所起的熏陶、感染作用，培养学生良好的思想道德风尚。立德树人，语文教学不仅应该当仁不让，而且应该勤于"亮剑"，积极思考通过语文教学师生共同锤炼什么样的品格。而在诸多品格中，有一个立德树人必备的品格，就是"勤"。

  清代段玉裁在《说文解字注》中讲："勤，劳也。慰其勤亦曰勤。从力。堇声。巨巾切。按巾当作斤。十三部。""勤"是辛劳的意思。教育作为民族振兴、社会进步的重要基石，自然也少不了"勤"。毛泽东说："金猴奋起千钧棒，玉宇澄清万里埃。"教师在语文教学中调动学生参与师生合作，"勤"力奋起正向引导的"千钧棒"，久而久之，就会扫除蛀蚀立德树人的"一切害人虫"，还学生健康成长、万里无埃的澄清"玉宇"，学生最终就会以"勤"的必备品格，发展成为"全无敌"的人才。

  习近平总书记在全国教育大会上强调："要在学生中弘扬劳动精神，教育引导学生崇尚劳动、尊重劳动，懂得劳动最光荣、劳动最崇高、劳动最伟大、劳动最美丽的道理。"劳动的第一要义在于"勤","勤"达极致就是工匠精神。师生在语文教学中练就"勤"的必备品格,即教师具有精益求精、专注执着、严谨慎独、创新创造、爱岗敬业的情感浸透与自我融入的精神,学生在学习行为实践上表现为辛勤劳动、诚实劳动、创造性劳动,师生既表现了极致之美的品质追求,又体现了敬业之美的精神原色,更展现了创造之美的价值升华和追求卓越的精神品质。

## 二、"勤"是养成文化自信的关键能力

坚定文化自信,用中国智慧教育中国学生,是每个教育工作者,特别是语文教师不可忽视的重要内容。

有句歇后语:孔夫子搬家——尽是书(输)。谐趣中孔子"勤师"的形象不言而喻。因为有"勤师",千百年传递下来的理念和信仰,已经深入到中国人的心中,形成了一定的道德准则和价值观念。这是一种深入到血肉和骨骼之中的底蕴,在中国人心中潜移默化地形成了一种强大的力量,这种力量必然让中国通向奋进而卓越的道路。正是无限深厚的文化底蕴发展成中国的文化自信,让我们不断地汲取营养,完成自己在新时代对价值、品格、理念的塑造,形成新的合力,成就无比宏大的发展动力,带来新的发展繁荣和勃勃生机。

树立文化自信,语文教学需要"勤"加努力。语文教学具有传递中国传统文化的功能,作为一名语文教师,培养学生树立文化自信,需要"勤学习""勤思考""勤研究""勤传播"。在平时的教学中,要加强经典名篇的教学和古诗词课外拓展,编写传统文化教材,让学生热爱传统文化,有序推进传统文化教育。同时,要结合当前学生的实际情况,丰富传统文化教育形式。从上述意义上说,"勤"是养成文化自信的关键能力。

《普通高中各学科核心素养一览表》中有关语文科目的具体表达不仅是语文学科核心素养的充分体现,更是学生面对博大精深的文化体系时应该采取的态度和力求达到的效果。其包含的信息量巨大,对文化的深厚感情的建立、正确的价值判断、高雅高尚的审美创造,以及文化融合中的热爱包容、正向自觉、使命责任,都绝非一朝一夕可以达到。唯有辛勤方不

觉碌碌——勤于守成，勤于吸收，勤于提炼，勤于创新，勤于致远，勤于繁荣，勤于引领。张扬文化自信，必须以"勤"为基础，在关键处发力。

具体到课堂来说，在语文教学的关键处为文化自信发力，可以结合教材文本精准讲，厘清一条文化自信的发展主线；可以结合课外文本拓展讲，凸显一个文化自信的深刻主题；可以结合信息技术多方讲，增进一番文化自信的全面体验；可以结合课题研究专题讲，开辟一类文化自信的独特视角；可以结合校本课程系列讲，进行一种文化自信的熏染渗透；可以结合实践活动综合讲，掌控一方文化自信的多彩天地。语文教师作为中华母语文化的坚守者、传播者，怎么能够守着"金矿"哭穷呢？语文课应该是让人如沐春风的，让人醍醐灌顶、回味无穷的啊！在"勤"的加持下，语文教师首先是要有强烈文化自信的，他的言行举止，课堂教学语言的字字句句，哪怕是一个眼神，都能够解释文化自信的"春风无限事"。唯有如此，课堂才需要教师的"教"，而这种"教"比知识本身更有魅力，影响也更加深远，对成就孩子的一生助益颇大。而与之相适应的学生的"学"，因教师所给予的最本真的源头之水，与学生积累的文化底蕴汇合，从而完成唤醒和激发，最终冲开自主、自尊、自强的创造闸门，让我们见到一片汪洋恣肆的文化春水。

裴松之为《三国志·魏志·王肃传》作注说："读书百遍而义自见。"杜甫在《奉赠韦左丞丈二十二韵》中说："读书破万卷，下笔如有神。"董其昌在《画旨》中说："读万卷书，行万里路。"文化的求得基于"勤"，文化的自信生于"勤"。"勤"不仅是一种态度，更是一种能力，一种坚持初心、接受砥砺、邃密群科、养神养气、锤炼品格的能力。文化自信在语文课堂中的无限魅力在于，教师带领学生越学语文就越觉得我们的母语了不起，越学越觉得自己很浅薄，越学越觉得自己有新认识、新发现、新感悟，越学越觉得文化是我们自信心的不竭源泉，越学越觉得"勤"是我们抵达文化深处的最美旅行。

## 三、"勤"是教材内容的重点表现

教材是为教育服务的，是教育活动发展到一定阶段的产物。为了把人

# 第一章 语文教学"勤"的艺术

类活动长期积累下来的知识和技能永远地保存、传授下去，仅靠口述和简单的符号是远远不够的，于是人类创造了文字，也创造了丰富多彩的精神财富——教材。社会要发展，就应有专门的机构来传授知识，于是出现了学校，有了学校教育，便有了系统的学科教材体系，慢慢地，教材在教育中的作用和地位也变得越来越重要。从宏观上讲，教材是办学的基本条件，是学校进行教学活动的依据，是学校实现培养目标的基本因素，更是学校深入教学改革、提高教学质量的重要保证。

从微观上讲，教材是师生教与学的主要工具。教师要搞好教学，完成传递知识的任务，教材是主要依托。同样，学生获取知识，获得成长，提高道德素养，教材也是主要的营养"脐带"。根据认识过程的普遍规律和教学过程中学生的认识规律，我们可以肯定地说，学生获取知识并且能够掌握知识最后形成一定的体系，对教材的认知是第一步。如果能够对教材有丰富的认知，那么学生在脑海中就会有更加清晰的观念，在此基础之上学生就更容易去接受概念和知识，也更容易在此基础上不断地提升自己的能力，从而具备形成自己独特思想的能力。另外，我们还可以肯定地说，教材使学生在学习过程中获得的知识更加系统化、规范化，有助于学生理解和掌握教师讲解的知识，便于学生自习、复习和完成作业。

语文教师传播的知识大都源自教材，因此合理运用教材是语文教学中需要好好思考的。对教材的把握和理解需要"勤"，语文教学中勤思考、勤分析、勤解读、勤备课、勤反思，把教材的价值都在语文课堂中体现出来，那么语文教学就会大放异彩。

1. 对教材内容的准备要"勤"

教师备课的最基本的工作就是对教材内容进行充分准备，这里可以分成3个步骤：阅读、分析、概括。对教材内容的准备要"勤"的第一步就是"阅读勤"。首次的阅读和认知是考验一个教师基本能力的关键，能够从课本当中读出教学的关键点，能够对课本内容有基本的理解和把握，能够在自己原有的知识体系中找到对应的部分，是一个教师的基本素养。所以，阅读勤，才能够对课本有更为深刻的了解和认知，在此基础上进行第二步"分析勤"。教材内容设置的单元、篇目都是有一定的目的性的：为什么会出现在这里？前一篇和后一篇的关系是什么？这一篇目的理解重点

和难点分别是什么？这些都是教师在阅读的基础上，应该勤于分析的内容，只有这样"勤奋"地分析，才能够更好地把握教材内容的主旨及篇章设置的意义，也才能够更好地理解教材编撰者的设计意图，结合课程标准，完成教学任务。但是我们还需要最后一步——"概括勤"。这类似于我们思考后的付诸行动。在对教材有了进一步的了解后，对教学内容有了充分的把握后，怎样去实践，就需要教师把"概括"放在心中。这不仅需要教师对教材本身进行思考，还需要针对教学受众，即学生的情况进行思考。在了解了所教和所学后，才能在其中找到最好的连接点，即恰当的教学方法和教学手段。从认知到分析再到实践，这样才能三点连成一条完整的线，把课本与教师和学生连在一起。教师对教学内容准备要"勤"的目的是通过对教材的分析准备，进一步明确思考教材的重要性和分析教材的依据、内容和方法，逐步培养自身思考、分析、研究和处理教材的能力，提高教学业务能力，提高教学质量。

2. 对教材内容的解读要"勤"

一位教师在讲《林黛玉进贾府》一课时，让学生读课文后，就提问："林黛玉是怎样看贾府的？"还没等学生回答，教师就开始行动，又是讲解，又是示范，又是画图等，忙得不亦乐乎；另一位教师讲同一节课，先让学生看标题，提问："看着标题你想知道什么？林黛玉为什么要进贾府？她会怎么看贾府？假如你是林黛玉，初进贾府你会怎么做？贾宝玉和林黛玉的'第一次亲密接触'会是怎样的情景？林黛玉进贾府有什么潜台词没有？"学生通过读课文、分组讨论、合作交流、动手操作，很快有了不同的答案，问题迎刃而解，收到了意想不到的效果。前者在课堂中表现得非常"勤"快，什么事都是他一个人来完成，教师成了演员，而学生则成了观众，这并不是恰当的"勤"，学生也不会因此而养成勤于探究的习惯，独立思考和解决问题的能力也就得不到提升。而后者在课堂中通过不断提出问题，引导学生去动脑想、动口说、动手做，教师没有在课堂中独自"勤"，而是和学生一道"勤"于教材内容的解读，步步为营，循序渐进，逐步上升为审美愉悦，教学效果自然非常理想。"勤"于解读教材内容，表现在对教材内容的不断地、反复地、积极地思考，需要在课堂中提出精彩、说出精彩、写出精彩、画出精彩、演示精彩，这样才会使课堂充满生机与活力，从而帮助学生锤炼出高级思维，让学生在后续的阅读理解、鉴赏创造与表达交流中驾轻就熟，游刃有余。

3. 对教材内容的拓展要"勤"

新课程改革赋予了高中语文教材新的呈现方式和阅读方式，也在相关篇目后面附加了课外拓展阅读内容，这在引导学生勤学勤得、勤悟勤得的同时，更容易激发学生课外拓展阅读的求知欲。这就要求教师必须对教材内容"勤"做拓展，实现教材内容文本化处理、知识建构信息化处理、思维发展层级化处理、审美活动综合化处理、实践应用精准化处理。教师对教材内容的拓展既要"勤"做预设，让拓展内容符合正向激励的总体要求，设定价值标准的底线和红线，使拓有所值、拓而不僵、拓能行远；又要"勤"做发现，让拓展内容符合课堂的实际需要，遵循燃情、激趣、释疑、达悟、明慧的原则，不避其难、不畏其深、不让其锋，以学生思维的闪光点点亮课堂。如果教师不对教材内容"勤"做预设，又对超出教学预设外的问题和学生的表现漠然置之、熟视无睹，缺乏让学生充满学习热情和智慧的拓展提升，久而久之，学生就会学习乏味、兴趣缺位，在课堂上碌碌无为。

## 四、"勤"是探究学习的重要基石

探究学习是一种积极的学习过程，在探究学习中，学生在教师的指导下，自主探索知识，感知知识，收获知识。这就像自主耕种，在教师这个"技术能手"的带领下，学生这个"新手"认识耕种的"植物"——学会认识"种子"，培养"种子"，知道如何"除虫"，最后收获"粮食"。这样，学生在自己的不断实践中就可以成为新的"技术能手"。以后无论面对什么情况，教师都不用再担心学生在学习知识的过程中会出现什么其他问题。而且，在这样的一个"耕种"的过程中，学生遇到问题后自己的思考、学生之间的探讨都是获取知识的珍贵途径。这样收获的正向循环会促使学生继续学习下去，甚至搞科技创新，带来新的"生产力"。苏联教育学家苏霍姆林斯基说过："在人的心灵深处，都有一种根深蒂固的需要，这就是希望自己是一个发现者、研究者、探索者。"这当然不是无中生有，

语文教学"勤"与"懒"的辩证艺术

而是有科学的依据的。教育心理学研究认为,"学习动机是推动学生进行探究性学习的内部动力"。也就是说,动机一旦产生,就如被点燃的"火炬",持续地发光和燃烧就不再是一个令人头疼的问题了。从中我们可以明白一个关键的道理,即在语文教学中,教师在发光发热的时候,需要用课本、自身储备的知识、情境等多样化内容把"火"传递给学生,让学生自己"燃"起来。这样的学生是自主学习的学生,是"我要探究"的学生,是真正具有力量的人。只有具有力量的人,才能够在合作中付出和收获。

"积极倡导自主、合作、探究的学习方式"是《义务教育语文课程标准(2011年版)》的"基本理念"。这是语文教育的一个发展趋势,也是我们培养人才必须要走的道路。作为一种新的教学模式,自主探究性学习把学生的自主性放在第一位,这其实不仅是对学生的一种新的要求,更是对教师的新的要求。与以传统知识授课为主的教学不同,自主探究性学习打破了广大中学语文教师的教学舒适区,这既是一个新的发展机遇,也是一个更大的挑战。要做好自主探究性学习,面对未来这一发展趋势,教师们需要不断地思考和更新,来应对新的要求和挑战。语文教学贴近生活,适合学生进行探究性学习。而探究性学习强调学生的自主性,语文教师就需要把"勤"作为重要基石,让学生动起来,以"勤扶助"帮学生"上路",以"勤引导"让学生"走路",以"勤放手"促学生"拓路"。

1. 以"勤扶助"帮学生"上路"

著名教育家于漪说过:"课的开始好比提琴家上弦,歌唱家定调,第一个音定准了,就为演奏或歌唱奠定了基础。上课也是如此,第一锤应敲在学生心灵上,像磁铁一样把学生牢牢吸引住。"导入的关键性不言而喻。好的导入可以帮助学生快速进入到学习情境中,为学生提供一个合适的思维空间,从而更方便知识的传授和接纳。这就要求教师在学习的开始就通过情境导入,用生动而隽永的语言引人入境,于有意无意处引导学生进入山重水复中,激发学生的学习兴趣。教师可以通过多样化问题的设置和引导来穿针引线,帮助学生"柳暗花明又一村"。如教师在教《最苦与最乐》时,就可以对学生进行激趣导入:"同学们,大家都知道,宋代学者汪洙写了一本启人心智的奇书——《神童诗》,云'人生四大乐事'为:久旱逢甘雨，他乡遇故知，洞房花烛夜，金榜题名时。对此，有人还总结了'人生四大悲事'，如寡妇携子悲、将军被敌擒、失宠宫女泪、落第举子心。而更有意思的是，有人将'人生四大乐事'稍事修改，转化成了'人生四大悲事'：久旱逢甘霖，但是只有一滴雨；他乡遇故知，但是遇到的朋友是债主；洞房花烛夜，但那是隔壁邻居的婚礼；金榜题名时，但发现是重名，真正考中的不是你。由此我们不难看出：痛苦与快乐充满辩证，可谓是人生永恒的话题。比如，屈原是痛苦的，以致以死明志；但他又是快乐的，正如他自己所说，'民生各有所乐兮，余独好修以为常'。所以说，吃苦并不可怕，关键是能以苦作乐。那么，同学们在生活中有哪些苦让你们感动并快乐呢？请大家一起来分享。"学生畅所欲言，谈完了自己的感受后，教师就顺势说："关于'苦'与'乐'的看法，其实还有一个人同样有精彩的发言，他就是饮冰室主人——梁启超。今天，我们就来一起学习他的文章——《最苦与最乐》，听听他认为什么是'最苦'，什么是'最乐'。"通过激趣引起学生"我要学"的强烈欲望，从而达到以"勤扶助"帮助学生"上路"。

2. 以"勤引导"让学生"走路"

在课堂当中，真正的主人公不是教师而是学生。教学的主要目的是教会学生如何学习，这就要求学生要作为课堂的主体在语文教学中充分发挥主观能动性，在语文的学习过程中进行自主的探究式学习。教师在引导学生"上路"之后，还需要帮助学生学会"走路"，而学习"走路"的关键就是教师需要学会"放手"。这就要求教师在进行课堂教学设计的时候，需要思考学生的立场，立足学生的需求，以学生的发展为本，真正地让学生参与到课堂当中来。"勤引导"是这个阶段的关键词，教师要鼓励学生不断进行创新思考，用自己的实践来感知知识，在实践中获得能力，锻炼思维，学会学习。

（1）让学生自己思考。要想让学生自己思考，教师要学会让学生自己动脑，学生会自己动脑筋了，就会产生自己的疑问，这是教学生自己解决问题的有效方法。

（2）让学生学会合作。合作能使学生明白集体的重要性，"绳子只有拧在一起才最结实"，让学生明白合作才是胜利的不二法则。只有这样，学生才能学会自己探究未知的世界。

3. 以"勤放手"促学生"拓路"

"放"学生自己拓路。"放"即放手之意，老师要放开自己的无形之手，让学生用自己的手去慢慢开拓。学生通过亲自思考体验，能够加深对知识的理解和巩固。实践证明，分组探究中"勤放手"，特别是让学生通过小组合作对问题进行回答，让学生从中吸取养分、获得知识，才有利于其终身发展。其实教师也可以从中获得认知：学生通过自己动手探索出的路，才是他们掌握得最牢靠、最扎实的养料。比如，语文课本中的《动物游戏之谜》《宇宙的边疆》等课文，教师在讲的时候可以充分发挥学生的自主探究能力。学习这些传播科学性知识的课文，有利于开发学生的大脑，让他们充分发挥自己的想象力，探索一个全新的世界。通过自主探究，学生还可以自己去探索和发现生活中的奥妙。"勤放手"让学生在自己的探索中了解这个世界，从而对这个世界有本质上的认识和生活素养上的提升。

## 五、"勤"是大梦终成的实现途径

要实现语文教学的梦想，"勤"必须是坚定不移要走的道路。只有发挥自己的光和热，才能照亮一片黑暗，才能温暖一块寒冰，才能以激情点燃激情，以心灵贴近心灵，以生命唤醒生命，以梦想成就梦想。习近平总书记说："百年大计，教育为本。教育大计，教师为本。"因此，实现师生的梦，就是实现中华民族的教育梦、中华民族的复兴梦。

古今中外有成就的人不胜枚举，其成就更多是通过他们不辞劳苦的勤奋所取得的。勤奋是我们成功的坚实根基。

1. "勤"出成就

马克思用了人生宝贵的40年时间写成巨著《资本论》，而这成功的背后又有谁想得到，马克思经过多少个日日夜夜的辛勤苦读，才收获了今日的成就。司马迁，一个千古流传之人，从年轻时就开始周游各地，一步踏出一个脚印，他到过黄河，也到过长江，记载、积累了大量的真实资料，为他日后的成就——最终著成《史记》——奠定了坚实的基础。而歌德用了他将近一生的光阴写成了人类诗剧史上的奇迹——《浮士德》。这些历史名人能取得不凡的成就，均出自一个字——勤。

2. "勤"出坚持

就像梁文冲，是第一位获得亚巡赛奖金王的中国球手，也是中国内地唯一进入过世界排名前 100 的球员，迄今为止，他仍然是中国内地成就最高的男子高尔夫球运动员。1993 年，梁文冲被广东中山温泉高尔夫球会俱乐部选中，成为第一批正式培训的高尔夫球运动员之一。但是，作为一个地道的草根选手，梁文冲深知进入球会不是一劳永逸的。那段时间，他坚持刻苦训练，常常从凌晨 5 点一直练到晚上，和他同时被选中的孩子在坚持了两周之后，纷纷退出了，只有他仍一直坚持。终于，梁文冲凭借自己持之以恒的练习，敲开了高尔夫球职业运动的大门。

3. "勤"出梦想

只有勤奋并坚持不懈地追求自己理想的人，才最有可能实现自己的目标。英国著名诗人华兹华斯说过："一个崇高的目标，只要不渝地追求，就会成为壮举。"在追梦的过程中，许多人失败过，彷徨过，但是最后的成功者都是在困境中挣扎、拼搏奋斗并锲而不舍的人。雄鹰能搏击长空，是因为它在不懈地飞翔；大海会掀起巨浪，是因为它永不停息地奔向远方……每次成功的背后，都有不为人知的坚强，正是这份力量使他们有追求的信心与希望。虽然努力中也会失败，但我们应该有勇气去面对，有力量去承受，让我们学会用自己的双手去改变生活，刻苦勤奋地学习，在时间的沙滩上留下我们青春的、努力的、拼搏的足迹。勤奋，永远是漫长的过程，成功只是瞬间的陶醉。勤奋的快乐在于成功的希望，而成功的愉快却在于勤奋的事实。东汉文学家张衡说过："人生在勤，不索何获。"人生在世，如果不好好努力，不勤奋探索人生，又怎会有收获呢？

4. "勤"出精彩

还有很多语文教育专家，如于漪、韩军、魏书生、李吉林、钱梦龙等，都活出了自己的精彩。于漪老师的课堂就非常精彩，她在课堂中可以融入多元化的东西，而且她的基本功特别扎实，语言的运用特别精彩，很注重轻重缓急，加上教学动作，整个课堂能把学生完全吸引进去。魏书生，一个实干改革家，勇于探索，勇于改革，充分调动学生的积极性，让

每个学生有事干、有活干,每个学生都是班级的小主人,让教学变得轻松很多。

高尔基说:"天才出于勤奋。"实践证明,"勤"是大梦终成的实现途径。只有勤奋才可以为梦想插上翅膀,使自己的脚步更接近最终的目标。

## 第二节 何为语文教学的"勤"

古希腊的米南德说:"勤奋可以赢得一切。"胜利和成功总是更青睐勤奋的人。爱国名将岳飞,一个用行动阐释"勤奋"二字的英雄。他自幼家贫,在乡邻的资助下才可以学习文化,他在学艺的那段时间里,目睹了国家经历的灾难,看到百姓受到的痛苦,产生了学艺报国的想法。从此之后,无论寒暑冬夏,他每天勤学苦练,终于在名师周桐的指导下,练成了岳家枪,名留青史。而岳飞的成功就是离不开勤奋。

每个人的成功都离不开勤奋,有时候勤奋比才能更重要,只要你勤奋,那你就可以跨越山川大河,只有勤奋的人方可以享受成功的喜悦。

但是,语文教学的"勤"不是一味地出苦力,以牺牲时间和身体健康为代价,只知投入不计产出,成为学习的"呆子";而是从根本的语文课堂做起,以"板凳要坐十年冷,文章不写一句空"的皓首穷经精神,勤于探究点点滴滴,勤于拓展方方面面,勤于树人时时刻刻,以小小课堂培养出杰出的时代新人。

### 一、语文教学的"勤"指什么

语文教学的"勤"指的是在课堂教学中兼顾运用劳心和劳力的教学手段和呈现形式,通过师生的相互影响和合作,坚持正向激励,将教育教学引向深入、持久和有效,让学生不仅获得知识的聚变、能力的提升,而且养成良好的文品和过硬的人品,对教学过程始终怀有敬意。教师的教以勤作则,学生的学以勤固基,师生合作勤而始作苦,苦久得至乐,既乐复司勤,终使学生获得知识体系的扎实构建和思维境界的日益提升。它以过程、养成、长效为判断依据，是对文本内容更精更韧的解读拓展，是对文本选题更深更远的主导设计，是对文本价值更专更红的实践考量。它基于对语文课堂教学深水过河的经验积累，坚持博观性、约取性、精进性、反思性、呈现性"五项原则"，满足解决勤备精取、勤问精思、勤结精评、勤拓精选的"四个要求"，贯彻教师已学课课后拾遗（深度反思）、新学课课前拾疑（问题导学）、新学课课中拾趣（趣味激发）、新学课课中拾慧（多元思考）、新学课课中拾要（精准点拨）、新学课课后拾粹（精彩回顾）"六大策略"，具有守成创新、固本强基、系统深入的显著特点。这样的"勤"，是我在语文教学一线长期坚持形成并总结出来的，是一种言传身教乃至于态度、精神、品行的"勤"。

根据定义，语文教学的"勤"基于教材而又不囿于固有知识，系统地关注由量变到质变的顺应发展，更多强调语文的人文性，学生的心性、素养与作品融合、深聚，并充满张力地外延、发展，一步步储备起所需能量，养成以文本为支撑的坚定行动力及扎实学问力，非常有利于增强对新课程背景下阅读量的适应性消化和对新高考背景下试卷容量的渐进式吸收。从这个意义上讲，传统的语文教学，就课研课，总走不出文本的范畴，而且在与作者创作信息不对称、不共享的情况下，教学只可能成为一言堂、"填鸭式"，"书读百遍，其义自见"也就成为一种奢望。而语文教学的"勤"的艺术，不仅有对教材文本的徜徉自适，也有对延伸文本的触类旁通；更难得的是，它既可以遵从教材的主题设计，也可以创造再生出丰富而鲜活的主题血液，从而浇灌出多彩而自得的思想花朵，语文学习遂发酵成一坛妙不可言的老酒，让人饮之并深深陶醉。

总之，语文教学的"勤"的艺术就如王安石《游褒禅山记》中所说，既要"有志与力，而又不随以怠"，又要"至于幽暗昏惑"有"物以相之"；它身兼"咬定青山不放松"的定力和"百川东到海"的活力，彰显"此心炯炯君应识"的内驱力，最终定格在"三千宠爱在一身"的独特魅力。

### （一）起于"勤"：开窗收江举正帆

钱梦龙老师在从教几十年后曾列举了3条语文难教的理由：一是它最

语文教学"勤"与"懒"的辩证艺术

容易受到批评；二是语文考试特烦琐，刁钻古怪的题目，无所不包又不成体系的知识"体系"，使师生都有防不胜防的恐惧感；三是教学目标最难把握。对此，他发出这样的沧桑之叹：教语文是"戴着镣铐跳舞"。

分析钱梦龙老师的"难由"，我们发现非常有意思，它很巧妙地对应了课后（前两条）、课前（第三条）两个教学环节，但唯独缺少了对课中环节的论述。何也？盖因其课前既已难为，课中再如何努力，终难免课后令人恐惧的恶评，可见慎于"始"的重要性。所以，语文教学的"勤"的艺术必须做到起于"勤"，厘清目标，把准方向，立足于不败之地。

清代王永彬在《围炉夜话》中说："贫无可奈惟求俭，拙亦何妨只要勤。"一名优秀的语文教师除了需要具备扎实的专业素养，更重要的是勤奋。语文特级教师于漪就给所有语文教师做出了一个很好的榜样。有了勤奋，沧海成为可耕桑田，荒凉亦可变得繁花似锦。

语文教学起于"勤"，第一个表现是教师自身要勤于"开窗收江"。"开窗收江"语出宋代诗人曾公亮的《宿甘露僧舍》"要看银山拍天浪，开窗放入大江来"，在此意为：要想达到语文教学的大美境界，还需打开一扇通透的窗子，放入大江一样的知识库存来。《学记》是中国也是世界教育史上最早的一篇教育理论专著，其中对课内与课外的关系就有一段精辟的论述："教必有正业，退息必有居学。不学操缦，不能安弦；不学博依，不能安《诗》；不学杂服，不能安礼。不兴其艺，不能乐学。"学问博大精深，要做一名合格的语文教师，对于"开窗收江"必须"勤"下功夫、下"勤"功夫、下功夫"勤"。

语文特级教师于漪起于"勤"，从事教育事业60多年，以高尚的师德修养、深厚的学术功底、精湛的育人技艺和无私的奉献精神，一直勤奋耕耘。她热爱教育事业，站在教育改革的最前沿，成为素质教育的实践者、新时代教师的领路人；她"开窗收江"写下400多万字的论文专著，上了近2000节的公开课，她的名字和语文、和教育紧紧地联系在一起，她获得了来自政府和业界的几乎所有荣誉，赢得了同行和学生的一致尊敬。

语文教学起于"勤"，第二个表现是教师要积极引导学生勤于"开窗收江"。"勤"开心窗期大江，"勤"收大江求量变，放、存之间是质变。如在讲授人教版《高中语文·必修1》阅读鉴赏第一单元时，教师就要勤

第一章 语文教学"勤"的艺术

于调动学生对诗歌的心理预期：这种优美抒情的艺术形式将带给我们哪些非同寻常的绝佳感受呢？作为中国文学最源远流长的典型代表，它又将掀起哪些心理风暴呢？有了这些心理预期后，教师还要"勤"于为洞开的心窗放入大江一样波澜壮阔的诗歌知识，而不仅仅局限于本单元的四首诗歌。比如，我们可以设计诗歌单元"六步教学法"：第一步诵读，押韵句式诗味出；第二步推敲，炼字细节妙体悟；第三步提纲，联想想象展思路；第四步挈领，意象境界融情愫；第五步涵泳，表现手法多艺术；第六步生花，总结点评挫笔触。通过"六步教学法"，将本单元四首诗歌融为一体，并适当引入课外文本，从而勤作赏析，引导学生去勤体会诗歌的模样、不一样、为哪样、怎么样，并最终学写诗歌，使课堂教学升级质变。

语文教学起于"勤"，第三个表现是要有"开窗收江"后的"帆正举"。此"帆"不仅是知识之帆，还是道德之帆。此"正"为正能量、正方向。"帆正举"出自唐代诗人王湾的《次北固山下》"潮平两岸阔，风正一帆悬"，此处意为：要想实现语文教学的育人功能，必须勤做正向激励之能事，多弘扬正能量，高举正义、正气之帆，为知识戴上道德之冠。一个称职的语文教师在组织教学时，除了依托文本外，更应注重思想道德教育，来让学生感受语言文字的生命力，这样的老师才是一个真正的好老师。带领学生品味语言的美，必须要下一番"勤"功夫，为学生打开一扇窗户，如此，教师也才能够把一江春水收入眼底，才能掌好帆船的舵，带领学生在语文的天地里畅游。

纵观历史的长河，成就伟大的事业都离不开辛勤的劳动。万丈高楼平地起，积少成多，奇迹自然会莅临有所准备的人。起于"勤"方能成于善，"开窗收江"方能形成语文学习的"富春江"，"举正帆"方能行千里，其艺术境界可以用于漪老师的一句经典的话语总结："一辈子做老师，用一辈子学做老师。"

### （二）精于"勤"：千江水聚走艨艟

许多青年语文教师也许会感慨：我教学一直很勤奋，可为什么总感觉只有辛劳没有功劳呢？我想，你应当是知道"两脚书橱"和"立地书橱"的区别的。《南史·陆澄传》言："澄当世称为硕学，读《易》三年不解

文义，欲撰《宋书》竟不成。王俭戏之曰：'陆公，书厨也。'"而《宋史·吴时传》载："时敏于为文，未尝属稿，落笔已就，两学目之曰：'立地书橱'。"请问：这二人有谁不够勤奋呢？然时移世易，其高下立判，史评差若云泥者，何哉？起于"勤"而未精于"勤"也。

何为精于"勤"？据京剧名家"盖叫天"口述，他原名叫张英杰，曾想借"伶界大王"谭鑫培（艺名叫"小叫天"）的名声，给自己取名叫"小小叫天"，但遭到很多人的质疑，因为意气用事最后给自己起了"盖叫天"这个艺名。那么张英杰又是怎么成为真正的"盖叫天"的呢？当然是勤学苦练，即使断臂折腿也坚持不懈。但是他不是一味地苦勤，他演剧以短打武生为主，注重造型美，讲究表演人物的神情气质，武戏文唱，形成了自己的艺术风格，世称"盖派"。他以演武松著名，被称为"活武松"，在世间真的留下了"盖叫天"的美名。

自小口吃，后来却逆袭成为世界上顶尖级的演说家和英国历史上最伟大的首相的丘吉尔，也是一个精于"勤"的典型。他没有因为同学们的嘲弄而放弃做演讲家的梦想，为了克服口吃的毛病，他勤学苦练，一个字一个字地纠正。后来，他能够很连贯地说一个句子，甚至一大段话，一直到最后，他能够张嘴背诵出大量的著名演讲词。天道酬勤，丘吉尔终于在同学和老师面前展露了他幽默风趣的口才。在第二次世界大战中，他用富有激情的演讲，鼓舞了千千万万人的斗志，成为英国军民有力的精神支撑。

语文教学中同样需要精于"勤"。美文佳作、精品、上品，你对它勤付真情，精做分析，它就会回馈给你丰厚的内涵，让你处在不断地发现惊喜之中。唯有精于"勤"，才能在语文教学的天地里收获到遨游天空、畅游海洋、跃马平川的各种审美愉悦，精彩而又擅场，极致而不孤立，赏心而且怡情。漯河市高级中学优秀青年教师冯文权为了避免自己浓重的信阳口音影响教学效果，他在备课时把每一句话都背出来，每一句话都写出来，然后再修改成规范的书面语言，背出来再口语化；他每天还花费至少半小时的时间在脑子里过电影：某节课怎么讲，开头怎么说，铺展开来怎么说，形成高潮怎么说，结尾怎么说。冯文权老师为求教学之精"勤"练习、"勤"琢磨，他的课堂教学艺术水平因此日益提高，所授课程《将进酒》荣获全市教学职业技能竞赛一等奖，他也成为漯河市教学标兵和骨干

# 第一章　语文教学"勤"的艺术

教师。

　　语文教学精于"勤",第一要勤在"千江有水千江月"的教学艺术历练上。对于文学作品的阅读鉴赏来说,一千个读者眼中就有一千个哈姆雷特。那些流传久远的文学经典早已超越了匠心独运的一家之言,成了集体智慧的结晶,每一部(篇、首)都在一个一个的时代烙印里默默积蓄着庞大的人文力量,成为一座文化宝库。无论是富有人文精神的意蕴解读,还是彰显工具力量的时代探秘,教师的教和学生的学只不过是围绕着这种文化宝库而行的又一个文化符号而已,或深或浅,我们只是有限地完成着文化传承的使命。从这个意义上说,语文教学精于"勤"的艺术,就是勤于因文而异,精心挖掘不同教学篇目的艺术特色和艺术成就,让教材编写者精心遴选的代表作品在自己的教学历练中尽现"千江有水千江月"的艺术景观。

　　语文教学精于"勤",第二要勤在"千江水聚成一统"的教学风格生成上。博采众长,杂取百家,教学艺术历练的最终结果必然是走向教学风格的生成。和科学研究一样,语文教学必须有主攻的方向,全面撒网的目的是重点捕鱼,"千江水聚"的目的是汇成一统,我们必须在某一领域勤而能精,形成自己的拳头产品,并能够通过这一品牌,让语文教学的艺术之美"大珠小珠落玉盘",这样久孕之后风格自成,且具有独到的神采和精到的韵味。比如,区别于教学艺术的历练,教学风格生成阶段精于"勤",最起码能够按照文体特征对文本教学进行集中统一处理,逐一掌握诗歌、小说、散文、戏剧、寓言等的教学艺术并有所擅长,这样在对教材单元文本进行教学时,就可以站位更高,分析更透,也更容易从整体上发现规律性的东西,从而引导学生轻松掌握,彻底消化吸收。当然,还可以按照高考命题的体例,"勤"于在论述类文本、实用类文本、文学类文本、应用类文本、作文等方面下功夫并多有"精"通,能够打通教材文本,沟通社会信息,连通学生心灵,成为风格别具的教学专家,秀出一道最亮丽的艺术彩虹。

　　语文教学精于"勤",第三要勤在"千江水聚走艨艟"的教学效果实现上。从教学艺术的历练到教学风格的生成,从"千江有水千江月"的艺术景观到"千江水聚成一统"的艺术彩虹,更多的是从教的角度讲精于

"勤"；从学生角度讲，这一主导过程的转变完成，才标志着他们真正接过接力棒，开始精于"勤"的主体精彩时刻。当然，百舸竞逐千江水月，不可谓不是学生主体作用的发挥；轻舟泛过千江水聚，也不可谓不是学生主体价值的体现。然而，倘使教学的效果仅止于学生个体的百花齐放，以及教师助力下学习的游刃有余，学生的集群优势和蓬勃创造力就得不到最大的发挥，待到学生的热情消退，课堂就会一步步跌回到"满堂灌"的旧有模式，成为素质教育的噩梦。所以，语文教学精于"勤"，课堂的主力军还应该是学生，课堂效果的评价还应该聚焦于千江水聚形成合力后如何推动学生的合作、探究与整体发展，也就是考查学生"走艨艟"式抱团取暖、协同共赢、全员进步的情况。通俗一点说，就是要把"众人划桨开大船"的集体智慧结晶凝聚到最大，实现千江水聚冲破更多阻碍、坐大船大行艺术之海的最佳效果。诚如是，语文教学精于"勤"的艺术才情与艺术激情就会达到最完美的统一，共同迸发出最燃情的艺术光芒。

如在教授《林黛玉进贾府》一课时，很多教师会选择贾府的建筑大做文章，不可谓不勤，却令人感觉舍本逐末，将作品的文学味道教丢了。更多的教师会抓住林黛玉的"步步留心，时时在意"做足文章，勤意更强，可依然乏善可陈，因为这是几十年前就被执行的套路。深谙语文教学精于"勤"艺术的教师则会按如下3步处理：

第一步，分组研讨，加强指导，组织学生与自己一道进行"千江有水千江月"的艺术赏析。比如，教师可以把文本中的人物关系、情节发展、人物形象、主旨内涵、诗词名句、出场方式等分解到具体的小组负责分析讲解，包括上述的贾府建筑和全篇文眼，教师要关注到每一组的精彩之处并给予现场帮助。

第二步，明确亮点，突出重点，引导学生做"千江水聚成一统"的集中养成。比如，把第一步的所有赏析都可以明确为亮点，但通过对比联系和归因分析不难发现，这一切的亮点都亮不过一点，那就是"宝黛初会"，这样就突出了重点，学生自然明白之前的赏析其实都没有抓住全文的根本，进而会把注意力都重聚于"宝黛初会"。之后就可以让学生在纸上画一画林黛玉进贾府的路线图，要求学生沿着路线图去实现一场"宝黛初会"，把场景还原为过程，做二次的分组探讨和精彩分享。

第三步，汇集成果，明于幽微，实现"千江水聚走艨艟"的突破更多极限的能力提升。学生在第二步的赏析中，不仅可以强烈感受到"宝黛初会"的精彩，还不难体味出"宝黛初会"的艰难、热闹和摔玉、读书插曲的微妙等。实现了这一步，教师可以引导学生进一步对贾府的建筑格局、生活格局、文化格局、政治格局、命运格局等做预测或管窥，相信学生自会逐一轻松解决。至此，一篇小文读成了一部《红楼梦》，小小课堂成就了艨艟出江达海的传奇，不亦乐乎？

### （三）韧于"勤"：逆江溯源秀樯橹

英国画家雷诺兹认为，一个人所获得的成就，只要目标与方法得当，更大程度上取决于这个人的勤奋。凿不休则沟深，斧不止则薪多。语文教师的成长也会遇到很多困难和困扰，只有坚持一股子韧劲儿，不知满足，仰之弥高，钻之弥坚，勤作不息，才能够充分领悟语文教学的幸福，正所谓：逆江溯源秀樯橹。

韧于"勤"，正如钱梦龙老师所说："镜里朱颜无计驻，为伊心上留春住。""伊"就是他挚爱的语文教学，也是他永远的精神支柱！语文教师要像对待恋人一样，像志士对待革命一样，去热爱自己的事业。

一是在教学遭遇困境而备感失败的情况下，坚持不懈，勤于逆江流而上，深入探究失败的根源，挥动樯橹奋起直追，秀出一种坚忍而深刻的语文教学之美。台上一分钟，台下十年功，我们钦佩名师、大师在教学上、谈笑间妙语连珠，殊不知他们也都是在失败的痛苦和历练中一步步走来，没有哪一次的掌声不伴有荆棘，没有人能随随便便成功。

逆境中往往伴随着机遇与希望，仙人掌可以在沙漠中绽开美丽的花朵，胡杨可以在恶劣的环境中长成参天大树，人在艰苦的环境中也能取得成功。最难的，是奋斗过程中的历练和坚守，"不管风吹浪打，胜似闲庭信步"，语文教学的"勤"的艺术就在那段需要"绝不、绝不、绝不放弃"的坚忍岁月里练就。

二是在教学发展遇到瓶颈的情况下，绝不退步和妥协，勤于逆一江文本的春水而游，让思绪的樯橹上下翻飞，直至文学艺术的源头，坚持探寻更深的奥秘，秀出语文教学本真的、简单的、却又是根本的美。比如，不

能在《曹操献刀》的篇目中尽展拳脚，完全解读英雄精神，就回到《三国演义》的广阔天地潇洒走一回，将英雄及其内涵挖掘殆尽；不能在《哈姆雷特》的篇目中一步到位，深刻感受诗化语言的悲剧意蕴，就回到莎士比亚"四大悲剧"的厚重背景拨开层层迷雾，将诗化语言及其悲剧意蕴加工成玉盘珍馐。

　　需要说明的是，韧于"勤"的逆江溯源秀樯橹指向整本书阅读而又与之有所区别。新课标要求学生通过阅读形成适合自己的阅读方法，促进其对传统文化、革命文化深入学习与思考，构建正确的三观，丰富精神世界。提高文化修养、韧于"勤"的逆江溯源秀樯橹，不仅要突破教师的教学瓶颈，同时自然而然地解决引导学生进行整本书阅读的问题，包括"整本的书"的阅读，一本书中部分篇目的组合阅读，同一作家多篇作品的组合阅读；更重要的是，还要串联起一条探究的主线，打通课内阅读和课外阅读的壁垒，形成连续性阅读、渐进式阅读、涵泳性阅读、拔高式阅读、快乐性阅读、精思式阅读、全员性阅读、全天候式阅读。这样的韧于"勤"，它逆江溯源所秀的樯橹艺术不仅能超乎寻常，让人耳目一新，而且必能将学生的思维训练到细致如发，显现出超高的水平和品质。

　　比如，人教版《高中语文·必修5》中，正课收入李白诗四首，这就适用于我们所讲的"韧于'勤'：逆江溯源秀樯橹"的艺术。教师可以确定探究的主线为：与"君"歌一曲——李白诗中"君"字辨析。因为4首诗中有3首皆用到"君"字，为《蜀道难》《将进酒》《峨眉山月歌》。《蜀道难》中句为"问君西游何时还"，《将进酒》中句为"君不见黄河之水天上来""君不见高堂明镜悲白发""与君歌一曲，请君为我倾耳听"和"径须沽取对君酌"，《峨眉山月歌》中句为"思君不见下渝州"。"君"字在李白诗歌中的频繁出现，虽有巧者，但相信非"韧于'勤'：逆江溯源秀樯橹"的教师不会对它留意生趣，更不会欲辨其意为，欲析其艺术。而我指导的张荣谦老师却能在实践中与学生深入探究出"君"字的多重意蕴。其对"君"字的具体解读如下：

　　第一，"君"字浸润李白渴望交流的情愫。李白在其诗中多用"君"字，大致不脱其超脱而又落拓的性格和经历的印迹。李白一生潇洒任意，酒剑傲江湖，但所谓"高处不胜寒"，李白大概没有几个掏心的朋友，初

# 第一章 语文教学"勤"的艺术

出蜀在扬州千金掷马便是一例。而心高则气傲，行为也就难免乖张，难怪杜甫也不甚赞赏，曾写道："痛饮狂歌空度日，飞扬跋扈为谁雄。"这决定了李白的"和者必寡"。在这种情况下，李白的内心自然渴望抒发和交流，而这种抒发和交流在久经压抑后会变得更加迫切和直接，最后又不失亲切自然。于是，具有敬称和第二人称双重作用的"君"字呼之而生，跃然纸上。这种写法在他的其他诗歌中不乏其例。如《行路难（其二）》中的"君不见昔时燕家重郭隗"，《襄阳歌》中的"君不见晋朝羊公一片石"，《北风行》中的"念君长城苦寒良可哀"，《永王车巡歌（其二）》中的"为君谈笑静胡沙"，《送友人入蜀》中的"不必问君平"，等等。

第二，"君"字寄托着李白丰富的情感。《蜀道难》中的"君"实为关切的友好之问，遥寄而情长；《将进酒》中的"君"则为亲切的热烈之辞，直放而情醇；而《峨眉山月歌》中的"君"却为切切的柔婉之语，细腻而情深。李白通过一个"君"字，树立起一个个经历各异却又有情有义的人物形象，化静止为生动，具体可感，从而使诗的情感流畅，也使诗与读者有了沟通的桥梁。

第三，"君"字再现了李白的诗歌艺术。其实，仔细分辨李白这三首诗中的"君"字，我们不难发现，它背后隐含的人物虽可曰有之，但亦难确信。也就是说，这个"君"字精炼地表现出李白诗歌艺术中想象和虚实相生的手法。《蜀道难》与《峨眉山月歌》中的"君"字，最能体现这一点。前者虽有他指之意，但自惋之意淡亦有之；后者究竟指月指人，一语双关皆可评之。至于《将进酒》中的"君"字，虽说实写的成分多一些，但也未尝不含有普劝之意，由己及人，进而及世，自伤却不自沦，其中多少有些自我调节的味道。而这些，正足以说明李白诗作的浪漫主义特色。意不在近而在远，意不在少而在多，意不在真而在幻，远远近近，古古今今，虚虚实实，吻合李白大开大阖、纵横自如、收放由心的风格特点。可以说，"君"字带给我们丰富多彩的艺术享受。

第四，"君"字还具备李白思想中的平和特征。正如李白自己的诗云："云想衣裳花想容。"李白固然借"君"字有假想和意指，但因为始终摆脱不了入世之心，故显示尊重、寻求理解、渴望平等的心是有的。"高山安可仰，徒此揖清芬"（《赠孟浩然》），"君"字中蕴含的平和思想也正体现

出李白洒脱不羁、飘逸浪漫却又谦冲自牧的个性。

你看,"韧于'勤':逆江溯源秀樯橹"的教学艺术通过李白诗作中的字词辨析,沉淀和还原出一个诗意的李白、一个真实的李白和一个原生态的李白,竟可以成就一位"一字之师",真是别开生面啊!

### (四)成于"勤":江花胜火载满仓

教师担负着启迪学生思想,关怀至真生命,呵护良善心灵的崇高重任。教师应该努力将学生培养成未来社会建设的主力军,引导学生将个人的小梦想和国家强军强国的大梦想融合为一体,鼓励学生成为新时代的榜样,真正尽心尽力地把学生塑造成爱国、励志、求真、力行的社会主义建设的优秀接班人。在信息高速发展的今天,学生学习的途径和方式多样全面,教师更需要具备勤奋坚忍的精神品质,让自己见多识广、博学多闻。教师追求向真向善的高贵品质,需要拥有坚忍的精神品质。崇尚勤奋坚忍的品质,能让教师充满爱心地积极投入工作,点燃学生学习的激情,激发学生潜在的智慧与能力,帮助学生打开心灵之窗,播撒美好的希望之种,用自己的真诚和真心唤醒学生求知的欲望,用自己的真爱和真情催开学生生命之花的灼灼怒放。崇尚勤奋坚忍的品质,可以让教师用自己高尚的品质感染学生,以自己坚定的信念鼓励学生,从而实现塑造学生顽强意志,激发学生理想信念的目标,让学生最终能够成为明辨是非、知荣明耻、敢于担当、勇于创新、勤奋有为、坚忍不拔的优秀学子。学高为师,德高为范。教师的坚忍精神品质会在思想上引导学生昂扬向上,行动上激励学生勇往直前,因为"亲其师"才能"信其道"。

灿然而起,浩然能精,岿然自若,其结果必然大成。学生在教师的引领下经历收一江之水正帆而向的起势、汇千江之水朦胧以往的强势、逆一江春水樯橹翻飞的走势之后,最终做开两岸江花"鱼儿"满仓的收势,那一脉原本淡默的江水早已经被涵养成艺术的"富春江"了。教学相长,教育者教育他人的时候也进行了自我教育,使得教育者在丰盈别人思想的同时也完善了自己。教师面对的是一个个鲜活的生命,处于青春期的他们思想先进、感情充沛,教师的教育工作是一项幸福学生且充实自己的事业,是一项超值付出。每一位勤劳教师的辛苦努力和付出,都会带来不一样的

## 第一章 语文教学"勤"的艺术

收获，或浅或深，或明或暗。教师的辛劳教育既是一种付出又是一种回报，付出的是真心教育，收获的是满满的幸福感，全班每个人的优异成绩和成人成才让教师的幸福无限扩大。教师最终收获的是双倍的，乃至多倍的幸福，这是一件多么令人愉悦的事情啊！

功崇惟志，业广惟勤。京剧言派创始人言菊朋成于"勤"，开得江花红胜火，赢得盛名载满仓。言菊朋是一位地地道道的蒙古族人，他的家族几乎世代都是清朝勤劳有为而且在当时有影响的武官。言菊朋从小在陆军贵胄学堂读书，当时小小年纪的他就对京剧艺术表现出了浓厚的兴趣。毕业之后的他，经过努力，最终在蒙藏学院求得一份养家糊口的低收入工作。为了学习京剧艺术，不让自己的兴趣遗失在繁杂的生活里，异常拮据的言菊朋从未放弃对戏曲艺术的钻研和学习。他省吃俭用，将一点点攒下来的零钱全部用来买观戏的票，尤其喜欢看谭鑫培演的戏。生活上的困苦和艰难并不能阻挡他追求戏剧艺术的坚定步伐，无论天气怎样恶劣，无论实现心中梦想的道路多么崎岖不平，言菊朋一直奔走在听戏、看戏、学戏的路上。虽然买的是最便宜的戏票，但是怀揣的却是一颗十足真诚的学习之心，十余年如一日，他的学习和模仿从未间断，他饱含艰辛但是执着坚定的足迹曾踏遍了北京城内各大戏院。勤心学习，不断进取，模仿别人，超越自己，言菊朋在优秀的道路上越走越酣畅，潜心学习的他最终在别人的羡慕中成就了自己独特的风格，惊艳了别人，也丰盈了自己，成为京剧界的一颗璀璨明珠。他的表演艺术独树一帜，他本人也成为言派的创始人。

语言学家吕叔湘曾说："要是年轻一半，我一定要拜他为师，向他学习。"吕叔湘口中提到的这个人，其实并不是在语言学领域有着某种高深造诣的名人，而是一位奋战在教育一线的普通却不平凡的教师——魏书生。魏老师多次提到，他喜欢教育这项事业，喜欢教师这份职业，喜欢当下和孩子们在一起的时光，因为他认为教师从事的工作是神圣而有趣、高贵而富有创造性的工作。教育工作中的每一个时刻都是思想与思想碰撞的时刻，都有智慧与灵感迸发的契机，教师要善于发现，勤于思索，不断学习，将问题转化为课题，将课题研究成可以推而广之的优秀成果。魏书生把同一节课研究出几十种甚至上百种讲法；他在勤勉于工作的同时，积极

思考，探索研究出了系统的教育教学方法，经实践证明，这是一套科学而有效的教育教学方法。同时他多次将自己的教学心得与智慧整理总结，累计在教育报刊上发表了60多篇文章，出版专著及主编图书50余种。这是业成于"勤"的真实例证，魏书生老师在教育战线上实现了江花胜火载满仓。

作为一名教师，打铁还需自身硬，只有教师自身的素质完善了，学生的能力才会随之提升。教师只有坚定理想信念、厚植爱国主义情怀、加强品德修养、增长知识见识、培养奋斗精神、增强综合素质，才能为学生树立真实的榜样，才能让学生练就真功夫和硬功夫，从而具有崇高坚定的共产主义信念，深沉浓郁的爱国情感，谦谦君子的良善风度，见多识广的开阔视野，不忘初心、砥砺前行的奋斗状态，明辨是非、向真向善的纯粹内心，最终成长为德智体美劳全面发展的全能人才。这是一条成于"勤"的道路，它通向江花胜火载满仓的美丽港湾，让我们越走越通畅，越走越幸福，越走越志得意满。

## 二、语文教学的"勤"的原则

语文的学科性质决定了语文教师要做一个杂家，这里的杂，包括对语文教材内容的了如指掌，也包括天文、历史、经哲、数理化生等相关知识的涉猎，特别是对中华优秀传统文化、革命文化和社会主义先进文化的系统掌握。另一方面，人类几千年的教育史创造和积累了许多宝贵的教育财富，教育思想的营养，教育智慧的启迪，教育情感与意志的冲击与交流，不同时代教育家的人生理想与人格力量的熏陶，让我们可以学习的东西很多很多。知识和智慧的包罗万象要求语文教师必须"勤"起来，躬身入局。

基于此，或勤于博观有容乃大，不仅勤于做专才，更勤于做通才，统揽全局，观其大略，繁入简出，举一反三，触类旁通，变身知识的聚宝盆，纳涓涓细流而至磅礴汪洋之势；或勤于约取去粗存精，收窄知识的出口，如鲁迅在《拿来主义》中所讲"运用脑髓，放出眼光，自己来拿"，如郑板桥书斋题联所说"删繁就简三秋树，领异标新二月花"，勤于约取

第一章　语文教学"勤"的艺术

到的知识精华当如皇冠上的明珠、荷塘里的红莲，璀璨而不失可爱，剔透而又新鲜；或勤于精进日新月异，如爱因斯坦所说"单靠真理的知识是不够的，相反，如果要不失掉这种知识，就必须以不断的努力使它经常更新"，要以源头活水浇灌知识的灼灼新花至芬芳四溢，又如新荷出水日上日妍抵达高妙境地；或勤于反思蕴蓄无穷，灵光乍现光明无限，如南朝梁·钟嵘《诗品序》所说"体沉郁之幽思"，撬动高阶思维，查漏补缺，回味玩赏，让探究性学习与沉浸式快乐花开并蒂，享受智慧加成的登峰造极之美；或勤于呈现缤纷多彩，让语文课堂真正从活起来进境到火起来，综合运用多种手段让其众妙咸备、众口皆调，如陶渊明所说"奇文共欣赏，疑义相与析"，奉献一场满汉全席的文学盛宴，让人拍案叫绝，叹为观止。

因此，实施语文教学"勤"的艺术，我们倡导以下五个原则。

## （一）博观性原则："勤"开视野心思明

博观是指广泛地观察或观览，语出自《稼说送张琥》："吾少也有志于学，不幸而早得与吾子同年，吾子之得亦不可谓不早也。吾今虽欲自以为不足，而众已妄推之矣。呜呼！吾子其去此而务学也哉！博观而约取，厚积而薄发，吾告子止于此矣。"

语文教学"勤"的艺术的博观性原则，是指在教育教学过程中，教师为了完成教学任务，达到育人目标，同时实现自己的提升、完善和充实，课前"勤"下功夫，做足功课，用自己的广博知识为学生打开语文的一片天地，让学生领略语文世界的异彩纷呈，形成热爱祖国语言的高尚情操。这一原则让我们"勤"开视野心思明，更好地立于教学的不败之地。

对语文教师来说，教学就像一次次旅行。我们每一次走进文本，可能会感受到"风景"带给人的不一样的美的享受，有自然的美，更有自然背后的人文的美。而要从原本平淡的景观中感受到更多更有内涵和价值的事物，是需要语文教师来践行博观性原则的。教师的"勤"可以拓宽师生共同的视野，使其形成深刻的认识，让思想上的见解更明达。郁达夫有一个习惯，在他游览的全过程中，会随身携带一本介绍当地民俗风情等的地方志，他会合理利用游览间隙的碎片化时间，精细阅读，从而让每一次的出

游观赏变得真切充实而富含意义。教育的过程也应该是这样，只有看到深层的别样风景，才能赋予语文教学更深的意义。

坚持博观性原则，教师首先要充分备课，只有充分备课才能在上课时得心应手。教师备课的总体要求是参照各学科课程标准，着眼课程基本特点，结合学生的实际情况，选择最合适的教学方法，以确保课堂能有序进行，以保证教学的预设和生成的统一，这样才能应对课堂上出现的任何问题。教师要充分备课，就要做到脑中有标、眼中有生、手中有本、心中有法。在科技日新月异的今天，教师还要紧跟时代步伐，善于借助网络及多媒体教学。

坚持博观性原则，教师还要提升自身的广度和深度，不管是对于自身的发展、职业的要求，还是对于教育的内在诉求，这都应该是一个永恒的主题。教师专业发展的前提，是必须要知道自己为什么做教师、怎样做教师、做怎样的教师，为此必须从宏观上摒弃两种"恶"：一是"无知即恶"。站立讲台的教师必须有立身之本，有了立足之基才有立足之地。这就要求教师必须拥有相关学科足够丰富的学识、足够厚实的底蕴，同时有一定的教学技能，懂得教育教学的基本方法、原理、规律，能够将心理学原理应用于实践。二是"平庸即恶"。平庸，即日复一日、周而复始地原地踏步，不做任何改变。如果教师用同一本教案，面对不同批次的学生、不同学情的班级，那么学生无异于流水线上的产品。一人的平庸、不作为阻碍的是无数学生的成长可能，扼杀的是一个又一个家庭的希望。因此，拒绝平庸，应成为教师的基本职业要求。拒绝平庸，并非不顾所有地标新立异，而是有原则地传承、有目的地改变、有方法地创新、有眼光地谋划。

坚持博观性原则还可以让我们找寻到自我，在自我中突破自我。沈从文先生在《从文自传》里写了这样一个故事：清朝时期，我国中南某地民风剽悍，不易管理。清朝政府派驻大量官兵清乡剿匪，真正的土匪强寇不好抓，只好抓一些安分守己的百姓，到河边砍头，然后割耳朵数人头去邀功请赏。因为抓得太多，不好全杀了，就去大王庙里抓阄抽签，生死由天，这些百姓居然也真的去了，该死的站一边，只怪自己命不好；可活的站另一边，也不见得欢呼雀跃，很木然。从这个故事里面，我们应该明白顺应天命，得过且过是对自己的不负责，由此教师应该时常审视自己，反观己身，反思教学。

立足专业知识，再扩充到各个领域，不失为不断提升自身修养和素质的有效途径。教师不仅要打牢自身专业知识，更要"勤"于开阔视野，"勤"于走出圈子，主动涉猎各种社会科学及自然科学知识；不仅给学生一扇窗，更给他们一片天。此外，将博观所得融合进实际教学，融会贯通，才能真正为课堂服务。秉承终身学习的教育理念，可以心思明了地、更好地适应新时代对教师的要求。

**（二）约取性原则："勤"做减法观点清**

博观而约取，厚积而薄发。这里的"约取"，不仅指少取，更着眼于慎取、精取，最终目的是取其精华，去其糟粕。

纵观人类文明，只有左手博览群书，右手慎取、精取，才能最高效地摘取人类文明果实。即便是经典、佳作，也未必字字精准，句句通情，玉瑕共存、精粗混杂多为常见，所以教师在"博观"的过程中要时刻保持清醒的大脑和思辨的习惯，去伪存真、去粗取精。"勤"做减法，才能保持观点的一以贯之，越是博览，越须慎取、精取。不然，不加分析，盲目滥取，那就陷入"尽信书，不如无书"的误区，没有了个人主见，丧失个人立场，不仅无益，而且有害。

韩愈批评有些人读书作文"择焉而不精，语焉而不详"，王安石主张求知要"深思而慎取"。袁枚在《随园诗话》中解释杜甫的诗句"读书破万卷，下笔如有神"时说："盖破其卷，取其神，非囫囵用其糟粕也……读书如吃饭，善吃者长精神，不善吃者生痰瘤。"语文教学"勤"的艺术的约取性原则，是指在教学中，教师要认真思考，慎取、精取，去粗取精，弃伪存真，把知识的精粹呈现给学生，观而有选，取而有择，有的放矢，唯真是取，在做减法后保持自己清明的观点。

约取是教师以自己的知识储备和技能水平为基础，授教他人，不至于道听途说，误人子弟的高尚境界。要做到约取，教师就需要"勤"于做减法，拨开重重迷雾，用自己的清晰认识给学生一双慧眼。教师首先要能识精。这就要对知识熟知精思、反复玩味、慧眼识珠、知其精义。宋代朱熹

的"剥皮、去肉、见髓"之法，是高见之上的高见。他说，精华"恰如数重物色包裹在里许"，须要一重重剥开，"去尽皮，方见肉；去尽肉，方见骨；去尽骨，方见髓"。明白了"皮、肉、骨、髓"之所在，方能心中有数，取其精髓。

萃取精华实属不易。面对纷杂的知识，有的人像去稻壳，筛孔过大，容易把白花花的大米也筛除了；有的人像海绵，什么都吸收，挤一挤，流出来的东西清浊混杂；还有的人像是宝石矿床的苦工，把矿渣甩在一边，只捡纯净的宝石。只有带着思考，我们才能真正做到、做好约取。

所谓约取，就是对所论之事、所讲之理、所言之情有选择性地认可和接受。约取不贵其多，而贵其精。叶奕绳尝言强记之法："某性甚钝。每读一书，遇所喜即札录之，录讫（毕），朗诵十余遍，粘之壁间，每日必十余段，少也六七段。掩卷闲步，即就（走向）壁间观所粘录，日三五次以为常，务（尽力）期（希望）精熟，一字不遗。壁既（已经）满，乃取第一日所粘者收笥中。俟（等待）再读有所录，补粘其处。随收随补，岁无旷（空）日。一年之内，约得三千段。数年之后，腹笥渐满。每见务为泛滥者，略得影响而止，稍经时日，便成枵腹，不如予之约取而实得也。"一些贪多的人，略微得到一点印象就过去了，稍过一些时候，便肚里空空，当真不如叶奕绳的约取而实得啊！

### （三）精进性原则："勤"提境界灼见生

精进，就是指在某方面一心进取。"言精进者，发起加行，其心勇悍。""言精进者：谓为断除慢缓策勤诸过失故。""是日已过，命亦随减；如少水鱼，斯有何乐？当勤精进，如救头燃；但念无常，慎勿放逸。"

精进，就是要求人们一心扑在工作上，专心致志于眼前所从事的工作；精进，就是努力向上、认真负责、精神集中、不放逸；精进，就是专注、打磨、研究的理念和态度，专注于自己的终身成长，持续投入打磨工作，以研究的态度进行探索，追求更高层次的精神自由。可见，精进是提高自我身心修养，砥砺人格的重要而且有效的方法。

语文教学"勤"的艺术的精进性原则，就是指教师在工作过程中，以已有的知识体系为基础，借助教学中的问题探求答案，将新获得的教学经验纳入已有知识体系，不断发现事物深厚的内涵，不断完善自己的知识体系的教学理念和行为。

精益求精的工匠精神是时代的呼唤，对语文教师异常适用。"勤"提境界灼见生，就是说教师借助精进性原则，"勤"于提高自身的水平，才能不断提升对教育教学的认知境界，才能形成自己对教育教学的真知灼见，接近或者达到教育的真谛。

有人说，这个世界上从来就没有没有意思的工作，只有没有意思的人。教学工作从来不只是简单地获得生存所需物质，更有战胜欲望、磨炼精神、创造人性的高层次价值。"精进"地去教学，获取报酬是水到渠成的事情，对于职业与人生来讲，具有别样的意义，它意味着提高心性，磨炼自我，是一次尊贵的"修行"。

希腊古城特尔斐的阿波罗神殿上刻着七句名言，但是流传最广、影响最深、被认为点燃了希腊文明火花的只有一句，那就是："人啊，认识你自己。"惰性是人与生俱来的劣质品性，要克服惰性就要采用精进的态度。因为精进可以消除慢和缓，激发勇猛精进的动力和干劲。我们骑马也叫策马，就是鞭策，通过鞭策让马勤起来、节奏快起来，这就是"策勤"。作为教师，同样可以对自己"策勤"。

人们或许永远无法做好"完全"的准备，大多需要先做出实实在在的东西，思路清晰，在进程中不断获取反馈，并在反馈中进行优化，培养"往前一步"的自觉性，进而习惯性地往前走一步，反复磨炼，日益精进，成为一个很厉害的人，找到实现自我的成功之路。

精进就是使用非常小的力量，最终达到意想不到的效果，是滴水穿石的再现。精进者勤砺自我，就会提高境界，灼见频生。

### （四）反思性原则："勤"复妙手优势成

曾子曰："吾日三省吾身。"教师在教学过程中也要善于进行教学反思，通过反思促进自身专业水平的提升。

反思，就是思考过去的事情，从中总结经验教训。反思过往之事，能更好地活在当下；反思过去，是为了更好的以后。

语文教学"勤"的艺术的反思性原则，是指在教学过程中，教师在现

代认知心理学的基础上，进行自我检查、自我校正、自我强化，通过课堂教学行为、教学反思、教学总结、教学调整得以展开和实现的，始终贯穿在教师的教育教学行为之中的教育理念。教师在教学过程中不断成长，正所谓"勤"复妙手优势成。教师"勤"于反思，才能不断积累教学经验，实现自我超越，形成自身的教学风格，形成教学优势。

教学反思是一种教育理念，更是一种教育行为。教师如何做好教学反思？教师的教学反思就是回顾教学过程，看教师的预设和生成是否相符，既定教学目标是否达成，进而总结经验，分析原因，寻求对策。首先，教师要对课堂教学过程尽可能地全程再现，看预设的教学三维目标是否实现，学生是否已掌握教学的重点和难点，课堂还有哪些不足之处等。教师要对以上教学内容和课堂环节进行面面俱到的描述和反馈，第一时间"回头看"。其次，教师在进行教学反思过程中，要对所思考的内容进行总结、归因，对教学中的个案、特例进行提炼，使理性认识更全面、深刻，使反思逻辑化、策略化，最终带动反思由实践上升到理论的高度，并且入脑入心。

另外，针对教学中的闪光点和可借鉴之处，教师要在课后适时梳理、记录，以便日后引用、改进、完善、触类旁通。如可以将课堂教学中环环相扣的设计思路、鲜活有趣的师生对话、画龙点睛的板书设计、随机应变的课堂策略、教学思想方法的尝试性渗透、多媒体信息技术手段的妙用等，第一时间记录下来。积累课堂中的成功经验是反思中不可或缺的一环，因为它是过往精彩的见证，更是下次出彩、出新的火种。

然而，在一线教学工作中，有相当一部分教师的教学，机械性重复的工作多，创新性的改进举措少，甚至一本教案教两代学生。我认为，教者，站三尺讲台，护佑一方子弟。教师应该把教学当成事业去经营，而不是当成职业去完成。教学是艺术的创造，更是思想的胚胎。陈旧的思想引领不了与时俱进的思潮，故步自封式的教学困住了学生，更困住了教师自己。唯有反思，才能让教师在向上向善的自我发展道路上坚持今昨对比，不断挑战自我，接近日臻完善的教学艺术境界。

现代教育心理学认为，激发学生的学习动机有多种诱因或手段，成就动机便是其中一种有效的动机。在教学过程中，我渐渐认识到，课堂中的

# 第一章 语文教学"勤"的艺术

成功犹如树上的果实，只有学生亲手摘到才能感受到收获的喜悦。故而在《廉颇蔺相如列传》的授课中，我有意识地改变了老师翻译重点字、词、句，学生记这种常规的梳理文言文的流程，而是将文段切割为若干部分，以组为单位，组内推举一人，由该生牵头并具体分工，组内共同归纳常见文言现象，整合疑难点，而后各组逐一讲解，学生共同学习探讨。这样一来，在参与性、互动性、自主性的学习氛围中，学生会不由地生发出获取知识的幸福感和成就感。

每一节课的完整呈现，都蕴藏着教师的教育智慧。这些智慧因子是倏忽即逝的灵感，是突发事件的完美化解，是应对意外的妙计，更是学识的荟萃与升华、思想的积淀和沉潜。无论是灵光一闪的巧思，还是日积月累的功底，课堂中每一种教学智慧的升腾都值得而且应该被捕捉、储存，以便在日后的教学中自由流转，在下一个时间、另一个空间生根发芽。只有这样，教学智慧才会融入教学反思，并成为其中的一部分，在不断的实践运用、教学操作中慢慢纯熟，最终助力教师形成自己独特的教学风格。

新课程标准强调在课堂上要体现学生的主体性、主动性，因此，在课堂教学过程中关注学生的所思所想、一言一行变得更加重要。学生的课堂参与、课堂反馈是指导教学的有力抓手。在教学反思过程中记录学生随机提出的具有探讨意义的问题不失为教学的补充和完善，这既可以为下一次教学提供参考，又能对教师的教学思路进行拓宽。

因此，我建议，每堂课结束后，教师都要针对本课时、本章节、本单元的教学进行收尾总结，静心回忆、潜心思考这节课有哪些新的收获，又有什么地方需要改进；同时，不能仅仅局限于一节课的得失，教学反思应该着眼全局，关注课与课之间的衔接、串联，将知识整合，将课型分类，有针对性地将教学方法进行甄别运用。优秀教师就是这样在不断地实践、总结、再实践、再总结的路上，严格要求自己、扬长避短、精益求精，把自己的教学水平提高到一个新的境界和高度的。只有不停地反思，成长才能永无止境！

一言以蔽之，写教学反思，难在及时，贵在坚持。每一个有理想、有追求的教师，都要做有心人，善于积累，无论是经验还是教训，一有所得，及时写下。教师在反思中"勤"复妙手优势成，不断改进教学，在实

践中不断提高,教学理念才会逐步形成,教育教学思想才会逐步升华,从而实现自我的快速成长。

### (五) 呈现性原则:"勤"做生成任我行

呈现,意为显出、露出。呈现,是教师教学的基本形式,教师的一言一行、一举一动,甚至一个眼神都是对教学的呈现。所以,教师的工作时时、事事、处处体现着呈现性。

广大一线教师一般都会对教学内容、教学目标、教学手段等进行常规性呈现。行家、专家、名家的呈现则丰富、深刻得多。"捧着一颗心来,不带半根草去"的教育赤子陶行知先生在大量教育实践过程中,呈现了教育理论体系,世所共仰。特级教师程翔从事中学语文教学20多年,发表论文50余篇,出版了《语文教改探索集》和《语文课堂教学的研究与实践》等专著。"书生校长"程红兵1982年大学毕业后开始从事高中语文教学工作,先后在40多家刊物上发表100多篇论文,并出版了多部著作,在40多个城市呈现了100多场专题报告和示范课。"中国的苏霍姆林斯基式的教师"李镇西先后在全国20多个省、市、自治区开讲教育学术报告数百场,在数十家报刊上发表各类教育文章数百篇,出版著作10多本,其著作多次获得国家级图书大奖。

语文教学"勤"的艺术的呈现性原则,是指把"成为一位名师"作为自己的人生目标,凭借工作热情和动力,从自己或者其他教师的奋斗经历中总结出教师成长的经验,呈现给广大教师,让更多教师平添成长的勇气和追求的力量。

在教学一线的教师都有这样的体会,怕上公开课、示范课、优质课、同课异构课,常常是能推就推,恨不得溜之大吉、逃之夭夭。产生这样的心理主要有两个原因:一是怕把课上砸了,毕竟不是人人都有鲁迅所说的"撕破给人看"的勇气;二是要上好这样的课需要耗费大量的时间和精力。殊不知,敢于呈现、勇于执行教学的呈现性原则,才能更好地聚焦教学,教师才能形成自己的教学风格,收获自己的教育果实,在教育教学工作中得心应手,游刃有余。"勤"做生成任我行,教学才会给我们带来存在感、价值感和幸福感。

## 第一章 语文教学"勤"的艺术

一个畏惧呈现的教师，满足且止步于只上日复一日的常规课，畏难惧难，不敢走到人前，看似是逃避了一次又一次磨人的研讨课、公开课，实则是消解了别样教学里蕴藏的乐趣和幸福。呈现的过程就是琢磨教学的过程，就是观摩教学的过程，就是反思教学的过程，就是驾驭教学的过程，就是荡漾智慧的过程，就是在教育教学的天地里驰骋的过程。

有时候，教师成功也是水到渠成、自然而然的。请你上公开课，你就勇敢地呈现；请你去大会交流，你就勇敢地呈现；有征文比赛，你就勇敢地呈现。袁卫星老师提及教育往事，说当年老校长对他说，"你想爬多高的山，我们就给你搭多高的梯"。袁卫星老师当即回答："你能搭多高的梯，我就能爬多高的山。"之后，袁卫星老师主动请缨上公开课、汇报课，正是这种主动出击，使袁卫星老师迅速成长。袁卫星老师固然有才华，但我们必须承认，他能脱颖而出，一个重要的原因，就是他漂亮的呈现。

当然，呈现不是故作精彩的喧嚣，不是作秀式的表演，而是教学的挑战，是自我的推翻重塑。真正的教师，既能在人前展现自我，也能在人后孤独探索。每一种呈现，都是教学的新起点。勤于生成方能无惧呈现。呈现的更高层次是表现，我的课堂我做主，我的课堂任我行。

教育教学是一门大学问，国家栋梁的培育关键在教师，国家未来的发展系在教师。为教育，为未来，为自己，教师都要不断地自我成长。教师只有不断地自我成长，才能迎接生命中的风雨；教师也只有实现自我成长，才能成就更好的教育，才能创造更加美好的未来。于漪说："我这一辈子有两把尺子，一把尺子量别人的长处，一把尺子量自己的不足。"让我们拿好、拿稳这两把尺子，丈量出我们作为教师勇于呈现、"勤"做生成任我行的幸福征程！

# 第三节 语文教学如何"勤"

## 一、语文教学"勤"的艺术的宏观要求

叶圣陶先生说："教是为了不教。"套用一下叶老的话："勤"是为了不勤。语文教学"勤"的艺术性的提高，是需要一个像范成大所作的《早发竹下》里"散疲顽"的过程的。语文教学起于"勤"，则必有早发之苦，正如范成大所"早发"的疲顽之感。何以解之？范成大的解决方案共分三步：第一步是"跨鞍聊得散疲顽"，这是基础装备和行动准备。但"聊得"一词表明疲顽实在难以一时散尽，于是有了第二步"行冲薄薄轻轻雾，看放重重叠叠山。碧穗吹烟当树直，绿纹溪水趁桥弯"。这是实际行动和过程体验，"聊得"之感减弱，自得之感增强，向着问题解决迈出了坚实的一步。但疲顽之感并未因此一扫而光，也就有了第三步"清禽百啭似迎客"。这是客观评价和情感激励，"百啭"无疲顽之意，却有迎客之心，物犹如此，人何以堪？所以作者进入了"有情无思"的早发陶醉之中而不能自拔，至于疲顽，早就散到山雾之外了。

范成大的疲顽解决方案如果用语文教学"勤"的艺术来解读，除起于"勤"外，本欲"散疲顽"，却还要坚持行雾、过山、经林、越溪，疲顽不断变换，看似更疲顽，实则疲顽在变淡，这就是韧于"勤"了；而且雾是薄薄轻轻的，山是重重叠叠的，林是碧碧直直的，溪是绿绿弯弯的，特定的景物选取碾压疲顽，正是精于"勤"的需要；至于百鸟和鸣真情迎客，疲顽散尽，则是成于"勤"的表现。

当然，我们这样解读，并不是说语文教学"勤"的艺术就是要拘泥于某种固化思维，形成一种模式，相反，"勤"更需要从宏观上去理解和把握，要有战略性应对、策略性谋划，在遇到语文教学中的重大疑难问题时，如范成大一样，能一步步解决问题。

凡事预则立，不预则废。这也正如想要取得革命的胜利不仅要有大无

畏的英雄主义精神，还要有坚信革命必胜的乐观主义精神，而且乐观主义精神在宏观上比英雄主义精神更能接近革命的胜利。

比如，在毛泽东"五岭逶迤腾细浪，乌蒙磅礴走泥丸"的豪迈与洒脱的诗句中，我们不难感知到一代伟人治大国如烹小鲜的宏大战略气魄。长征约两万五千里，岷山之雪绵延千里，不大气一点，就会被困难吓倒，这就必须从宏观上创造出一种"勤"于战胜困难的坚定信念。所以我们从《七律·长征》中不难品味出"勤"，不仅有殷勤、辛勤之意，更有勤奋、勤发之意。在主观上励"勤"则"更喜"，在客观上诱"勤"得"开颜"，宏观视之，微观行之，战略上藐视，战术上重视，最终实现"红军不怕远征难，万水千山只等闲"的心理制胜、情感制胜、过程制胜、结果制胜，则是一种战略艺术了。所谓文韬武略者，即在于此。语文教学"勤"的艺术也应有自己的宏观要求，做到"审大小而图之，酌缓急而布之；连上下而通之，衡内外而施之"。唯有宏观考量，眼观六路，耳听八方，然后徐徐图之，才可"泰山崩于前而色不变，麋鹿兴于左而目不瞬"，大气超脱、处变不惊、淡然冷静、有致有序地建设最美语文课堂。

那么，语文教学"勤"的艺术的宏观要求具体体现在哪些方面呢？

### （一）勤备精取，巧做教学设计

著名教育家苏霍姆林斯基在听完一位老教师的讲课后，问他这节课备了多久，这位教师说"用了一辈子的时间"。作为教师，走上三尺讲台，便有了一份沉甸甸的责任。这份责任心要求我们勤备精取，愈是勤备，愈能够游刃有余地去粗存精，做最精准、最精美的选取，也才能像对待艺术品一样来设计自己的教学，从而吸引学生，让课堂洋溢活力、充满诗意。

要勤备精取，首先要备学生，了解学生的基本素养，掌握他们的整体学习情况、心理状态等。每学年、每学期，教师从接手新一批学生的那一刻起，首要工作便是了解学情，以学情为原点开展教学工作。只有明确了学生的学科基础、学习兴趣程度、潜能挖掘空间，才能在教学设计过程中、在课堂上，有针对性地制订策略，以科学的教学设置调动不同程度的学生都参与到课堂学习中，让不同层次的学生都能有所得、有所获，从而实现教师课堂教学的有效性和高效性。

勤备精取还需吃透教材。这要求教师不仅要熟悉和理解某一篇文章或某课时的教学内容，还要有整合教材的眼光和能力。教师要精读课程标准，准确把握各时段的学科总体教学目标；要纵观整册教材，了解该学期的全部教学内容，把握编者的编排意图，确定自己的教学预期目标；要全面掌握学校已有的、能为本教材教学提供的所有可利用的教学资源，初步确定自己的教学思路和方法。

勤备精取的出发点是勤备，落脚点则是精取。勤备是与高手过招，精取是独创秘籍。把自己确定的（全学期的、单元的）预期教学目标、教学思路、教学的重点和难点、解决教学问题的方法和教学手段等梳理、记录下来，然后注意对照，深挖洞，广积粮，细大不捐，来者不拒，这是教师的勤备功夫。之后细细咀嚼，去伪存真，围绕知识点，频思亮点，突出重点，突破难点，把握焦点，然后将教学目标推向制高点，这是教师的精取功夫。勤备精取之后就可以为所要讲授的课程做最优化的教学方案设计。这里的教学设计，不等于教学实录，而是包含了教学实录中可能出现的实景问题的预设与思考。换句话说，教学设计最主要的是如何设计环环相扣的精美问题，引导学生做水到渠成式的思维游泳，然后在课堂上舒心而自觉地亮出自己的"万花筒"。勤备精取，巧做教学设计，要求教师对文本理解透彻，更重要的是，需以学生为学习主体，让学生在课堂上"活"起来，而不是教师以备课时的充分预设去主宰课堂，甚至"满堂灌"，导致学生死气沉沉，失去参与课堂的兴趣。

但勤备精取往往让一些教师走入另一个极端。我曾经观摩过一节示范课：一位教师的教学设计精准，教学环节环环相扣，学生没有疑问，甚至到课堂结束时，这位教师正好讲完最后一句话。这节课看似上得漂亮，但课堂上学生无任何问题干扰因素，没有自我发挥的空间，学生没有动起来，因此，这其实是一堂没有必要上的课。这不得不引起我们的反思，现在的很多观摩课、优质课不就是这样上的吗？设计太精细，步步为营，起承转合都准备好，大有"请君入瓮"之嫌，这样的课堂是不是预设过头了？因此，作为教师，在备课阶段必须认识到，学生才是课堂活动的主体，教师要充分备课，但不能全盘灌输，需勤备精取，巧做教学设计，让师生充分互动起来，这样的课堂才会更加原生态，学生也才能更有个性地发展。

### （二）勤问精思，妙施动情艺术

陶行知先生说："发明千千万，起点是一问。智者问得巧，愚者问得笨。"随着教育改革的逐步深入，人们越来越清楚地认识到，学生的成长、学校的发展、教育的创新都必须与教师的发展同步。亚里士多德说："思维自疑问和惊奇开始。"子曰："学而不思则罔，思而不学则殆。"其实，教育教学工作亦是如此。教师只有勤问精思，才能在教学工作中妙施动情艺术。

朱熹说："读书无疑者，须教有疑，有疑者却要无疑，到这里方是长进。"积极思维，是研究问题的内部动力，是开展好教育教学工作的先决条件。提问是开启学生思维大门的钥匙，是发动思维的润滑剂。倘若课堂中没有提问环节，知识中的重点和难点得不到及时查验，学生的学习效果就会大打折扣，部分学生会因自身的惰性或者畏难心理，对自己所学知识的重点、难点视而不见、听而不闻，即使学习中遇见疑难也不认为是"问题"。无数成功的教学课例证明，教学中的提问能打开学生的思路，启迪学生的思维，发展学生的智力和能力，是教师开展教育教学工作并走向教育真谛必须要重视的环节。

钱梦龙老师在他的《语文导读法探索》一书中说："要发展学生的智力，研究问的艺术很有必要——问题本身要富有启发性，要激起学生思维的火花。"教学活动是由教与学组成的一个天平，左边是教师，右边是学生，教学是教师和学生共同参与的"双边"活动，在这种活动进程中，师生不仅负责知识的传递与接收，还需要适时进行丰富的感情交流。实现师生互动、双向交流的方法很多，恰当地进行教学中的提问是众多方法中的一个屡试不爽的妙招。因为，在鲜活的教学活动中，好的问题犹如一叶扁舟，使师生双方在教学活动中同时在线，同步活跃，促进课堂上教与学的和谐发展。

巧问、巧答是课堂提问艺术的集中体现。至于在具体操作中能否做得好，全靠教师本人的"功夫"和灵活性了。如何增强教学的吸引力，磁石般地把学生的注意力牢牢吸引住，激发学生学习的兴趣，以顺利完成教学任务呢？实践证明，当教师提出问题时，学生的注意力往往处于高度集中

的状态。好的提问，犹如一场及时的春雨，催生学生求知的春笋；好的提问，好比晴空中的一声霹雳，能打破学生思维天空的平静，使之闪现一道道思想的光芒。

教学有法，但无定法。教学中的提问艺术更是如此，只有勤问精思，妙施动情艺术，才能遇见教育教学中最好的教师和最好的学生。如何勤问精思，妙施动情艺术呢？

一是要精思问题设计，要勤思问题筛选。教师应该对课堂提问的科学性及重要性有充分的认识，不能为了提问而提问，不分时间、不顾对象地随意提问。有质量的提问一定是经过精心设计、提前筛选、事先预设的，问题得当与否，决定着能否激发学生的求知欲，且直接决定着课堂氛围的活跃度。例如，《祝福》一课的问题，涉及作者介绍、写作背景介绍、以祥林嫂为中心的人物形象的分析、标题的含义、环境描写的作用、外貌描写的作用、主旨的探究等一系列问题。如果从寻找杀害祥林嫂的凶手着眼，可以自然而然地引出上面的一系列问题，相关问题的解决就显得顺理成章、水到渠成了。这就需要教师精思问题的设计，勤思问题的筛选。

二是要精思学情，要勤思提问时机。"不愤不启，不悱不发。"在一节课开始时以问题引入，能够有效地激发学生的探索欲，在课堂一开始就抓住学生的目光。课中根据教学实际需要进行的提问，可以调节课堂节奏，能够检测学生的接受度，以学生新的求知需要触发学生的思维共鸣。课尾提问，既可以考查学生对本课所学的知识的掌握程度，及时认识到所讲授内容的不足，以便查漏补缺，同时又可以引导学生预习下一节新课内容，一举两得，两全其美。比如，《廉颇蔺相如列传》的学习，学生的基本学情是对文本内容比较熟悉，对情节发展比较感兴趣，但对故事发生的特殊时代背景认知模糊，对故事的深层次矛盾认识肤浅。所以，教师在授课开始时，可以问简单一点的问题：两大主要人物是谁？授课过程中，可以让学生整体感知故事情节，问：三个小故事分别可以概括为什么？授课快结束时，就把难点问题抛出来：文本所探究的两大矛盾是什么？学生很容易找到廉颇和蔺相如之间的矛盾冲突，但不易发现秦、赵两国之间的利益对立，更难联想到战国末期秦、赵两国之间势力的悬殊。所以，提问应由易到难，从课初到课中再到课尾，教师才能顺利实现教学目标，完成教学任务。提问的艺术深不可测，但关键处还是可以捉摸的。

三是要精思问题设计的出发点，要勤思问题设计的针对性。课堂提问有四个基本作用，分别是评价学生、检查教学、体现学生主体地位和启发式教学的重要形式。凡事预则立，不预则废。为此，教师设计课堂提问要有明确的出发点和准确的针对性。出发点应包括两个方面，一是教材的重点和难点，二是学生原有的认知结构。在每堂课的教学中，教师要针对学生学习过程中的困惑之处精心设计问题，可以以一个大问题领起诸多小问题，也可以按教学设计顺序层层设问。比如，在学习《记念刘和珍君》时，用"鲁迅为什么要记念刘和珍"这个问题总领，可以串起"刘和珍是谁""刘和珍做了什么""刘和珍为什么要这样做"这一组问题，进而得到刘和珍是一个怎样的人、在怎样的时代环境里做出这样的选择，很好地完成对作品主题的把握。在学习《林黛玉进贾府》时，我们可以一个问题接着一个问题地对作品进行准确把握，比如，林黛玉为什么要到贾府去？还未到贾府时，她已经有了怎样的思想准备？她到贾府之后看到了什么景象，见到了哪些人，听到了怎样的话？通过这些内容的分析，就可以让学生感知贾府的奢华，黛玉、熙凤、宝玉的不同人物形象特征。我曾将其归纳为"黛玉进府慎言行，三春隐隐在其中，熙凤未现先传声，宝玉初见显真情"，这和学生们在认知上形成了强烈的共鸣。可见，不管是一石多鸟，还是花开多枝，问题提得好犹如一个电力十足的打火机，能燃起学生思维的火花，引燃思想的熊熊烈火。

"君子之学必好问。问与学，相辅而行者也，非学无以致疑，非问无以广识。"教育教学工作的特殊性质决定我们必须具备勤思精问的大脑，才能承担起教书育人的伟大使命。

### （三）勤结精评，卓现智慧火花

语文教学的艺术创新每推进一步，在实践上都要前进一大步。反过来说，在课堂上，如果勤于推动教学走向更深，语文教学的艺术也必将更精。而新课程标准下的语文课堂，教师勤于提问，学生精于思考，师生动情渗透，妙解教材文本，远不是一节课的结束。新时代的语文教师，还应该勤于以教材文本为工具，把传统课堂的终点作为新课程的起点，充分激

励学生勇于自我表现，畅所欲言地表达主见，不仅让学生成为课堂的最大变量，更能释放最大正能量；以教材文本为工具，同时勤于运用现代化教学条件，创新教学载体，搭建展示平台，丰富课堂形式，深化课堂内容，拓宽思维能力提升途径，持续提升课堂学习效率，进而让语文课堂教学艺术真正站起来、富起来、强起来。

在这一转变和提升过程中，勤结是前提，是对教材文本的及时刹车，就像是音乐中的休止符，为接下来以学生为主体的争优表现做铺垫；精评是高潮，是依托教材文本的消化再造，就像是奶牛，吃下去的是草，挤出来的是牛奶；勤结和精评相结合是做大做强，是基于教材文本的思维体操，就像是数学中的加法乘法混合运算，投入的虽然只是一个"1"，得到的结果却可能呈倍数级增长。总之，勤结也好，精评也罢，唯思能好，不思难了，不仅教师和学生的思维在精彩接触，学生和学生的思维也在激烈碰撞，课堂上卓现智慧火花，随时都有可能掀起高潮，爆出最美的课堂语言，荡起最美的心灵涟漪，造就最美的"拍案惊奇"。

对语文教材文本的勤结，首先是能够恰当而艺术地结，其次是能够连续不断地恰当而艺术地结，再次是不仅能够恰当而艺术地结出优点，更能结出缺点。勤结，体现一个语文教师卓越的历史思维能力。历史唯物主义的方法论也告诉我们，从历史中我们可以吸取很多的经验。所以勤结时既要结出明显的教学效益，更要获取全面的滋养，扬长避短地将教育教学推向深入。语文教材的文本内容是在中华民族几千年悠久文明的传承中提炼出来的精粹，应采取全面、历史的科学分析方法，客观、公允地看待其中的人物和事件。教师在言传身教中需要注重这一点。

勤结，还应该是学生积极参与的智慧活动。教材之中有智慧，教材之中有营养，师生要加强合作，在对教材的深入学习和思考中汲取前行的智慧、养分和力量。

魏书生老师著名的"六步教学法"就是定向、自学、讨论、答疑、自测、自结。在魏书生老师看来，最后让学生学会总结，这样的语文课才是好的标准课。所以，面对勤结这个话题，每位语文教师都应该深入想一想：我每节课都总结了些什么？总结得是否精准、正确、精彩、独到？是否带动了学生一起总结？勤结究竟有没有成为我的课堂教学习惯？然后牢记：结出特色才能结得出色，结得出色才能结出成果。

建立在勤结基础上的精评，不是对上述总结要点的简单重复，也不是在前人已有经验中拣拾牙慧，更不是活跃气氛的"课余"。这里的精评，首先是恰当而艺术的总结的精彩延续，其次是教学中心的转移，最后还是教学最精华和高潮部分所在。精评，主要为学生而设。教师通过勤结已经点燃精评的引信，学生就像是隐藏于民间的烟火高手，一个一个纷纷出场，合成一幕最出色的烟火表演；又像是艺成归来的武林高手，一个一个华山论剑，拼出一场最火爆的技能大赛；又像是皓首穷经的学究，一个一个引经据典，引爆一次最激烈的学术争鸣；又像是雄视千军的辩手，一个一个口吐莲花，拓展一片最文艺的星空。

精评，体现一个语文教师的卓越的诱思能力。教师以冷智慧托底，沉静安稳得像一片海，放任学生争做最美的浪花。学生在教师的诱导下思维如井喷，据理力争，百花齐放。学生在精评中可以练就辛辣尖锐的批判思维、蹀疾步稳的辩证思维和大胆破局的创新思维。千人诺诺，终将不如一士谔谔，这非常有助于学生思维能力的提高；一分为二，抓住重点，形成转化，这非常有利于学生思维品质的提高；敢为人先，蓬勃向上，打破陈规，这非常有助于学生思维总量的提高。

勤结和精评都应把握的"八个原则"：一是照亮别人，不损伤自己；二是自己幸福，不使人痛苦；三是不在于记住很多事实，而在于训练大脑学会思考；四是走一步，再走一步；五是真正有文学含量和精神含量；六是把"工夫"花在"功夫"上；七是不丢魂，不变形，不走样；八是知无不言，言无不尽。

那么，勤结和精评怎么有机结合以卓现智慧火花呢？以人教版《高中语文·必修1》"梳理探究"单元《奇妙的对联》一课为例进行说明。

该文篇幅短小，容量非常有限，仅仅满足于固有内容学生将食不果腹。这时候，勤结和精评相结合就尤能卓现智慧火花。我们首先可以确定勤结和精评的主题为"中国元素——对联精品阅览"，然后快速地对教材中的内容进行梳理，接下来就进入勤结精评环节。其中总结部分如下。

一是对对联做"楹高联雅字字精"的整体总结。强调它因楹柱而大气高悬，因对称而均匀雅致，因简练而字字精巧，是中国元素最典型的代

表。强调它影响大,春节必备,遍及全国,是中国人情感得以释放、心理诉求得以满足的重要载体。强调它基于汉字本身的魅力,有着鲜活的民族气息,蕴藏着丰富的审美诗意,已逐渐成为世界文明宝库中独一无二的瑰宝。强调它与书法艺术的融合,足以修身养性;与风景名胜的融合,足以物我两忘;与传统佳节的融合,足以光耀门楣;与文学创作的融合,足以锦上添花。

二是对对联历史做"依声味永久传承"的系统总结。讲它的名称变化和历史演变,讲它的不同分类和注意事项,讲它的发展阶段和韵律特点,讲它的文化习俗和家风传承。

其中精评部分如下。

一是做"对联趣话"的评论,评述"小小世界大人生"。一评小小对联可讽世俗,二评小小对联可言壮志,三评小小对联可见格局,最后做总评,比如,"凝视时,它就如一朵含苞的花,骨子里是满满的诱惑;品读时,它就如甜美的果,唇齿间是浓浓的回味。俯仰之间,岁月弥漫,人生的铿锵铺展如诗。"

二是做"对联与生活"的评论,评述"我家的对联"。以《冰心全集》第七卷《我家的对联》为例,先赏文论评,再各抒己见,联系自家的对联对比互评,最后提前拟写今年的春联,现场展评。

### (四)勤拓精选,强化高级思维

语文教学不能局限于课本内容,学生更需要走出课本,到大千世界、阅读的海洋里继续遨游。语文学习不是片断的,而是连续性的;不是独立的,而是与生活息息相关的。课本具有局限性,而且课本只是一种知识上的引导,因此学生需要在课外进行大量的阅读,以此对课本信息进行补充,以及为认识问题、解决问题进行知识储备。而在学生进行大量阅读之前,教师应该是先驱者。因为只有教师不受藩篱束缚,才能更好地引导学生跳出框架。教师需要不断地扩大阅读量,而且还需要在大量的书籍当中精选出适合学生学习和理解的文本,这样才能更好地引导学生思考分析,全方面拓展,提高语文素养。所以,教师在语文教学中除了对课本内容勤准备之外,更需要勤拓展、勤精选,为学生语文学科高级思维的提升提供

第一章 语文教学"勤"的艺术

助力。

朱永新教授说过:"一个多读书的人,其视野必然开阔,其志向必然高远,其追求必然执着。"语言学家吕叔湘先生也说过:"学习语文,三分得益于课内,七分得益于课外。"由此可见,拓展阅读对语文教学的重要性——它不仅能够让学生开阔视野、丰富知识储备,更能够让学生有远大的理想和追求。但是阅读也需要注重质量,这就需要语文教师"勤"用功,努力为学生的发展提供良好的阅读环境和优质的阅读书目,引导学生认识阅读,学会阅读,甚至是超越阅读,形成自己的语文学科思维,这是对学生的终身发展都有益处的。课内阅读并不是全部,还有很多的东西需要课外学习,两者不断互补才能够得到更为完备的知识体系。总之,课外阅读并不是在浪费时间,相反,课外阅读习惯的养成对学生语文成绩的飞跃和自身的发展都有很大的益处,是在节省培养语文学科高级思维的时间。

勤拓精选,教师要"勤"读书。陶行知先生曾说:"要想学生好学,必须先生好学。"语文阅读学习也是这样。教师的广泛阅读、知识面的拓展有利于引导学生走进阅读,并且让学生爱上阅读。比如,语文教师在讲《林黛玉进贾府》时,如果单从课文文本去看人物,看到的就是人物单一的形象,如果教师在完整阅读《红楼梦》的基础上进行教学,就能拓展更多的故事,同时也能对文本选段中的人物形象进行更加全面的理解。这样,教师在教学时呈现出来的人物形象就比较饱满。而且,在教师的影响下,会有越来越多的学生提高对《红楼梦》的阅读兴趣,从而加入读经典、解经典的学习中。长此以往,学生不仅阅读量上去了,而且学会了在阅读中思考,在思考中进步,在进步中不断提高自己的语文学科高级思维。

勤拓精选,教师要"勤"引导。书籍在今天真的可以称得上是浩如烟海,面对这么多良莠不齐的书籍,学生的分辨能力可能不是很高,这就需要语文教师的"勤"挑选——结合学生的兴趣从繁多的书籍当中选择一些适合学生发展阶段的经典书目。教师在选取书籍的过程中,要关注到趣味性、时代性、关联性和思想性。比如,语文教师在讲《逍遥游》的时候,可以更多地侧重对庄子思想的拓展,引导学生认识庄子道家思想的核心观

念。但只看古文是比较枯燥的，对《逍遥游》以及对庄子的注解文章有很多，这就需要教师在其中选取适合学生且思想性符合学生发展规律的作品让学生阅读。学生如果没有对文章思想有更深的了解，那对文本的学习就停留在理解字词上，这样的学习效果是很不好的。学生要从这些古文中学习的不仅仅是字词，更多的是曩哲的思想。而先贤们的著作因为时间久远，到今天本就不易被学生接受，所以教师是否引导学生拓展阅读，或者是否引导学生选取合适的解释版本，严重影响着学生认识的方向和认识的深浅。

勤拓精选，教师要"勤"解析。伏尔泰认为，大部分人是不会读书的，对学生来讲更是如此，对他们进行读书指导就与读书本身一样重要。学生在面对一部文学作品的时候，可能带着新奇，但是如何阅读则成了学生的一个大问题。很多学生读完文本就只是了解到了一个故事甚至是一句优美的话，这样的获得是很浅显的。这时候，教师的重要性就体现出来了。教师要起到引领的作用，带领学生阅读，给学生"勤"解析，帮助学生深入地理解阅读的文本；同时，也要不断地提升学生的语言认知，知道文本"美"在何处。比如，在《荷塘月色》的教学过程中，可以从文章中发现许多优美的句子，教师就需要引导学生去认知这些句子优美在何处，使用手法的意义是什么，并结合学过的朱自清的其他文章，让学生在比较中发现朱自清语言的特色，同时带着问题去思考，进入到阅读中去。教师这样的解析是很有必要的，可以给学生的阅读提供一个方向，让学生在阅读的道路上走得越来越远。这不仅锻炼了学生思考问题的能力，而且让其深入到文本阅读中去，因此能更有效地提高学生的语文思维能力。同时，教师"勤"于解析，可以让学生在阅读后进行思考与交流，让他们提出自己的想法，从而对自己的学习有更加全面的认识。

勤拓精选，教师要"勤"放手。教师要给学生一定的空间和时间，让他们能够更好地沉浸在阅读中，更好地把课外阅读和课内知识进行结合。教师"勤"放手，学生才能"勤"上手，从而更好地发展探究思考能力，不断提升语文学科思维。让学生对拓展思考"动心"，比让他们"用心"更难，因为学生只有"动心"了，才会主动去学习、去阅读，才会觉得自己不是在"逼迫"中成长，而是在"自主"中学习。类似这种习惯的养成有利于学生在之后的人生发展中更明确自己发展的方向和阅读的坚持，对其成长有更大的益处。

冉正宝的《语文思维论》中有这么一句话："语文思维是思维主体在运用汉语进行认识与表达、审美与创造、鉴别与吸收的思维活动中，借助形象对语文对象展开的概括和间接的认识过程。"学生语文思维能力的提高，还需要教师的"勤"拓展、"勤"分析。在勤拓精选下，充分地调动学生进行积极思维，帮助学生形成对解决某个问题的思维概念。这是很重要的，因为学生在这样的过程中会不断地确定自己的学科思维形式，当他具备这样的能力和素养后，就可以激发自己的学习动力，开始自主地探究思考学习问题。这样的转变也可以让教师慢慢从"教授"中脱身，变成类似于"布道者"的"启迪"。这可能也正是冉正宝老师想传达的意思。语文教育本身不是单纯的字词教育、文段教育，而是把语文知识变成一种系统性的能力。而学生一旦拥有这种能力，就可以付诸实践，并且服务于生活。

## 二、语文教学"勤"的艺术的实施策略

### （一）已学课课后拾遗（深度反思）

已学课课后拾遗即对课堂教学进行深度反思，及时弥补遗漏之处。叶澜教授说过："一个老师写一辈子教案不一定成为名师，如果一个老师写三年反思有可能成为名师。"勤反思、勤总结，是教师需要做到的，并要以此为突破口进行教学研究。而面对现在的"快节奏、大容量、高效率"的 40 分钟语文课堂教学，教师课下除认真备课，不断充实完善自己的知识储备外，还要及时总结，查找课堂教学是否存在遗漏之处，以便及时进行补充纠正，让教无漏、学无遗。

1.勤思教学目标，及时修正

在学习新课之前，教师要结合学生的实际情况，有针对性地制订教学目标，并有意识地融入教学内容中，让学习素养成为课程教学内容的血肉，成为教学过程的灵魂。教学目标的实现，需要语文教师在具体的教学

工作中不断调整教学思路、教学步骤及教学方法，已学课遗漏的内容，在开始新学课之前要完善，并在自身的教学实践中不断改进，以期取得更好的教学成果。比如，在学习《寡人之于国也》这课时，由于教师对历史背景介绍得不多，学生对"梁惠王为什么提出'民不加多'的疑问""孟子施行仁政的主张得以成功推行了吗"这两个问题没有理解透彻，没有达到预期的教学目标，对此教师在以后的教学中就要及时改进。

2. 勤思学生差异，因材施教

教师备课时既要注重教学内容，又要注重学生的个性差异。教学的最终目的是让学生会学，因此，教师在备课时，既要吃透大纲、教材、课文，又要弄清楚学生已有的知识水平，清楚学生的接受能力和知识缺漏。如在学习文言文单元时，有的学生通过之前学习古文的积累，已经掌握了词类活用的方法和特殊句式的判断方法，但部分学生还有点似懂非懂，此时教师就需要因材施教，或趁机复习已讲过的知识，或分层施教。成功的课堂教学，就是让基础好的学生"吃得饱，跑得快"，让中等学生"吃得好，跑得动"，让学困生"吃得了，不掉队"。因此，教师要进行已学课课后反思，让自己的教学设计照顾到一切学生。

3. 勤思教学活动，提升效果

一堂课是否成功，取决于学生的参与度。学生只有充分参与到教学活动中，才能积极主动地思考问题、分析原因，最终解决问题，学会学习。而教师只有在与学生的互动中才能发现教学内容是否有遗漏，教学方法是否能被学生接受。充分的教学活动是师生教学相长、互惠互利的过程。如在学习文言文单元时，高一学生刚接触高中语文教材中的文言现象，遇到特殊的文言句式，不明白为什么要用这样的句式。不明白句子的成分，自然无法理解文言句式。通过观察学生的课堂参与度，教师可以清楚地了解学生的知识遗漏，及时给学生补上一节语法课，有效提升学生的课堂学习效果。

### （二）新学课课前拾疑（问题导学）

教师要想上好一节课，首先要在课前勤下功夫，充分备课，做到脑中有标、眼中有生、手中有本、心中有法，既要备问题，又要备学生，预设学生可能会提出的疑问。教师备课的基本要求是必须依据各学科课程标准的要求，根据课程特点，并结合学生的实际情况，选择最合适的教学方法，以确保课堂能有序进行，保证教学的预设和生成的统一。教师可以采用问题导学的方法应对课堂上出现的问题。

1. 勤备课标，明确教学要求

语文教师充分备课的首要准则是"勤备课标"，这里的"课标"指的就是语文课程标准。课标注重学生的学习主体地位，系统地提出了知识与技能、过程与方法、情感态度与价值观的目标，更加重视人文精神，是语文教学核心价值观的体现。语文教师在备课时首先要明确课标对本学科的具体要求，确定具体的教学目标，并且在课后总结时，也要让学生清楚地知道本节课的教学目标及重点和难点，以便学生在复习时有的放矢。比如，我在讲授李白的《将进酒》这首诗时，先给学生呈现本节课的教学目标是：（1）诵其诗：反复诵读，了解李白豪放的诗风；（2）体其情：研读文本，体会李白复杂的情感；（3）评其人：分析评价，探讨把握李白的形象。然后指出，"体会李白复杂的情感"是本节课的重点和难点。这样，在讲课之前先将教学目标、重点和难点呈现给学生，学生在学习过程中便能把握好课堂学习的主要内容。

2. 勤备学生，选择教学方法

教师备课时要充分考虑学生的特点，根据学情来确定合理的教学目标、教学重点和难点，选择合适的教学方法，预设课堂上可能会出现的问题，并且要清楚地知道通过本节课学生需要学会什么内容，获得什么能力。除此之外，在课堂上，教师要随机应变，随时关注学生的学习情况，并不断地做出相应的调整，以便更好地让教和学达到统一。

3. 勤备教材，充分利用教材资源

所谓"备教材"，其实就是要有教材意识。教材是教师教学的蓝本，也是落实课标精神的重要依据。在备课阶段，教师要认真研读教材，充分挖掘教材中的信息，注意课与课之间、单元与单元之间的联系，揣摩教材的编写意图，从而进行合理的取舍，根据课时的需要合理分析教学重点和难点，充分调动自己原有的知识储备充实教学内容。比如，人教版《高中语文·必修1》第二单元中的课文为古代记叙散文。开头的单元导读中有

一段话说得特别好："这些文章或记政治、外交的风云变幻，或记杰出人物的嘉言懿行，都是千古流传的叙事名篇。学习这个单元，既可以从中领略古人的才华和品德，又可以欣赏和借鉴叙事的艺术。"单元导读告诉了我们本单元的重要欣赏点。这个单元的第一篇文章是《烛之武退秦师》，教师在设计课堂问题或分析文章思路及重点和难点时，完全可以参考课后"研讨与练习"第一题的4个小问题，这4个小问题把文章全部串了起来；教师也可以指导学生在预习阶段参考课后习题来进行自我学习。在这里，我还想重点说说"研讨与练习"第三题中评论秦穆公退兵的这一段文字，实乃经典的议论文佳作。第一句"天下之事以利而合者，亦必以利而离"，这是论点，接下来，从"秦、晋连兵而伐郑"到"而又得秦置戍而去"，作者只用三言两语便简洁地概括了事件内容。然后，作者围绕论点对事例生发议论。整段文字，只有164个字，但在论证过程中，有事实论证、假设论证、比喻论证，有排比、对偶、比喻，有感叹句、疑问句、反问句等。很多高中生不会写议论文，或者议论文中的论证语言苍白无力，如果教师带领学生认真研习课后附的这段文字，或许会对学生的议论文写作有较大裨益。另外，教师也可以指导学生在写作过程中引用课本素材。还以《烛之武退秦师》这一课为例，教师在带领学生感受烛之武高超的游说技巧的同时，还要让学生思考这一课可以用于哪些写作话题中，可让学生集思广益，畅所欲言，比如，说话的艺术、爱国、胆识、勇气等。

总之，教师在备教材阶段，要充分研读教材，看到教材的边边角角，最大限度地利用教材内容。

4. 勤用网络，深度挖掘教材

要想充分备课，全面、深度地挖掘教材的内涵，让讲授有针对性，教师不仅需要钻研考纲和教材，也需要采用多种备课方式。比如，可以去听其他教师的课，可以利用手头的工具书及教辅资料等。另外，现在网络发达，各类信息资源也很多，教师也可以借助网络看课堂实录，看别人是怎样上这节课的，思考自己该怎样上好这节课，进而进行充分备课。

比如，我在备《蜀道难》这一课时，首先看了南京市第十三中学石群英老师教学本课的课堂实录，通过观看、分析，我更清楚地把握了如何在诵读中引导学生去感悟诗歌的情感。在课堂上，我借助多种形式的诵读，如教师泛读、学生个性朗读、男女生比赛读、小组对比读等，让学生充分体会诗歌传达的情感。另外，在学生朗读体会了李白的浪漫主义文风之后，在对这首诗的主旨进行解读时，我结合工具书和网络搜集了关于李白的生平经历和这首诗的创作背景：这首诗大约创作于天宝初年，李白26岁只身出蜀，怀着"济苍生，安社稷"的使命，一路来到长安。可是此时的唐玄宗已经不是当年励精图治的唐玄宗了。傲岸的李白不见容于当时的官场，所以他仅在长安3年就被赐金放还。这首诗中蕴含着他对仕途难、人生难的感叹。面对突如其来的一切，作为想要济世之人，他慨然长叹："蜀道之难，难于上青天。"无论是对世事的无奈，还是对大自然鬼斧神工的敬畏，李白的这一句感叹，一叹就叹到了现在。直到今天，面对一些难以跨越的坎坷时，人们还是会如此捋须一声。无论是结合历史资料，还是放置今日切身的实际体验，我们都可以对这首诗进行更加多元化、个性化的解读。

### （三）新学课课中拾趣（趣味激发）

课堂就好比舞台，讲授能否得到学生的连连称赞取决于教师是否勤于备课堂。而在语文课堂上，可能会出现这样的状况：任你教师激扬文字、指点江山，可是就有一些学生心不在焉、精神不振，甚至去见了周公，把教师的讲解当成了催眠曲……课堂犹如一潭死水，荡不起一点涟漪。对此，教师常会发出无奈的感叹："我待学生如初恋，学生虐我千百遍。"其实，教学效果基本上取决于学生的学习态度。兴趣调节着人的情感，也是学生学习的内在动力，有趣的课堂才会激起学生浓厚的学习兴趣，学生才会表现出巨大的学习热情。那么，如何让语文课堂生动有趣呢？

1. 趣味导入，激起波澜

在实际教学中，我采取了趣味导入新课的方法，如在学习《咬文嚼字》时，我是这样导入的：由"父进士子进士父子皆进士，婆夫人媳夫人婆媳均夫人""父进土子进土父子皆进土，婆失夫媳失夫婆媳均失夫"两副对联中两字之差致使语义截然相反的例子引出"咬文嚼字"的话题，既引出了本课探讨的问题："什么是咬文嚼字？""为什么要咬文嚼字？""怎样克服套版效应？"同时又激发了学生研读课文的兴趣。

### 2. 修炼语言，唤起情感

语文教学要讲究语言的艺术，春风化雨般的教育胜过电闪雷鸣式的批评。幽默的语言也不失为一种有效的教育方法。幽默的语言会激起学生的情感浪花，课堂里常有笑的溪流涌动，课堂气氛才会更融洽、更活跃。教师要善于用风趣的语言引导学生，把问题和情趣结合起来。如在教学《定风波》一课时，我为了让学生体会到苏轼被贬黄州后仍不失旷达的乐观精神，除了向学生介绍作者在黄州写的作品外，还向学生介绍了爱和别人插科打诨的东坡，向学生讲作为"东坡肉""东坡鱼"的原创者的"吃货"东坡，谈笑间让学生对苏轼其人有了具体且深刻的了解，也让学生很容易领悟到"也无风雨也无晴"所蕴含的旷达豪迈之情。教师用幽默的语言化解课堂中遇到的困难，让教学更富有趣味性，可以更好地完成教学任务。同时，在教学中，教师用幽默的语言把欢笑带给学生，感染了学生，教育他们笑对人生，热爱生活，也是将素质教育渗透到语文课堂教学中的一种体现。

### 3. 巧用教具，化静为动

结合学生的实际，在教学中充分利用多媒体教学，可使教学内容变抽象为具体，图文并茂，声形结合，化静为动，寓教于趣。轻松愉快的教学氛围可使学生体验到语文课堂的快乐，保持高昂的学习情绪，因而更有利于学生积极学习和思考。如在教学《林黛玉进贾府》这一课时，需要学生分析人物生活的环境和人物形象特点，我就利用多媒体给学生播放《红楼梦》中3个重要人物出场的情景，让学生直观地去感受3个人物形象的特点，从而准确地把握人物形象及塑造人物形象的方法。在学习李煜的《虞美人》时，我给学生播放了邓丽君演唱的《虞美人》，让学生从音乐角度去体会这首词的别样趣味，收到了良好的教学效果。

## （四）新学课课中拾慧（多元思考）

新学课课中拾慧就是在课堂教学中要多元思考，拾取教学智慧之花，反思、积淀，不断修炼提升自己，成就精彩的课堂。精彩的课堂蕴藏着教师的教学智慧。在教学中，难免会出现突发事件、失误等，面对这样的情况，教师就需要随机应变，而应变的原则是"以不变应万变"。所谓不变，就是指充分的准备，这样才能灵活自如地应对一切。处理恰当的话，这些课堂中的小插曲，会变成课堂的闪光点，也可以显现出学生的思考过程，以及教师的解答能力。所谓的碰撞，有时也会擦出一些"智慧的火花""艺术的火花"，只有不断地捕捉，才可以让课堂熠熠生辉。

1. 着文眼，牵一线

文学作品一般都是一脉相承，承前启后的。在语文教学中，如何引导学生快速掌握一篇文学作品？关键词可以取胜。而关键词中的"文眼"更是重中之重。把握"文眼"，立足文章的关键词，在字里行间的跨越中，能够有一种游刃有余之态，那便是一种阅读的成功。比如说，在《赤壁赋》的教学中，以分别描述客前后变化的一句话——一句是"如怨如慕，如泣如诉"，一句是"客喜而笑"——作为教学的入口，方便学生掌握文章的中心。一悲一喜，如何切换？悲是因何而悲，喜是因何而喜？在对悲喜进行认知的同时，学生对于文本的把握就成了顺理成章的事情。不仅学习古文如此，学习现代文也可以这样，抓关键，明道理。如《小狗包弟》一文中，作者几经转变的情感到底因何？对这样的情感的把握可以让学生看到超越个人存在的社会背景，让学生在学习中看到"山有小口，仿佛若有光"，然后通过自己的思考与探究，达到"豁然开朗"。

2. 设问题，层层引

提问是课堂中必不可少的环节。高质量的问题不仅可以有效带动课堂的进度，还可以发出"灵魂拷问"，引起学生的深入思考。语文教学中，问题意识不容忽视。作为语言文字应用的实践阵地——课堂，一定要保留具有语文学科特色的提问方式——层层深入以及发散提问，因为它一方面可以开拓学生的想象力，另一方面也是对考究的语文课堂的一种呈现方式。什么是考究的提问呢？比如，在《说"木叶"》这一篇课文中，关于"木叶"的提问，可以逐层深入：什么是"木叶"？为什么说"木叶"？"木叶"与"树叶"的区别是什么？是什么产生了这样的区别？哪些诗歌用了"木叶"，哪些没有用？使用"木叶"需要注意什么？林庚为什么要写"木叶"？等等。学生就可以在不断的思考中慢慢深入理解诗歌鉴赏时语言的特色与美妙。这不仅是诗歌鉴赏题需要的方法，更是鉴赏诗歌的素养的表现。这样由易到难，叠加的重量会让学生富有挑战心理，从而获得

知识。

### 3. 提兴趣，赢主动

越是贴合生活现实，越容易引发学生的兴趣，特别是如果可以解决现实生活问题的话，那就更容易激发起学生学习东西和想要学好的信念。语文课堂如何将高屋建瓴的文学高地与柴米油盐的日常生活联系起来呢？这是一个需要一直思考的问题。因为语文学科并不是文学鉴赏，需要承担起培育语文核心素养的重任。如果语文课堂一直照本宣科，就会变成枯燥无聊，而且不接地气的阳春白雪，会让很多想要学习的学生望而却步。语文教师也要选好自己的站位，把自己放在社会中，感知语文的社会公用的效用。比如，教师在讲授《烛之武退秦师》时可以联想当下大国外交：如果你是外交官，你要如何说动其他国家和我国合作？也可以联想个人生活：如果你需要寻求别人的帮助，你要如何去表达自己的想法呢？这是我们每个人都会在生活中遇到的问题，在课文的学习中就可以得到解决，这不仅会让学生对课文产生兴趣，还可以推动学生深入了解。让课本知识学以致用，真是个一举两得的妙招。

### 4. 置目标，点火花

没有目标的教学漫无目的，是不能够帮助学生获取真知的。教学中目标的设置与完成情况也是一个检验教学效果的标准。但是语文学科的特殊性也导致目标设置不具有特别明确的特点，不过这并不影响目标的设置与完成。因为学习是一个长期的投入，如果只在乎短期的效益，是不能够达到我们要的高层次目标的。就现在而言，语文学科的教学目标就是不断地培养和提高学生的语文核心素养，就单个课堂而言，这个目标就需要更为具体。目标决定方法，也决定前进的方向。教师需要设置明确的教学目标来帮助学生感知一堂课的知识传递与收获。比如，在《离骚》的教学中，对于屈原及其精神的认识就是课堂的一个目标。为了达到这个目标，教师会通过文本本身及搜集的相关资料来了解屈原及其精神，了解他之于中华民族的意义。如果教师把教学目标设置为了解楚辞艺术，那么就要走完全不一样的路子。从不同角度认识一篇文章，也可以拓宽学生的思维，让学生感知文学的魅力。

## （五）新学课课中拾要（精准点拨）

新学课课中拾要，顾名思义，即为拾取课堂中教学要点并进行精准点拨。课堂教学要讲究效率，一节好的语文课要注意繁简适度。语文课堂教学具有积累性和渗透性的特点，如果不考虑学生的个性差异，一股脑地把全部内容灌输给学生，预想一节课让学生都吃完、消化，那只会让学生消化不良。语文教学每单元有每单元的要求，每节课有每节课的重点，这就需要教师在备课的时候，勤于研究课文，宏观上把握课文的脉络，在课堂上提炼出要点，让学生吸收最有营养的精华。

1. 诗文重诵读

课文讲得再透彻，不如学生记得牢固，讲古典诗词、优秀散文，重点是朗读背诵，因声求气，吟咏诗韵，置身诗境，以意逆志，进而把握诗歌的情感。如在学习《将进酒》时，我让学生在课堂上进行小组间的诵读比赛，在情景中体会诗人李白复杂的情感。因此，教师在课堂上就要抓住重点，把要求明确地提出来，课堂上该掌握的内容，要求学生不要拖到课下。如果不督促、检查学生的作业，作业质量常常会被学生打折扣，因此课堂上应当做的题，就要要求学生要当堂完成，这样有利于及时发现问题，及时纠正，效果更佳。

2. 小说重内容

小说是学生最喜欢阅读的一种文学作品。

在阅读小说的时候，要重视小说的内容以及内容设置的艺术特色，这就需要教师去考虑小说当中的艺术手法。这里面包含很多的内容：人物设置的特点及意义；环境设置的特点及意义；情节设置的特点及意义；等等。通过对这些特点及意义的把握，教师就可以很好地引导学生去认知小说及小说的魅力。如何更好地理解？当然是需要切身的体会。教师可以采取一些创意的课堂形式，比如沉浸式分角色阅读，把自己置身于作者设置的环境中，以小说人物的身份感知小说内部的张力，这可以给学生带来新的体验，也可以让学生自己解决问题，从而对小说的设置方法有亲身体会。另外，教师也可以让学生主动创作小说，讲解自己的作品，这样学生可能对于小说中的各种创作技巧会有更加深刻的感受。

### 3. 古文重归纳

高中语文课程中，文言文占了很大的分量，而且在高考试卷中占分比重大。根据新课标要求，学习文言文主要从以下几点入手：把握文言实词和重点虚词的意义；翻译、理解文言语句；整体感知文意，重点掌握文中出现的文言现象。

对文言文来讲，阅读也是非常必要的，读得懂是基础。反复阅读是方法论，所谓其义自现便是如此。对于文言文学习而言，没有语言环境，就需要采用反复阅读的方法论，努力建构一个自己的文言话语环境，从而不断提升自己的阅读能力。通过阅读背诵，学生掌握一定数量的文言词和特殊句式后，还应及时归纳总结。如在学习《劝学》这一课时，教师在课堂上疏通完文意后，让学生及时总结本文中出现的文言现象——通假字、古今异义词、一词多义、词类活用、特殊的文言句式等，在总结中思考方法，在思考中渐渐提升阅读能力。

## （六）新学课课后拾萃（精彩回顾）

在新学课上，教师通过勤研考纲和教材，圆满达成了教学目标，课堂活跃，展讲精彩，自我感觉良好。那么，如何检验教学的效果？学生是否掌握了本课的重点？这需要教师做好课后学习指导工作，对新学课进行精彩回顾，督促学生发散思维，归纳联想，在知识的广度和深度上进行拓展延伸，优中更优，强化高级思维。

### 1. 勤做总结，巩固要点

德国心理学家艾宾浩斯研究发现的遗忘曲线告诉我们，遗忘在学习之后立即开始。很多学生记知识点时，记得快，忘得也快。所以，学习需要勤巩固、勤反复。

教师在教学中不仅要传授知识，还要帮助学生打好基础，提高学生对知识的运用能力。所以，教师除了要想方设法做好课堂教学工作外，还应当注重新学课后的单元回归复习，让学生对新学课的要点进行总结复习，加强知识的巩固。帮助学生巩固知识点可以采取很多种方式，比如，每节新学课后的提问背默，同桌或组长检查、测验等，甚至上一堂单元回归复习课。每学习完一个单元的新课，我都会要求小组积极协作，合作梳理知识点，并制作成 PPT，将重点知识精彩回放。学生自己动手，分工合作，积极性高涨，在课下准备的过程中也巩固了知识。课后精彩回放不仅是对过去的课堂教学进行系统化的梳理和总结，更是对新知识、新方法的挖掘和探索，能帮助学生更好地巩固并内化知识。

2. 勤于筛选，拓展拔尖

新学课的学情需要通过练习去检验，针对班级学生基础及接受能力的差异，教师需因材施教，分层教学，课后作业更要分层，这样练习才会更有针对性，让不同层次的学生各取所需，实现拔尖学生"吃得饱"、中等学生"吃得好"、学困生"吃得了"的教学目标。而教学目标的实现，需要教师有高级思维意识，勤于筛选习题，可让拔尖学生少做中等难度的题，多做一些拓展延伸题。

例如，发挥想象力，让这些人物做你的朋友，对他们说说话。角度不限，方式不限。

①樊於期；②佚之狐；③荆轲。

学有余力的拔尖学生更需要加强巩固练习，在不同的练习中总结高效的学习方法。教师要挑选质量高的习题，让学生进行"每日一练"。教师勤于把课后工作做细，才能让学生顺利地达到更高、更快、更强的境界。

以《荆轲刺秦王》一课为例，学完这一课之后，我们在感叹荆轲豪放勇敢、不畏强暴、不辞万险、不惧猜测、不怕牺牲，历千载凛然有生气，功不成却至今有威名的义士形象的同时，还要思考怎样将荆轲的事例巧妙转化为不同话题的写作素材，甚至可以设置话题素材开发的不同格式，如对偶句式表达、排比句式表达等。这样引导学生仁者见仁，智者见智，各抒己见而博采众长，形成不同话题的写作素材储备。

另外，教师还要勤于关注现实，积累素材。在语文高考改革中，作文命题的变化尤其突出。近几年高考新材料作文开始出现任务驱动型作文和时评类写作题目，更贴合现实生活，话题也更加广阔，与社会发展、国家发展密切相关，提倡学生关注社会现实，同时有社会主人翁意识。另外，新材料作文立意高远，考查学习的思辨能力，更能让不同层次的考生发挥出自己的写作优势。要写好新材料作文，关注时事新闻是重中之重。考虑到高中生的学习时间紧张，教师需要勤于收集时事新闻素材，为学生归类

整理。漯河市高级中学语文组的教师比较成功的做法是，半月整理一次"新闻面面观"素材，在 2018 年的高考中，作文涉及的新闻材料就全部囊括其中，并且教师点评过，学生练过笔，学生写起来自然驾轻就熟。

# 第二章

# 语文教学"懒"的艺术

## 第二章　语文教学"懒"的艺术

勤奋执着的人常能赢得更多人的喜欢，好逸恶劳的人往往让人厌恶，"业精于勤，荒于嬉"流传了多年。然而，世界是由勤奋的人推动，还是由懒人来推动呢？

事实胜于雄辩。能干之人常会培养出一批懒汉，懒汉常可以培养出一批能干之人。我想起了魏书生老师在台湾上的一堂示范课，他讲的是《元曲两首》，课堂一开始，魏书生老师就让学生将大家认为这节课应该解决的问题（我们所说的教学目标）写在黑板上，然后让学生将所写的内容——了解作者、解决生字词、译成白话文、解决课后问题——按顺序一一解决，甚至以比赛的形式督促学生背课文，看谁背得快。快下课的时候，他让学生用一个字给教师做个评价，学生说教师"懒"，魏书生老师却高兴地说："只有'懒先生'才能培养出'勤学生'。"就是这个"懒先生"让学生忙忙碌碌、快快乐乐，不知不觉地学了许多知识，不但学生兴奋不已，连听课的家长、专家都赞不绝口。

在教育教学实践中，我们经常会看到许多勤奋敬业的教师，为了学生的学业和前程，为了教育事业的发展，呕心沥血，真的是"春蚕到死丝方尽，蜡炬成灰泪始干"。但是，学生未必领情，对于教师的勤奋，学生有时表现出来的不只是被动，他们对教师抓时间、抢时间、压任务、加作业等做法甚至会表现出一种叛逆和反感。

再看看我们的家庭教育，家长总担心自己的孩子这事干不好，那事也干不了，什么事情都替孩子安排、整理得稳稳妥妥：吃饭将饭碗摆在饭桌上，筷子都不让孩子拿；上学把书包替孩子拾掇好，一直把孩子送到学校门口。其结果大家都知道，这种孩子大多数都生活能力低下，独立性差，偶尔有学习成绩不错的，走上工作岗位后也难以适应环境，面对困难不知所措。这是"勤"家长造就的"懒"孩子。

我们在教学中，要学习魏书生老师的"懒"，凡是学生能干的事情，都让他们自己干。教师的"勤奋"不能成为学生偷懒的理由，应该让"懒惰"化为师生共同进步的阶梯。充满智慧的"懒惰"其实比缺少智慧的"勤奋"更能够促进教育事业的发展，也更能够提升一个人的素质和品位。让我们从语文课堂教学做起，用"懒"的艺术培养"勤"的一代。

语文教学"勤"与"懒"的辩证艺术

# 第一节 语文教学为何要"懒"

人们经常把教师比作"园丁",主要源于教师对教育事业的奉献精神。很多教师感叹自己做了一辈子"勤奋"的教师,日复一日忙碌于教育教学工作,但是常常会有教师身心疲乏、学生如坐针毡的矛盾。为什么呢?因为他们把教育教学工作这种智力劳动变成了一种体力劳动,不会"懒"。一个从不想"懒"的教师是永远不会变聪明的,因为"懒"也是我们智力活动的强大动力。

### 一、"勤"会顾此失彼,明了语文教育的基础性,须"懒"

联合国教科文组织国际教育发展委员会 1972 年出版的《学会生存——教育世界的今天和明天》一书指出:"未来的文盲不再是不识字的人,而是没有学会怎样学习的人。""勤"老师经常帮助学生做太多琐碎的工作,往往不注重方法,忽视了对学生学习能力的培养,也忽略了教育的基础性,想要事半功倍,最后的结果却常常是揠苗助长。

语文学科是一门基础学科,对于学生学好其他学科起着基础性的作用。从 1963 年教育部颁布的《全日制中学语文教学大纲(草案)》到 2001 年教育部颁布的《基础教育课程改革纲要(试行)》,从武汉师院、西南师院、北京师院等十二所院校中文系编写的《中学语文教学法》到语文教育理论家张传宗所编写的《中学语文教育学研究》一书,都一直在强调语文的基础性作用。

语文课程是一门循序渐进的课程,尽管学生从小到大都在学习语文,但这种学习是在原有基础上的不断提升与拔高,并不是一种简单的重复。要切实提高学生正确理解语言文字的能力,提升学生正确运用语言文字的水平,不断提高学生的文言文和现代文文本的阅读理解能力和评价鉴赏能力,努力提高学生的口语交流表达能力和写作能力,帮助学生切实掌握语文学习、语文知识运用的基本方法,增强学生的文学功底和培养学生良好

## 第二章　语文教学"懒"的艺术

的语文素养，使学生能够博学、审问、明辨、慎思、笃行，能够独立发现问题、自觉分析问题、自主解决问题，并发挥语文教学的能力提升功效。

首先，让学生养成良好的学习习惯，教师须适当"懒"。

培根说："由智慧养成的习惯，能成为第二天性。""勤"老师如果过于勤奋，很可能会阻碍学生良好学习习惯的培养，最终导致学生对教师的过分依赖。如本来应该由学生自主完成的课前预习，教师却提前准备好了学生可能会遇到的问题，并且及时做出了回答，长此以往，学生自主学习的学习习惯就难以养成。与之相反，"懒"老师将预习的任务交给学生自己完成，让学生自主发现、探究问题，带着目的来上课，教学相较"勤"老师更加有针对性，因此也更受学生的欢迎。

其次，让学生牢固地积累基础性知识，教师须适度"懒"。

著名的特级教师魏书生老师说："我不会教书，是学生教会我教书。""我就研究让学生进行自我教育，发挥他们的作用。大家分头承包一些事情，我更多的是观察与指导。很多人觉得我这种管理方式比较新鲜，似乎没费多少劲儿，就使班级井井有条，学生学得高高兴兴，于是就成了先进典型。别人挺奇怪：你刚教了一年多书，劲从哪儿来？我自己分析，还是在于我和学生是一家人，他们都帮着我出主意，我也帮学生出主意，合力大于分力之和。"（魏书生《班主任工作漫谈》）从魏书生老师这些平常的话语中可以看出，学生参与备课是多么重要。对于基础知识的梳理，教师与其陷入自己辛辛苦苦整理出来的资料学生却记不住多少的尴尬境地，不如让学生参与进来，让学生自主梳理基础知识，帮助学生加深记忆，从而达到教学的目的。如在学习完《阿房宫赋》这篇文言文之后，一位教师让学生用思维导图的方式将本课的知识点进行归纳总结。学生以小组为单位在一张大白纸上构思自己小组的思维导图，学生们分工明确：有的人负责梳理通假字，有的人负责梳理古今异义词，有的人负责梳理多义词，有的人则负责寻找特殊句式。每个人都参与其中，很快，属于本小组的思维导图就构建了出来。在接下来的小组分享活动中，学生一改一上古文课就觉得瞌睡无聊的心态，都积极发言补充，努力参与到课程进程中。

再次，让学生具备发展的基础性能力，教师须适时"懒"。

语文作为基础性工具学科，想要学好着实不易，想要在有限时间内提

升成绩更是难上加难。语文知识体系庞大，涉及美学、艺术、文学、社会学等各个方面。但中学阶段的语文学习，主要目标是强化学生们扎实的文字功底、语文素养，培养学生良好的思考、阅读习惯和较好的文学鉴赏、书面表达能力。要想提升学生的基础性能力，教师就必须学会"懒"，让学生自主整理、自主学习、自主提升。

在语文教学中，我们常常强调准备3个本，分别是知识积累本、摘抄本和随笔本。知识积累本可以用来积累语言和文学方面的知识，比如语法、修辞的常见题型等，学生可以利用自己的空余时间进行归纳整理。至于摘抄本，学生可以根据自己的喜好进行摘抄，从妙词佳句到精美文章，从散文到民间故事，都可以抄写在摘抄本上。随笔的形式比较多样，可以以日记的形式记录自己的日常，也可以是灵感突现而随手写的文章，这对于培养学生多思考、勤思考、善思考的习惯效果显著。

教师的"勤"不能成为学生偷懒的理由，应该让"懒"化为师生共同进步的阶梯。明了教育基础性的"懒"其实比缺少智慧的"勤"更能够促进教学的发展，也更能够提升学生的综合能力。

## 二、"勤"将喧宾夺主，懂得语文教育的本真性，须"懒"

教育是什么呢？每个人对教育有不同的理解。马克思认为，教育是一种"较高级复杂的劳动"；杜威认为，"教育即生活"；爱因斯坦认为，"教育就是当一个人把在学校所学全部忘光之后剩下的东西"。

中国传统文化对教育也有自己独特的理解。许慎在《说文解字》中解释："教，上所施，下所效也"；"育，养子使作善也"。《大学》开篇第一句也说："大学之道，在明明德，在亲民，在止于至善。"随着社会的发展，教育除了保留原有的提升个人品性、为社会选拔优秀人才等社会功能之外，也被赋予了新的时代内涵，更加强调适应社会现实和未来的需要，遵循学生身心发展的规律，促进学生的全面发展，尊重学生的主体地位。教育作为一种获取知识以及精神成长的活动，对本真的追求从未停止。

"本"就是以人为本，"真"就是求是求真。教育本真应该是以关注学生的成长为首要目标，关注学生的真实感受和真实生活，追求教育的真实性与有效性。教育从来不是独立于生活、超脱于人类的形而上的存在，而是紧密地根植于人类的精神世界，并服务于人类的精神生活的一种薪火相传、弦歌相继的思想、知识、技能传承发展工作，是一种人与人的思想相交融、精神相契合的活动。

在传统语文教学中，教师们更信奉唐代文学家、教育家韩愈在《师说》中所提倡的"师者，所以传道授业解惑也"。教师在教学过程中的角色是主导者，学生是教学的接受者；教学就是教师向学生的单向"培养"活动。具体表现为：一是以教师为中心，教师拥有对知识的绝对解释权。对于学生而言，尽管可以通过直接经验获取知识，但这种知识的数量毕竟有限，所以获得知识的主要途径是通过教师，教师就是"活"的教科书。二是以教为基础，先教后学。这种教学方式适应了当时时代的发展，但这种教学体制要求学生只能跟着教师学，对学生的自主创造性要求比较低。如鲁迅在《从百草园到三味书屋》一文中曾提到自己在三味书屋中读书的情况，先生对于背诵、记忆课本相关内容的要求比较高，但这种传统课堂对于学生兴趣的培养重视不足。

新课程更加强调教学过程中师生双方的相互交流、相互沟通、相互启发、相互补充。在课堂教学过程中，学生是主体，教师起主导作用，教师与学生在人格上是平等的。正如苏霍姆林斯基所说："热爱孩子是教师生活中最主要的东西。"新课程更加强调教师在教学中要把自己摆在与学生平等的地位上，尊重学生，激发学生的创新思维，触动学生的成功欲望，肯定学生的积极表现，培养学生的乐观心态，塑造学生的高尚品质。

然而，学生的主体地位在日常教学过程中真的得到充分体现了吗？在语文实际教学过程中，以"勤"冠名的教师比比皆是，这种"勤"表现在语文教学的方方面面。在课堂教学正式进行之前的预习环节中，"勤"促使教师提前帮学生准备好预习材料，提前帮学生列好预习大纲及思考题；在课堂上，"勤"督促教师帮学生梳理好每一篇课文的知识点；在每一单元课文学习后，"勤"提醒教师帮助学生梳理每一个章节的知识点和考点。以"勤"冠名的教师往往兢兢业业，对工作一丝不苟，学生对这类教师最多的评价也往往是负责任、认真。但是这种勤劳的教师真的是我们所说的新型师生关系下的新型教师吗？

## 语文教学"勤"与"懒"的辩证艺术

要弄清这个问题的答案,我们首先必须明确三个问题:为什么教语文?教什么样的语文?怎样教语文?这也是中学语文教学法中最基础的三个问题。叶圣陶先生说:"教是为了达到不需要教。"王森然先生在《中学国文教学概要》这本书中提到:教者的行为目的并不在于教本身,而在于"学";"教"的真义不是"使教者教",而是"使学者学"。由此可见,教学的目的并不在于教学本身,而在于调动学生去学习。

进一步从课堂教学效果的角度来讲,以"勤"冠名的教师的课堂教学效果真的如教师所期待的一样吗?上海师范大学的学生曾经就学生课堂学习情况在中学中进行过一次开放式的问卷调查,调查结果显示,认为语文课收获比较大的学生仅有21.6%,只有29.1%的学生认为目前使用的语文教学方法有效。学生认为语文课收获不大的原因有几个方面:一是认为上不上语文课都无所谓,自己提升语文成绩的主要途径是看课外书,教师的课堂教学对于成绩提升影响并不大;二是认为语文对于自己将来的发展影响不大,如果不是高考要考,完全可以取消;三是自己在语文课上经常写理科卷子或者看课外书,但是成绩并没有因此受到影响。学生对语文课教学内容的诉求表现为:60.7%的学生认为不需要教师对每一篇课文都过于详细地讲解,78.3%的学生认为教师经常在课堂上讲自己已经知道的知识,60%的学生认为下课后只能回忆起教师在课堂上所讲知识的片段。

对于语文教学而言,教师过于"勤"其实在另一种层面上也是教学中的喧宾夺主。在语文教学中,学生始终是课堂的主体、学习的主体。我们应该将中学语文教学法最基础的3个问题加以延伸、思考:为什么教学生学语文?教学生学什么样的语文?怎样教学生学语文?与其做一个学生不太喜欢的、以"勤"冠名的教师,不如做一个把课堂主体地位还给学生的、以"懒"冠名的教师。

首先,"懒"中包含着一种善假于物而四两拨千斤的教学智慧。

懒并不是完全放手,而是将教学的主体地位还给学生,充分调动学生的积极性。以语文教学中的逐句讲解为例,叶圣陶先生早在20世纪40年代初就提出国文教学的很多问题都可以归结为"逐句讲解",要改善学生的学习状态,就需要用学生的"预习"和"讨论"来代替教师的"逐句讲解"。在上课之前,学生需要完成预习这项工作,该查阅的查阅,该参考的参考，应当条分缕析的就条分缕析。在上课之时，学生已经领悟的内容，教师不必再详述，只需要讲授学生预习后不能理解的内容。这样一来，既能调动学生的积极性，也能帮教师节省不少精力。所谓"懒"，其实也是一种教学智慧。

其次，"懒"中包含着一种积极引导学生自主发展的教学策略。

懒并不意味着在课堂上学生可以畅所欲言，没有主题，教师依然要起到积极引导的作用。以文言文教学为例，传统的文言文教学中普遍存在着以下几个问题：一是学生对于基础知识掌握得不够牢固，单单依靠课本中的注释或者是教师讲解来理解；二是学生对于文言文不感兴趣，因为文言文年代久远，理解起来比较困难；三是文言文知识过于庞杂，不够系统，背诵记忆比较困难。针对以上几个问题，教师可以把课堂的主导权交给学生，让学生在课堂上自己讲解文言文，找到自己所负责篇目的相关知识点，其他学生负责提出问题并进行知识的补充。用这种方式，不仅可以发挥学生在课堂上的主体作用，教师也可以时时帮学生查补知识的漏洞。

懂得教育内涵的教师才有"懒"的机会。一节课，如果教师的精彩掩盖了学生的精彩，算不上真正的精彩。教师个人成长的最终目的是促进学生的个性成长，使他成为独一无二的个体，而不是面目模糊的群体中的某一个。明确了教育的内涵，教师的所有工作都有了主心骨，在课堂上的环节安排、课后的作业布置都有了准确的方向之后，教师的"懒"就是有的放矢地促进学生个性成长的"懒"了。

### 三、"勤"多包办代替，知晓语文教育的发展性，须"懒"

日本教育学家大田尧先生讲述过这样一个故事：一天，大田尧先生去农村的一位朋友家里做客。他的朋友非常善于种植苹果树，大田尧先生问他栽种苹果树的秘诀，朋友就给他剖开了一个苹果，指着苹果核中的种子说："每颗种子里都有自己的设计图，而我的工作就是努力浇水、施肥，使这颗种子按照自身设计发展成为一棵优质的苹果树。同时，在培育的过程中我只用有机肥料，让种子自由发芽、成长，只有这样，培育出来的苹果树结的果才又香又甜。"大田尧先生用这个故事告诉我们，教育必须尊重学生的个性发展，必须尊重教育的发展规律，不可急于求成。

进入青少年时期后，学生在生理、认知、个性、社会性和心理发展方面都发生了巨大的变化。随着年龄的增长，学生的智力水平发展到一个高峰，思维变得更加活跃，知识面也越来越广，其发展具有巨大的潜能。虽然我们已经提了很久的"学生本位"，但在实际的教育教学中穿新鞋走老路，越职代理的教师依然占据多数。教师只有学会"懒"，才能知晓教育的发展性。

首先，以"懒"为基，生成新经验。

教育者的责任就在于，于经验中生希望和无限可能，并在经验中提出新问题，形成新的价值判断，进入良性循环。"懒"有助于促进学生新经验的发展，让学生自主学习，从现有的经验当中学习新经验。

瞿卫华老师在《为学生的语文经验生长而教》中谈道："为学生的语文经验生长而教，我们需要考虑以下3个问题。第一，学生在正式学习本文之前已经有哪些经验储备？第二，课堂上可以生成哪些新经验？第三，新建构的经验对日后的语文学习将产生怎样的影响与作用？"学生对自己未来的学习形成系统的认识，教师只需要在课堂上讲解学生未了解的知识，这样就极大地提升了课堂的效率。

其次，"懒"有助于学生审美能力的发展。

《普通高中语文课程标准（2017年版2020年修订）》指出，语文教育是提高审美素养的重要途径，要让学生在语言文字运用的学习中受到美的熏陶，培养自觉的审美意识和高尚的审美情趣，培养审美感知和创造表现的能力。

语文教学与审美能力的发展密切联系。我们通过语文课本领悟自然美、社会美、艺术美和人性美，然而这种对于文本美的领悟在以"勤"冠名的教师的课堂中却很少发生。"懒"教师注重课堂的情感教育，让学生自己领会文本的美，懂得以情悟文，并且在教学中懂得采取多种方式激发学生的审美情感。例如，有位教师在教学《梦游天姥吟留别》时，配上音乐让学生自由朗读、小组朗读、男女生朗读。朗读时，随着音乐的高低起伏、舒缓急促，学生产生了如见其人、如闻其声、如临其境的美感，体会到形象美、情境美和思想美，进而认识人生，领悟人生的道理。

第二章 语文教学"懒"的艺术

再次,"懒"有助于学生责任感的培养。

"中国学生发展核心素养"近年来备受关注,"责任担当"被列为六大素养之一。语文教育对学生责任担当的培养有着重要的意义。

"懒"教师不仅懂得充分调动学生的积极性,而且懂得在课堂上引导、培养学生的责任感。比如,在讲授《记念刘和珍君》这篇文章时,"懒"教师不仅会引导学生从文本当中读出那个时代的残酷与黑暗,同时也会引导学生向刘和珍这样敢于为国家挺身而出的青年人学习,引导学生为国家和民族的未来而不懈努力。

### 四、"勤"常越俎代庖,敬畏语文教育的创造性,须"懒"

"为什么我们的学校总是培养不出杰出人才?""钱学森之问"引起社会各界的广泛关注,因为它不仅是对教育现象的思索,也是对未来人才培养的深思。当今社会发展日新月异,学校培养杰出的创造型人才不仅能够促进学生的发展,更是对国家未来发展的积极响应。

联合国教科文组织在《学会生存——教育世界的今天和明天》一书中指出:"教育既有培养创造精神的力量,也有压抑创造精神的力量。"教育在培养创造型人才方面具有至关重要的作用。就学校教育本身而言,教育的对象——学生——本身就具有创造性,但是学校应当如何保持和激发学生的创造性?就语文学科而言,教师又该如何通过语文学科的学习培养学生的创造能力?

2001年,教育部颁布《全日制义务教育语文课程标准(实验稿)》对语文学科的性质进行了界定:"工具性与人文性的统一,是语文课程的基本特点。"但在实际教学过程中,迫于升学的压力,重工具轻人文的倾向一直都普遍存在。为了改变这种现象,一些优秀的一线教师做出了一些新的尝试——上海语文特级教师黄玉峰提出的"引入课外资源",杭州外国语学校高中语文教研组推出的包含电影欣赏、音乐欣赏等的阅读书目,这些成功的措施都有助于提升语文的人文性,培养学生的综合能力素养,提升学生的创造性思维能力。

但这些只是个别案例,大多数教师依然为了语文教学的工具性而不懈

努力。"勤"教师们忙碌的身影贯穿于学生学习的整个过程。

"勤"教师们的课堂是什么样的呢？在课堂上，教材与教辅是他们的主要参考资料；学生在课堂上回答问题时如果过于跳脱文本，他们往往采取忽略或者是否定的态度；对于课后作业，参考答案往往成为学生回答的不二标准。而"懒"教师们的课堂又是什么样的呢？在课堂上，他们几乎不会给学生任何一个现成的答案，对于学生千奇百怪的想法，他们往往并不急于否定，而是让学生凭借自己的力量去探索。这样的"懒"教师就像一部影视剧的导演，一位出色的音乐指挥家，还像一位睿智的将军，他可以指导、帮助、激励、沟通、启发，却很少或几乎不代替演员去演戏、代替琴手去弹琴、代替战士去冲锋。学生就在"懒"教师的循循善诱之下，一天天成长、一步步逼近真理，获得真知。学生也就在这个过程中学习越来越自觉、越来越主动，他们的能力也一天更比一天强。教师的"懒"成就了学生的"勤"。

建构主义学习观认为，学习者只有处于主动的地位时，才能进行创造性的思维，产生创造性的成果，从而逐步形成自己的一套学习知识、掌握知识、理解知识直至产生新的知识的学习习惯。这种学习观在"懒"教师的课堂中可以得到充分的体现。

北京教育科学研究院课程中心的王凯副主任曾详细讲述了他观摩过的一节数学课的过程，这节数学课的题干引用的是《红楼梦》中的一段对话：

探春忙问："原来邢妹妹也是今儿？我怎么就忘了。"……探春笑道："倒有些意思，一年十二个月，月月有几个生日。人多了，便这等巧了，也有三个一日，两个一日的。……"袭人道："二月十二是林姑娘，怎么没人？只不是咱们家的。"探春笑道："你看我这个记性儿。"宝玉笑指袭人道："他和林妹妹是一日，他所以记得。"

这位教师给出的问题是：以上文字展示出了贾府里很多人生日相同的问题，这在数学当中是一个典型的概率问题。请问，生日相同，真的像探春说的那样是巧合吗？紧接着学生便进行了小组合作，通过查阅资料了解贾府的人数，算出相关概率，最终解决了这个问题。在课堂最后的分享环节，有学生对曹雪芹到底懂不懂概率论这个问题提出了疑问，学生们就这个问题又展开了激烈的讨论。在这堂课中，教师通过引导学生对传统文化典籍进行理解与分析，调动了学生的学习积极性，使学生自己动手解决了相关问题，而且还启发了学生的多角度思维。教师在整堂课中主要起到引导以及适时讲解的作用，教师看似"懒"，但整堂课的学习效果却是很多"勤"教师无法达到的。

在语文教学中，大胆尝试"懒"的教学方式，对于激发学生的创造性会起到意想不到的效果。如教师在讲授《祝福》一文时，如果用传统的"四条绳索说"来分析归纳小说的主题，得到的结果就只是它反映了政权、族权、神权、夫权的统治。但我在观摩某校高二（6）班的一节课时，发现一位学生在小组讨论完祥林嫂身上的"四条绳索"后，提出了这样一个问题："老师，那么小说中的狼代表什么？如果祥林嫂的儿子阿毛不被狼吃掉，她最后的遭遇是不是不会那么惨？"这一问引发了大家对小说主题的再思考——有学生认为"狼"代表社会上的恶势力；有的学生则觉得狼就是狼，没有代表什么。紧接着，又有学生对祥林嫂的人物形象进行了评价，认为祥林嫂个人的悲惨遭遇不能仅归咎于这个时代，她本身性格也存在一些缺陷。在这样的一堂课中，每个学生都积极参与其中，发表自己的见解，有不少学生针对文本提出了一些新的看法，在课堂上擦出了不一样的火花。正是教师的"懒"才给了学生能够深入探讨的机会，也正是教师的"懒"才给了学生展示自我的时间、表现自己的空间和畅所欲言的平台。

叶圣陶先生说过："能不能把古来的传统变一变，让学生处于主动的地位呢？假如着重在培养学生自己动手改的能力，教师只给学生引导和指点，该怎么改让学生自己去考虑，去决定，学生不就处于主动地位了吗？养成了自己改的能力，这是终身受用的。"诚如先生所言，教师只有学会"懒"，才能有效避免越俎代庖，敬畏教育的创造性，为学生成长提供更好的平台。

## 五、"勤"易揠苗助长，指向语文教育的未来性，须"懒"

高中作为基础教育的最高阶段，其在教育体系当中的重要性不言而

# 语文教学"勤"与"懒"的辩证艺术

喻,它不仅连接了高等教育与基础教育,也是教育与就业的一个过渡。当今社会对新型人才需求极大,这要求高中教育在能力与实践建设方面应当面向未来。当今世界已进入知识与科技爆炸的时代,世界各国对于高中教育如何面向未来的探究也从未停止。美国研究所与美国教育部2016年联合发布的《STEM 2026:STEM 教育创新愿景》中指出,STEM 教育模式下,除了继续强调传统科目数学和科学外,还要求将工程与技术纳入高中教育体系。这对于我国的课程改革具有一定的启发意义。作为一名教师,想要为国家培养优质人才,就必须要学会"懒",面向未来,有意识地培养学生的能力,而不是过于"勤奋"地紧紧抓住学生不放手,恨不得占用学生所有的时间,让学生按照自己所期望的轨迹前行。

首先,培养学生的人文素养,教师须会"懒"。

爱因斯坦说过,用专业知识教育人是不够的,通过专业教育,他可以成为一种有用的机器,但是不能成为一个和谐发展的人。对于知识的培养固然重要,然而如果教育培养出来的学生只是知识的机器,毫无人文素养可言,那我们又如何期待在他人危难之时,学生会伸出援助之手?又如何期待在国家需要他们的时刻,他们能够挺身而出?

一篇题为《我们为什么怀念民国语文教育》的文章,对"语文人文情怀"这一话题进行了一些阐释。文章提到,胡适、陶行知、蒋梦麟、陈鹤琴等一大批美国哥伦比亚大学师范学院的毕业生,在1922年回归祖国后提出了七条教育指导思想——适应社会进行之需要、发挥平民教育精神、谋个性之发展、注意国民经济力、注意生活教育、使教育易于普及、多留各地方伸缩余地。在这种教育思想的指导下,语文教育改革在人文教育、生活教育等方面的重要作用得到了凸显。然而,这种语文的人文情怀在现代语文教育中并没有得到充分的体现。直到20世纪90年代,语文教育专家王崧舟老师提出"诗意语文"这一概念,才在学界将对语文教学效果的追求,从功利层面上升到科学审美层面,追求按照美的规律和要求审视语文、设计语文、实践语文、评价语文,让语文成为生命的诗意存在,实现从知识到文化的升华,真正提升学生的综合素质。这其实就是对培养学生人文素养的一种回归。纵观我们的教育事业,有时变化的速度太快,有时过于强调语文的功利性,反而丢掉了传统教育的精华。教师在培养学生人

## 第二章 语文教学"懒"的艺术

文素养上的"懒",就是要懒于功利,懒于纯粹的专业知识教育,要放手让学生全面成长,发展个性,以怒放的生命融入和建功美好的时代。

其次,提升学生的实践能力,教师须能"懒"。

经验有直接经验与间接经验之分,欧美国家在基础教育上更加注重直接经验,而我们国家则一直比较重视间接经验的积累,因此,在不同的教育模式下,各国的优势也不同。我们国家的教育在理论知识的记忆与运算能力的运用上具有自己得天独厚的优势,但是一旦谈到实践能力,就不占优势了。重视学生的实践能力,教师须"懒",语文教育亦是如此。

传统文化博大精深,语文教学如果只是把课本内容分解成上百个知识点、能力点,又围绕这上百个知识点、能力点做成百上千道练习题,那学生的语文学习只会变得机械而又无趣。为了改变这种状况,语文课程标准特别提出了实践能力的培养。

语文教育是听、说、读、写不断实践的过程,也是学生得到熏陶感染的过程。学会"懒",让学生自主搜集素材,扩展学生的视野;学会"懒",让学生在课堂中自主交流合作,提升学生的合作探究能力;学会"懒",让学生感受语言文字的美,培养学生高尚的情操;学会"懒",把学习的主体地位交还给学生,让学生在实践中提升自己的能力。

再次,重视语文教育的民族性,教师须巧"懒"。

文化是一个国家、一个民族的灵魂,文化兴则国运兴,文化强则民族强,文化教育要注重培养学生的民族自豪感。当今世界是多元化的世界,随着网络的普及,学生获取知识的途径也变得多样,但是由于青少年自身的认知发展尚未成熟,其对于信息的辨别能力依然不足。社会上存在的一些侮辱革命先烈的负面新闻,更加对我们的教育敲响了警钟。因此,在语文课堂上潜移默化地提升学生的民族文化自信心与自豪感就显得尤为重要。然而,处于青春期的学生普遍存在着逆反心理,如果教师只是频繁地、"勤奋"地做一些呼告,可能会适得其反。在语文教学中,"懒"教师们注重引导而不是替代学生去感受语言文字当中蕴含的美,注重培养学生的历史责任感。学生在课堂上能感受到《蜀道难》中"地崩山摧壮士死,然后天梯石栈相钩连"的惊险美、《念奴娇·赤壁怀古》中的"乱石穿空,惊涛拍岸"的壮丽美、《春江花月夜》的月下静谧之美、徐志摩《再别康桥》的含蓄美，也能够感受到《拿来主义》文字背后对于社会的无情抨击、《小狗包弟》的行文中对社会的反思、《荷塘月色》中朦胧的忧伤。

教育要面向现代化，面向世界，面向未来，需要"懒"教师的参与。

## 第二节　何为语文教学的"懒"

在初登讲台、初为人师的那几年，我是一个特别勤快的教师，除了勤听课、勤打扫办公室卫生外，在教学上我也特别勤快，生怕知识点有遗漏，所以备课时翻阅很多资料，把课文中涉及的知识点都讲到，一直讲到下课铃响，讲得满头大汗，筋疲力尽，可有时候教学成绩却不理想。而一些老教师上课很轻松，很多问题交给学生自己去解决，成绩却一直名列前茅，对此我百思不得其解。于是，我开始细心观察其他教师和学生在课堂上的做法，并多方请教，自我反思和实践，终于在不懈的努力下，我意识到要努力成为一个富有智慧的、善于调控课堂的"懒"教师。这应该是所有教师想要达到的境界。

这里所说的"懒"与那些缺乏责任心的撒手不管、放任学生的做法是不能相提并论的，而是需要教师以热情的态度去帮助、鼓励学生，让他们摸索出适合自己的获取知识和能力的途径，从而让理想的白鸽飞得更加高远。而要达到这种境界，教师不仅要不断在课堂实践中提升自己掌控课堂的能力，更重要的是提升自己在课堂之外对课内知识的反思能力。想要"改变教师的行走方式"，行之有效的方法之一就是让教师对课堂的实践加以反思，构建智慧的课堂，学会懒惰。

### 一、语文教学的"懒"指什么

语文教学的"懒"指的是教师在语文教育教学过程中，为了追求一种更加简便的教学方法，获取一种更加快捷的教学方式，争取一种更有效率的教学手段，得到一种更加迅速、便利、轻松的教学实施效果，而使得工作、学习和生活更为省时、省事、省力、省心，在教学中深刻把握素质教

## 第二章 语文教学"懒"的艺术

育的真正内涵,倡导以教师为主导、以问题为主轴、以思维为主攻,坚持实施发展性、创造性、基础性、未来性教育,在深入思考教师与学生内在联系的基础上去粗取精,在准确把握教与学矛盾转化规律的基础上除旧创新,在全面把握教学内在特点的基础上化繁为简,工于巧而外如拙,谋于心而态若慵,衡于虑而貌似暇,奋于思而惰于形,并引导学生在求悟中博学审问,鼓励学生在求钻中自我突破,推动学生在求研中深思明辨,帮助学生在求精中格物致知,点拨学生在求进中合作研究的语文教学理念。

语文教学"懒"的艺术是与"勤"相对而言的,是语文教学"勤"与"懒"的艺术不可分割的有机组成部分。"勤"必有度,否则便是越俎代庖,娇惯溺爱;"懒"而有法,如此便可垂衣拱手,无为而治。"懒"而有法乃真勤,看似无心实有情。如果教师能够"懒"而有法,"懒"而有道,"懒"于言行,长于思想,多静观,多思考,多引导,不是事事躬亲而是宏观调控,不是耳提面命而是懂得放手,信任学生,为学生松绑,便可让学生展现出他们无限的潜力,便可打造一个别样的高质量课堂。这是一种教学大智慧,一种课堂大境界。

语文教师应该科学合理地运用语文教学"懒"的艺术,以游刃有余地对待工作、气定神闲地面对学习、神清气爽地面对学生、怡然自得地应对生活。

### (一)工于巧而外如拙

语文教学"懒"的艺术的工于巧而外如拙,这是教师于"懒"中宣示己所不能,以己不能求学生超能。教学技艺高超的教师在巧妙地进行教学设计后,向学生不示以巧能而示以笨拙,让学生在"帮"教师解决疑难问题时体会获取知识的愉悦,甚至获得超越老师的自信,从而达到"懒"而如拙,拙而有得的教学效果。

教师巧于教学设计,才能在教学过程中胸有成竹,才会有心平气和的"懒"。熟于设计,方能巧于教学;"懒"于陈说,胸中自有课堂丘壑。一节课就如一场戏,学生是演员,教师是导演。如果导演手中没有这场戏的剧本,那他心中必然是混沌一片——不知道哪个情节在前,哪个情节在后;不知道时间如何安排才算合理;不知道这一步的工作有什么用,也不

知道下一步将有什么工作。演员也就不知道怎么演，或者凭着自己的理解和感觉随意去演，"一人一把号，各吹各的调"。这场戏自然无任何水准可言。同样，没有良好教学设计的教师呈现出来的课堂自然也谈不上什么水平。有了良好的教学设计，教师才能够在课堂上，要么先声夺人，提出问题却拙于回答，吸引住学生；要么层层铺垫，不断设疑却懒于解读，吊足学生胃口；要么设置悬念，散布疑云却懒于说破，让学生欲罢不能；要么陡起转折，似不明就里而懒于明智，让学生曲径通幽。这样做，可以使教学摇曳生姿，美不胜收，课堂高效。教师亲力亲为，虽然看似节省了时间，提高了工作质量，但是实际上磨灭了学生成长和作为的机会。教师只有敢于"偷懒"，舍得放手，学生才能学会自己担重任、有作为。

### （二）谋于心而态若慵

语文教学"懒"的艺术要谋于心而态若慵，这是教师于"懒"中宣示己所不明，以己不明求学生聪明。教师虽然在思深谋远中经营谋划语文教学，却示学生以慵态，懒洋洋的好像什么也不知道，给学生时间去博学、明辨、慎思，等待学生审问、笃行后"唤醒"自己。

教师能够准确熟练地解读教材，才能让自己在教学过程中胸有成竹，才会有气定神闲的"懒"。兵马未动，粮草先行。如果课堂是一个无硝烟的战场，那么教材就是教师在上这个战场之前要准备的粮草。有了充足的粮草，将士们才能心中有底气，心头有胆气，手上有力气；充分解读了教材，教师才能在"懒"时遇到问题仍能显示自己的睿智，在"懒"时遇到难点仍能展示自己的才智，在"懒"时遇到争论仍能保持自己的理智。教材还是教师手中的"教学战备图"。课文主旨藏于何地？知识重点隐于何处？知识难点的城防如何？攻破知识难点的切入口何在？准确熟练地解读了教材，熟读了"教学战备图"，教师便能对这些"战况"心知肚明，学生问时，教师才能"懒"得多说，却一语中的，从而运筹教材方寸间，决胜讲台三尺上。是采取主动进攻的导读式教学，还是采取围而不攻的启发式教学？是采取退避三舍的诱导式教学，还是采取隔岸观火的研讨式教学？准确熟练地解读了教材，熟读了"教学战备图"，教师便能对这些"战略"了然于心，才能在课堂上"兵来将挡，水来土掩"，不必惧怕任何问题、任何突变。带上了充足的知识粮草，熟知了"教学战备图"，教师才能带着学生在课堂这个战场上游刃有余、轻松自如，看古今风云际会，观中外思想交锋，让学生的思想纵横古今、驰骋中外，让学生高效思维，如此，教师便是拥有"懒"教学的大智慧了。

### （三）衡于虑而貌似暇

语文教学"懒"的艺术要衡于虑而貌似暇，这是教师于"懒"中宣示己所不为，以己不为求学生作为。无暇不足以遐思，不闲不足以谋远，让教师有闲暇时间，教师才能深入思考教学，合理安排教学任务。一方面，不让学生重复低效学习，做无用功；另一方面，也是向学生明示，教师做了教师该做的事，学生也应完成学生该完成的学业，宁闲敲椅子，也不越俎代庖。

教师可以闲一些、"懒"一些，而且必须要闲、要"懒"。教师闲下来、"懒"起来，才能真正进入思考状态。教师闲下来、"懒"起来，于己不是无所事事，而是处于自我调整、自我完善的状态，要根据现实状况，面临出现的新问题、新状况，不断调整自我、完善自我；于生不是放任自流，而是处于合理引导、科学指引的状态，帮助学生应对学习中遇到的问题、困难，为其指点迷津、厘清思路。教师闲下来、"懒"起来，懒于杂务，才能勤于动脑，才会想方设法地让学生自己思考、主动思考，教师的作用与重心放在调动学生积极性方面，让学生忙起来，勤快起来。教师"懒"的前提是要准确地知晓学生的学习状况，这样教师才能控制好自己的课堂，才会有指挥若定的"懒"。

教室不是教堂，而是学堂，学生在教室里学习、听讲，不仅要学习知识，还要研讨问题、创新知识、提升能力。为师者，只有准确地知晓学生的学习状况，知道学生水平的差异情况，以及对新的知识的探索状态，才能保证学生不断获得新的知识，才能恰当地安排好教学的重点和难点；知道学生的个性特点，才能更好地设计自己的教学方式；知道学生的表达特点，才能更合理地预设自己的提问方式。以最短的时间取得最佳的教学效果，教师便能"偷得浮生半日闲"，闲看庭前花开花落，轻望天空云卷云舒，如此便进入"懒"课堂的大境界了。

### （四）奋于思而惰于形

语文教学"懒"的艺术要奋于思而惰于形，这是教师于"懒"中宣示己所不智，以己不智求学生睿智。老子说过，大智若愚，大巧若拙。成事之人，常以柔弱自处。《般若波罗蜜多心经》有言："大勤若惰，大净若污。"教师运用语文教学"懒"的艺术，何尝不是一种以懒惰形式出现在学生面前，而促进学生自我奋发、成就高效课堂的智慧？

教师有时故意表现得懒惰一些，也能激发学生自主探究的热情、自我完善的思想和自我提升的力量。有效的学习过程，不是教师单向地向学生传递知识的过程，而是学生作为主体进行知识的获取、归纳、整理、提升的构建过程，教师在有效学习过程中的作用主要在于给学生提供一个有效的学习机会和创设一个思维活动空间，并引导学生把握学习机会，让学生在这个创设的思维活动空间中参与讨论交流和自主探究，构建自己的系统的、科学的、完整的知识体系。因此，在教学过程中，教师可以偶尔表现出懒惰的样子，让学生觉得老师这次懒得不靠谱，这个知识点的学习只能靠自己。

教师的懒就是向学生显示教师"己所不欲"、己所不能，让学生产生一种"滴自己的汗，吃自己的饭，自己的事自己干。靠人靠天靠祖上，不算是好汉"的独立自主意识和奋发拼搏精神，这样学生就能够抓住老师提供的交流互动的良好机会认真反思，进一步认真探求，从而在阐述观点中提升自己的观点，在表达思想时深化自己的思想，在发表意见时增强自己的思维能力、表达能力和语言运用能力。例如，有次我在讲解文言文常识"朔、望、晦"时，我说："朔是每月的第一天；晦是每月的最后一天；望，一般认为是每月的十五。"有学生就立马问我："老师，那为什么说'一般认为是每月的十五'呢？"这个答案我是知道的，因为有一天早读时，我看到班上一个学编导的艺考生在看书上有关"望日"的讲解，我想考查一下那个艺考生对这个知识点的掌握情况，便对同学们说："这个我懒得查了，不知道我们班同学有没有知道的？"那个学编导的艺考生立马站起来，非常流畅地向大家做出了讲解："农历大月30天，小月29天。大月时月亮一般是十六圆，大月十六即为望日；小月时月亮一般是十五圆，小月十五即为望日。"讲解清晰明了,讲解人自信满满,同学们收获颇丰,佩服不已,我也实现了考查那个编导艺考生的知识掌握情况的目的,并培养了学生自我展示的能力、自我探求的精神,而我向学生表现出的懒惰,更加突显了那位编导艺考生讲解的实用性和及时性,让学生们如获至宝,笔记心诵,牢固掌握。

## 二、语文教学"懒"的原则

大多数人从小便听过或读过一些关于蚂蚁的寓言故事,一般而言,故事中的蚂蚁要么是个大力士,要么就是劳动模范,整日忙忙碌碌,勤勤恳恳,可谓"终日奔波苦,一刻不得闲"。然而日本北海道大学的研究人员研究发现,实际情况并非如此,蚂蚁也是"懒虫"。该大学农学研究生院对日本黑蚁群的日常活动进行认真仔细的观察后,发现蚂蚁的活动也符合人类的"二八定律"——约有80%的日本黑蚁辛勤劳作,建造洞穴,寻觅食物,搬运食物,清理蚁穴,"昼夜勤作息",忙得不可开交;但另外20%的日本黑蚁却终日游手好闲,无所事事。这些家伙就是蚂蚁群中的"懒虫"。研究人员给这些"懒虫"做上标记后,断绝了蚂蚁群的食物来源。断绝食物后,这勤懒不一的两类蚂蚁的表现却让人大跌眼镜:以前勤劳的蚂蚁不知所措,一筹莫展;而以前那些蚁群中的"懒虫",此时却有一种"天将降大任于斯人也"的样子,胸有成竹,挺身而出,呼朋引伴地带领着蚂蚁兄弟们向它们早已侦察好的新的食物源前进。研究人员把蚁群中的"懒虫"全部隔离起来,这时又出现了一个更有趣的现象:"懒虫"蚂蚁群中,有20%的蚂蚁依然是"懒虫",剩下的80%却变成了勤奋的蚂蚁;而原来那个蚁群中勤劳的蚂蚁现在都像是热锅上的蚂蚁,乱跑一气,直至研究人员把刚才那些"懒虫"放回蚁群后,蚁群才恢复了那种"有人干有人看,有人勤有人懒"的、繁忙而有序的工作状态。

"懒蚂蚁"总能看到组织的薄弱之处,拥有让蚂蚁群在困难时刻仍然存活的本领,可以避免把全部蚁力投入到搬运食物的劳作中,总是可以保持对新的食物的探索状态,从而可以保证群体不断得到新的食物。"勤"与"懒"相辅相成,"勤"有"勤"的原则,"懒"有"懒"的道理,

"懒"未必不是一种生存的智慧。

实施语文教学"懒"的艺术，提升语文教学智慧，必须遵循以下4个原则。

### （一）启发性原则："懒"解惑，引导学生博学审问

教师要"懒"于给学生一一解答，绝不能打破砂锅讲到底，而要用启发性的语言引导学生积极、主动、广泛地学习，努力发现问题，在力所能及的情况下去解决问题。

语文教学"懒"的艺术的启发性原则，是指在教学中，教师要"懒"于包办，善于启发，所谓"不愤不启，不悱不发"，要善于诱导，善于启迪，充分发挥教师"导演"的作用——导而不演，要充分认识到学生是学习的主体，是课堂舞台的主角，只有充分调动学生学习的主动性，激发学生思维的积极性，学生才能做到博学审问、明辨慎思、探究笃行，提高自身发现问题、分析问题和解决问题的能力，从而有效掌握科学知识，增强人文素养和道德素养。

贯彻启发性原则的基本要求，一是树立正确的学生观，承认学生是教学活动的主体，让学生成为学习活动的主人，"懒"于和学生争位。二是充分调动学生学习的积极性和主动性，"懒"于和学生争先。三是创设问题情境，引导学生质疑问题和学会思考，"懒"于和学生争强。四是发扬民主教学，在教学中注意建立民主、平等的师生关系和互助、和谐的生生关系。教学中，教师与学生之间、学生与学生之间都是知识的双向传导，学生学习知识、发表意见都是在自由、平等的氛围中进行，都是在互助、和谐的思想下开展，教师不仅要敢于鼓励学生发表其独特见解，也要敢于接受学生的异己之见，要"勤"于激励学生做功，而"懒"于和学生争功。

随着新课程改革的逐步深入，教师越来越了解新课程背景下的一些新的教育理念，并逐步有了自己的一些看法。比如，教师要避免越俎代庖。每个学生都有自己的脑袋，教师不要把自己的脑袋放在学生的脖子之上，替学生学，替学生思考，替学生探索，替学生实践。对有些知识，教师要学会"懒"讲，但要想方设法地让学生勤思，千方百计地让学生勤学。

第二章　语文教学"懒"的艺术

在初入高中学习文言文时，由于语法知识欠缺，许多学生对一些特殊的文言现象理解得不透彻，文言文学习遇到了困难。面对学生提出的疑问，我先进行基础的文言文语法知识查漏补缺，再对典型例句分析解答，利用古代汉语和现代汉语之间的区别，引导学生发现规律。之后，我逐步把问题抛给学生，让学生去分析思考，研讨探究，找寻问题的分析方法和答案的得出途径，也从给学生"灌输"知识的角色中解放出来，仅仅扮演学生学习过程中的引导者。

这一策略在课堂之外同样适用。班级组织活动时，经常有学生来问我问题，对学生确实难以靠自身力量或同学帮助而解决的问题，我会认真仔细地帮他们分析，引导他们找到解决问题的正确途径，并常常鼓励他们：这个问题如果你换一个角度思考，就能找到解决办法；如果你能够从时间的变更、时代的变迁的角度来分析这个问题，我相信它很快就能迎刃而解；这个问题你说得不错，但在某个方面的思考有些欠缺，你再好好想想；想法不错，再详细谈谈，让我也参考参考。这样，学生积极思考的意识得以建立，思维潜能也逐渐被开发，个性特长也就得以发挥，综合素质自然就大大提升。

### （二）放手性原则："懒"躬行，鼓励学生自我突破

教师要"懒"于掌控学生——"懒"于掌控学生的时间，"懒"于掌控学生的思维，"懒"于掌控学生的处事方法；要信任学生，学会放手，敢于放手，让学生自己摸着石头过河，去寻找，去发现，去处理，去突破。

语文教学"懒"的艺术的放手性原则建立在接纳学生、信任学生的基础之上。教师在教育教学过程中"懒"于亲力亲为，而给予学生以适当引导，让学生自我成长。每个人都是独立的，每个人所做的每一件事也不都是对的，所以即便是教师也没有权力对学生过度捆绑；只有接纳和信任他们，让他们自己动手，彼此才会擦出美丽的火花，同时让自己也不断成长。教师不断修炼，与学生同行，在一些事情上当他们的指路人即可。在每一件具体事务面前，不要控制，要引导；不要太有痕迹，尽量无痕；不要怀疑，要相信；不要插手，要接纳。检验是否做到的标准就是：学生因

此更自觉了，还是更依赖了？教师的教育使学生的自由意志和主动意识最终是削弱了，还是加强了？作为教师越来越轻松了，还是越来越脱不了手了？

苏霍姆林斯基认为："能够促进自我教育的教育才是真正的教育。"我在刚走上工作岗位，走上讲台时，对课堂教学，大到班风班纪学习研讨，小到跑操队形和班级口号，总是事无巨细，事必躬亲，弄得自己整天像个陀螺似的不停地转；而学生却像一群提线木偶，我一提他们就动，我一松他们就瘫，整天没事干，也不知道怎么干。当时我还自我感觉良好，觉得自己是纪律严明，阵法严谨，我指东学生向东，我指西学生向西，那种感觉跟大将战场临敌一样。可学习不是打仗，学生也不是战士。对于战士而言，服从命令是天职；可对于学生而言，学习就不能是简简单单地服从老师的事儿，而是要有独立自主的能力，并有展示自己独立自主能力的机会，在接受中反思，在探索中发现，才能提升自我的发展能力。

新课程理念强调要让学生"主动参与，乐于探究，勤于动手"。要让学生主动参与，教师就应该积极悦纳，不仅要为学生多开几扇门，还要为学生多开几扇窗，以多种途径、多种方式引导学生参与课堂，甚至要在学生参与之后适当退出，让学生成为课堂的主角，让学生由课堂参与者变为课堂主导者；要让学生乐于探究，教师就应该放下"师道尊严"的心理防御，以和颜悦色替代冷若冰霜，以平等以待替代高高在上，敢于让学生发表奇思异见；要让学生勤于动手，教师要有适当偷懒的意识，不能事必躬亲，要给学生动手的机会，训练学生动手的能力，让学生动手，学生才能能动手，学生能动手才能爱动手，学生爱动手才能勤动手。

教师要从传统的保姆服务式教学和母亲包揽式教学中突围出来，懒于时时躬行，勤于事事放手，灵活工作，智慧教学。比如，在课堂上讲课，学生和我是"你方唱罢我登场"；学生的作业本上，不仅有我的朱批，还有其他同学的朱批；跑操时，和其他班主任一起指挥若定、"点兵沙场"的，除了我，还有我们班的班长、体育委员等。而每逢学校有体育比赛、演讲比赛等文娱活动时，以班委为核心的活动组织委员会便会即刻启动，筹划组、服务组、宣传组等机构迅速成立、运行，他们各司其职，各负其责，又能统筹兼顾。我更是成了甩手掌柜，有几次本来想检查他们的工作情况，哪知道他们却对我说："老师，交给我们你放心吧！"我也很知趣地离开了。正如期望的那样，学生们自己安排得井然有序，有条不紊。最让我欣喜的是，同学们的工作热情普遍高涨，活动效果非常好，工作成绩也很棒。

其他班的班主任都忙得晕头转向，累得喘不过气，而学生却少有参与，积极性普遍不太高。有什么活动班主任都得喊着、赶着、推着、催着，学生才极不情愿地参与。那些班主任很羡慕我，问："王老师，看你管理班级都是大撒把式的，但最后你的收获比我们这些兢兢业业、努力干的还多呀！有啥秘诀，说说吧？"我就说："你们太勤快了，事事都跟学生抢着干，有啥问题都跟学生抢着说，有啥方法都跟学生抢着谈，有啥结果都跟学生抢着答，学生总是抢不过你，那自信心、自尊心、自立心不就受到打击了吗？很多老师就是给学生问题却不给学生思考的时间，不给学生思考的机会。下次你再有什么问题、有什么事儿，他们哪儿还有跟你抢着答、抢着干的主动性和积极性啊？"

在活动中，学生展示出的创新性有教师"懒"的智慧的功劳，学生体现出的才能是教师"懒"的技巧促成的。因此，在教学活动中，教师一定要切实贯彻放手性原则。

## （三）反思性原则："懒"批评，推动学生深思明辨

教师要"懒"于批评。教师的批评实际上会扼制学生的创新精神，阻碍学生求索思想的发展，不利于学生深入思考，深入辨析。学生在学习过程中出现问题，教师"懒"于批评，就是要给学生时间，让学生去反思，去探究，去求索，找寻提升的方法、成功的路径。

语文教学"懒"的艺术与语文教学的反思性原则，看似相悖，实则相安。

1. "懒"是反思的目的

"懒"是高超的辩证教学艺术，能够让教师以最少的投入获得最大的成效：一言便可中的，一语便切中要害，一言可厘千头万绪，一语可解千愁万绪，一个小动作也能给学生以深刻启示，一个眼神也可以让学生得到良好的启迪。教师在讲课时，在学生能弄明白、能够探究出来的地方不要

讲，在学生深入思考但仍有疑点、难点的地方，再点拨式讲解。学生要撬动知识地球，教师不是要身先士卒，抢在学生前边把知识地球撬起，而是要给学生一个智慧支点；学生要横渡知识海洋，教师也不要抢过桨橹当艄公，而是要给学生一艘智慧之舟。

在教学过程中，教师如果事事都包办代办，不仅自己教得累，活得苦，而且剥夺了学生进一步思考的自由，进一步发展的机会。著名教育家魏书生就是"懒人"一个。他身兼40个左右的头衔或职位，同时还担任两个班的班主任，但他依然能做到游刃有余，其原因应该就是"偷懒"有方，"懒政"有法。他常用的办法就是班长负责制，组长负责制。很多事儿他并不亲力亲为，而是分配下去，职责明确到人，并让班长、部长、组长负责。班长、部长、组长领到职责任务后，就会产生一种把事情尽快办成、办好的责任意识，就会为办成、办好这件事想方设法，这可以锻炼他们为人处世的综合能力；他们想把这事办成、办好，可能会寻求一些同学的帮助，这可以锻炼他们的组织能力；而如何让别的同学积极地去完成这项工作，需要他们不断地思考和摸索，这可以锻炼他们的协调能力和识人、用人能力；如果在完成任务的过程中又出现一些困难，还可以锻炼他们解决困难的应变能力和坚韧不拔的性格。学生的综合素养完善了，能力提升了，就有利于提升学生在学习过程中发现问题、分析问题、解决问题的学习能力和实践能力，也可以减轻老师的教学负担。

因此，不断反思自己的教学过程，就是一个让自己的教学精化、简化、智慧化的过程，就是一个让自己能够从容地应对教学工作的过程，就是让自己掌握教学辩证艺术"懒"的过程。

2. 反思是"懒"的途径

没有反思的懒，是一种没有对事件缘起进行思索、没有对事物本质进行探究、没有对行为结果进行预测、没有对事件走向进行判断的懒惰，是一种不愿意对过程进行精益求精、不愿意对结果的完美性不断求索的懒惰，是一种被懒虫噬心、被懒猪附体的懒惰。中国民间关于"懒"的故事中，有两个故事非常典型。一个故事是：父母外出，在懒儿子脖子上套个饼，懒惰的儿子吃完了嘴边的饼，却懒得转动饼而饿死了。另一个故事是：一对夫妻特别懒，一天，小偷偷了他们的锅，丈夫出去追时脖子被小偷用刀刺了一刀。小偷逃走后,妻子问丈夫伤得怎么样,丈夫说:"没事,他一刀把我脖子上的陈年老灰刺掉一块,倒是可惜没有把咱们的锅拦下来。"妻子听后说:"没事,好久没洗锅,小偷偷走的是锅上结成块的灰。"这两个故事都是讽刺古人的懒惰行为,反促我们要勤劳。如果教师也是如此懒惰,那么不仅可能贻笑千年,而且可能贻害千年了。

教师的"懒"是建立在反思的基础之上——对自己的教学目标进行反思,就更有可能得到更完美的教学效果;对自己的教学过程进行反思,就更有可能在教学上做到事半功倍;对自己的教学手段进行反思,就更有可能让学生更加深入、更加系统、更加有效地获取新的知识、新的技能和新的思维突破,促进学生思维更高层次的发展。

有了反思,教师在教学中才能驾轻就熟,举重若轻;反思水平提升了,教师才可能感觉到艨艟巨舰一毛轻。有了反思才能发现问题,找到解决问题的办法;有了反思才能看清问题,找到问题的症结所在。如此,方可能做到:身似蠕虫懒,心如烛火明;慧得菩提根,老朽身犹轻。

**(四) 实践性原则:"懒"动口,帮助学生格物致知**

"懒"动口,在此指的是教师要"懒"于动口说结果、公布答案,要引导学生在实践中去发现问题、解决问题,让学生自己去整理思维、总结方法、形成答案。

语文教学"懒"的艺术的实践性原则让受教育者在参与教学的过程中,学习科学的"亲历科学"的思想和方法,其核心是把培养科学素养作为基本目标,把科学思想和科学方法作为最主要的教育内容,贯穿学生参与科学探究的全过程。

实践性教学不同于接受式教学,它非常强调学生的参与与体验,重视以实验为基础的探究教学过程的建立,其方式是多种多样的,一般来说,其基本过程具有6个要素:(1)提出问题;(2)进行猜想和假设;(3)制订计划,设计实验;(4)观察与实验,获取事实与证据;(5)检验与评价;(6)表达与交流。

"纸上得来终觉浅,绝知此事要躬行。"探因明理,只有在躬行实践中才能够真正探骊得珠。学生在实践中更能够真切地发现问题而质疑,真实

地探究问题而解疑，真正地去解决问题而验证。在学习书本知识的过程中，学生的很多身体功能是得不到开发锻炼，甚至是暂时沉寂的。而在躬身实践之中，学生更容易调动自己的各项身体功能，唤醒自己的各种感官，知道知识不仅可以来源于眼睛的看、耳朵的听、大脑的记，还可以来源于腿脚的奔跑跳走、手的抓捏触摸、鼻子的闻、嘴巴的品尝与吞吐。在实践中，学生才会感受到世界不仅是白纸黑字，还可以是红橙黄绿青靛紫的色彩；感受到世界不仅是一张元素周期表，还可以是酸甜苦辣咸的味道；感受到世界不仅是琴棋书画诗酒茶，还可以是柴米油盐酱醋茶。在实践中学习，学生更能够让自己灵动起来，自由起来，真实起来，智慧起来。

实践出真知，书本上的知识大多都是公理、定理、定律，是一种理论化、理想化的世界，实践中得来的知识才是将理性与感性相结合、灵动有趣、多姿多彩、真实丰富的世界。

实践更容易让学生释放自己的天性，展现自己的个性，更有利于学生发现自我，回归自我，完善自我，提升自我。

### （五）拓延性原则："懒"讲评，点拨学生合作研究

学习也是一个合作研究的科学求实、求新、求索的过程，必要时，教师的讲评有利于学生发散思维，但教师也要"懒"于讲评，切不可对学生时时评，事事评，时刻想着要对学生的学习思维"拨乱反正"，便是对学生合作探究学习实践行为的否定，对学生求索精神的扼杀，贻害无穷。

语文教学"懒"的艺术的拓延性原则，就是让学生达到由已知到未知，由知此到知彼，由知古到知今，由知古今到知未来，由一知到全知，由半解到全解的原则。

要授之以鱼，更要授之以渔。教师授给学生的知识应该是具有可持续发展的知识，应该是一种绿色的教育；是一种给学生一粒种子，学生让它发芽、开花、灿烂整个春天的知识；是一种给学生一滴水，学生可以用它来折射阳光、天空、大海、森林、草地的美妙世界的知识。

教师为学生举一隅，要让学生以三隅反。我们给学生一片树叶，学生不仅可以在这片树叶中看到树的笔直参天、森林的浩瀚博大、煤的千年沉

寂以及火的熊熊烈焰，还可以看到树枝树叶树根根，青山青水有亲人；学生不仅可以看到叶绿素、核糖核酸、光合作用，还可以看到绿肥红瘦、万条垂下绿丝绦、两个黄鹂鸣翠柳。有了教学的拓延性，学生更可以获得知识的灵活性、思维的突破性、人生的发展性、未来的创造性。

教师要遵循语文教学"懒"的艺术的拓延性原则，就要正确对待学生与众不同的解法和思路。由于这些解法或思路是学生积极努力的"成果"，是学生主动探索获取的"答案"，无论正确与否，教师都不要急于做出评判。教师对学生的积极态度和勇于探索的精神予以肯定的同时，要鼓励学生借助课本上的知识对"答案"去再认识、再讨论，并指出学生解题思维过程中的不足和缺陷，最终引导学生得出正确的结论。这样获得的知识，学生印象深刻、记忆牢固。同时，这也为他们以后的学习奠定了基础，充分调动学生探索学习的积极性。

## 第三节　语文教学如何"懒"

教师一直将传道授业解惑作为自己责无旁贷的天职，也一直为自己的这一天职骄傲而执着地辛苦忙碌着：整天手忙脚乱地急学生之所急，终日越俎代庖地想学生之所想，总是顺手干了学生该干的事儿，顺便帮了学生不需要帮的忙。如此一来，他们便提高了教的效率，节省了教的时间，美化了教的过程，而学生学的效果却大打折扣，在教师的勤劳中学生逐渐变得懒散。学生一懒散，教师就更要亲力亲为，更加勤奋而辛劳了——这样的教师总是教会了自己，却没教会学生。

如果课堂是舞台，那么学生才是主角，老师不要串戏、抢戏。当教师"没戏了"后，就可以将"懒"用于课堂，然后会惊讶地发现：教师"懒"于课堂时，学生倒还"勤"了！教师的预设少了，课堂却出彩多了；教师严肃的表情少了，学生学习的兴趣却浓了。

语文课堂不是语文教师一个人表现的舞台。如果一个语文教师的表现欲望过于强烈，往往就会使课堂成为"一言堂"；如果过于不善言辞，课堂则会沉闷无味。作为一个语文教师，适当地懒惰并非坏事，教师"懒"

了，学生才有更多的说话机会；作为语文教师，应该能"勤"会"懒"，让语文教学在"懒"中取胜。

教师的"勤"，是工作需要；教师的"懒"，是效果的需要。教师的"懒"，要适逢其时，恰到好处。

## 一、语文教学"懒"艺术的宏观要求

### （一）"懒"而善放，教师为主导，学生为主体

学习其实是人的一种本能活动，从孩提时代开始，每个人就拥有了探究这个世界的欲望。教师应充分尊重学生的主体地位，适时放手，改变以往"满堂灌"的教学模式，将课堂还给学生，适当"懒惰"，合理引导和组织，为学生营造一个轻松、活泼的课堂氛围。魏书生老师主张，教师在教学过程中尽可能多地给学生表现和锻炼的机会，学生自己能够解决的，教师尽可能地不要讲解。他将教师定义为"找出适合学生的阶梯的人"，认为教师应当适时地退居幕后，将舞台让给学生。魏书生老师在教育教学中一贯坚持"三不讲"原则："凡是学生能看会的，我不讲；凡是学生查找资料后能学会的，我不讲；凡是班干部能教会的，我不讲。"对此，他也曾做出生动的解释："一个老师剥夺了学生做事的权利，剥夺了他努力能够做到的机遇，就等于和不让他吃饭一样可怕。人家能够吃得了，干得了，你不让他吃，不让他干，当然学生的体质就会下降。所以，看起来让学生做事，是为了减轻老师的负担，这不对，这是次要的。更重要的是给学生一个增长能力的机会，他只有更多地做事，参与管理，参与制订计划，他才能增长能力，增长主人翁的责任感。"显然，魏书生老师同样主张在教学活动中做一个"懒"教师。

做一个"懒"教师，就要在充分信任学生的基础上适时放手。当然，放手并不意味着放任自流，对学生的一切学习行为听之任之、不管不顾，而是要适时介入和引导。相较其他学科，语文教学具有更加鲜明的实践性、整体性，在语文教学中既要突出重点、难点，又要加强综合训练；既要注意知识积累，又要关注能力提升。这就要求语文教师要学会放手，增

## 第二章　语文教学"懒"的艺术

强语文教学的灵活性和包容性。那么，如何在语文教学中做一个善于放手的"懒"教师呢？

第一，要明确语文核心素养要求。当前，语文教学着力提升学生的阅读能力、理解能力、分析能力、归纳总结能力、知识运用能力和整体阅读能力。因此，简单机械的重复练习已经无法满足当前的时代需求，在语文教学中教师更应当注重学生的体验、观察、表达和思考，并鼓励学生充分运用自己的大脑，发挥自己的想象力，去发现生活，感受生活，记录生活，完成自己的情感体验。同时，教师要引导学生自主阅读、合作探究、自主写作。例如，在学习《林黛玉进贾府》时，教师可以鼓励学生进行角色表演，引导学生创设表演情境，并将相关教材内容转化为剧本，以小组为单位对角色的语言、动作、性格进行揣摩和推究，并推举小组成员进行表演。一方面，这可以营造活跃的课堂气氛，增加学生的语文学习积极性；另一方面，则可以促使学生更加用心地体会人物性格，自主领会小说的语言艺术、叙事要素。当然，针对学生的表演情况，教师要及时给予评价和指导，帮助学生明确小说人物言行对塑造其形象所起的作用，了解人物性格形成的主要原因，进而更好地把握小说的主旨；而不是放任学生随意表演，甚至恶搞人物和情节，将课堂表演变成一场闹剧。

第二，做一个善放的"懒"教师，还应当科学安排预习任务。在传统教学模式下，"勤"教师总是煞费苦心地为学生总结课内重点字词、课文创作背景、作者生平经历和相关文学知识，学生主要负责做笔记和机械背诵，预习效果可想而知。所以，"懒"教师应当在预习阶段巧妙放手，合理划分学习小组，并以小组为单位分配预习任务，让学生查阅字典、词典解决课文中的字词、成语和文言词汇，利用课余时间上网查阅作者的相关信息、文章的写作背景等内容，并及时跟进学生的预习进度，督促学生合理规划预习时间，在小组完成并展示预习成果之后，鼓励各小组之间积极补充和探究。这无疑更有助于提升学生的语文学习兴趣，让学生在自主预习中主动接受知识。

第三，教师若要充分发挥自身的主导地位，提升学生的自主学习能力，就必须充分了解学生的学习情况。聪明的"懒"教师应当做到有的放矢，只有这样才能真正实现因材施教。研究教材文本是开展教学活动的基

础，若教师以"懒"为借口，不认真研读文本，那么就无法合理设置课堂教学环节，面对学生的各种问题就只能哑口无言。所以，教师首先要备教材，明确教学的重点和难点，对文本内容和相关知识了然于胸，增强语文教学的针对性，切实提高语文教学的效率。当前，许多教师在语文课堂中都尝试运用合作探究法，以小组为单位组织学生开展自主探究学习，但有的教师发现这种放手教学的效果不尽如人意，因此对"懒"教师的教学理念产生了怀疑，重新"勤奋"起来。殊不知，合作探究的基础是对学生情况的充分了解和把握，如对于语文知识储备较差的学生，可以安排他们查阅字词、创作背景等基础知识；对于学习能力较强的学生，则可以安排他们探究文本的写作思路、艺术风格；对于那些善于朗读的学生，则可以安排他们诵读课文。这不仅有助于教师实现分层教学，还能够激发不同层次学生的学习潜能，增强学生学习的积极性、主动性、能动性和自信心。

教师在语文教学中要及时转变教育理念，善于放手，巧于指导，智慧教学，引导学生在教学过程中主动参与、积极思考、善于合作、勇于探究。韩愈在《师说》一文中说："师者，所以传道授业解惑也。""授业"的目的是帮助学生掌握知识和能力。那么，教师准备充分，在课堂上争分夺秒地讲解，学生埋头记笔记，然后机械地诵读和记忆，就能够实现"授业"的目的吗？显然不能。恰恰相反，在实际语文教学中，许多学生的学习积极性、创造力、自主探究能力，正是被这些"勤奋"的教师扼杀了，他们大包大揽地把所有的学习任务都自己完成，然后苦口婆心地劝说学生记忆，当学生不愿机械记忆或学习效率低下时，他们就会表现得很受伤，但真正"受伤"的是学生。实践证明，许多学生更喜欢"懒"教师，认为"懒"教师的课堂更轻松、有趣，掌握知识更轻松。"懒"教师不仅要敢于放手，更要善于放手，将舞台还给学生；同时，也要稳居幕后，在语文教学中充分发挥自己的主导作用，合理规划各个教学环节，选取科学的教学方法，然后用心观察学生在自主学习中的表现，及时指导和评价，只有这样才能用"懒"的教法，促使学生"勤"于学习。

### （二）"懒"而巧理，问题为主轴，训练为主线

在语文整体教学中，教师要有"懒"的理念，在教学活动的预习和导

## 第二章 语文教学"懒"的艺术

入环节要善于"懒",在具体的课堂教学和教材研究中,教师更要巧于"懒",以问题为主轴,合理把控教学进度,巧妙管理课堂环节。亚里士多德曾指出:"思维从对问题的惊讶开始。"教育心理学家布鲁纳也认为:"知识的获得是一个主动的过程,学习者不应该是信息的被动接受者,而应该是知识获得过程的主动参与者。"我国明代学者陈献章同样提出:"疑者,觉悟之机也。"由此可见,古今中外学者都认识到,问题在掌握知识的过程中起着至关重要的作用。所以,学生在语文的学习过程中,若只知道被动地接受知识,而不进行思考和质疑,那么他充其量也只能是一个会记笔记、归纳知识点的"操作能手",而非现代社会急需的创新型人才。因此,教师在教学过程中同样要具备"懒"的理念,合理设置问题,引导学生根据问题进行自主探究,同时还要鼓励学生积极发现问题、提出问题和解决问题。"勤"教师往往倾向于直接告诉学生答案,并将之视为自己减轻学生负担的一种良苦用心,殊不知,他已经在无形之中打击了学生的探究积极性,剥夺了学生思考和质疑的权利。"懒"教师常常放手让学生自主探究,鼓励学生大胆质疑,并给予正确的指导和评价,进而促使学生在问题教学中获得成就感,增加语文学习的兴趣。韩愈将"解惑"视为教师的天职,但若与昌黎先生对此进行深入探究,我想他也必定不同意将"解惑"看作直接道出答案。这位深谙为师之道的思想家和文学家,也一定会强调质疑的重要性。

可见,以问题为主轴,巧妙管理语文课堂,是"懒"教师的另一个必备技能。那么,"懒"教师应当如何设置问题呢?

第一,要遵循启发性原则。孔子曾说:"不愤不启,不悱不发。"这表明,教师只有善于启发,才能够调动学生学习的积极性,进而促使学生打开思路,主动探究问题,寻找解决途径。这一方面要求教师在设置问题时应当充分考虑学生的学习兴趣,增强问题的趣味性,促使学生主动接触问题;另一方面则要求教师在提出问题之后要为学生预留相应的思考时间。有的教师在提出问题之后迫不及待地公布答案,导致学生来不及思考,问题也就失去了存在价值。

第二,教师设置的问题应当具有针对性。例如,在学习《林教头风雪山神庙》时,教师若直接问:"这篇小说的叙事艺术有哪些特点?"对于大

部分学生而言，这个问题过于笼统，学生会感觉无从下手。教师不妨先要求学生思考："林冲的性格有哪些特点？""小说中有哪些细节描写？""小说中的环境描写起什么作用？"然后再让学生进行总结。此外，增强问题的针对性还应当将具体问题分配给相应的学生或小组，明确问题探究的具体任务，进而提升解决问题的效率，保证语文教学的有序推进。当然，教师在设置问题时要针对教学的重点和难点，不应偏离教学中心，要围绕教学目标有序开展问题教学。

第三，教师设置的问题还应当具有层次性。一方面，教师要根据教材内容，遵循由易到难的原则设置一系列问题，若在教学的初始阶段就设置难度较大的问题，会严重打击学生参与的积极性，导致学生逐渐失去探究的兴趣；另一方面，教师还应当根据学生的学习能力、兴趣爱好、性格特点合理分配问题探究任务，既要考虑学生问题探究的积极性，还应当确保学生在问题探究过程中有所进步和提升。若分配的问题难度过高，学生就会失去探究信心；而问题难度过低，会使学生觉得课堂问题如同鸡肋，失去探究的兴趣。

第四，教师还应当营造有利的问题探究氛围。若要鼓励学生积极提出问题，并探究问题，教师就需要营造一个轻松、民主、宽松的课堂氛围，允许学生在语文教学中偏离常规思维、标新立异，因为只有这样，学生才会感到"心理安全和自由"，进而以极大的热情投入到问题探讨中，并大胆提出问题，充分激发自身的潜能。部分学生之所以在语文学习中不愿积极质疑或回答问题，主要是因为怕自己提出的问题或探究的答案被教师批评，或受到同学的嘲笑。因此，教师如果在课堂上板起面孔，或时常否定学生的答案，就会导致课堂气氛紧张，学生不敢或不愿参与到问题探究中。若要提升语文课堂的问题探究效率，"懒"教师就必须巧用智慧，例如，在导入部分通过多媒体播放欢快或舒缓的乐曲，营造自由、轻松的氛围，或以简单有趣的互动问题抛砖引玉，激发学生的质疑欲望。当然，"懒"教师在退居"幕后"时还应当寻找合适的"小帮手"，这些"小帮手"既要能够团结小组成员，确保问题探究稳定、有序地展开，又要民主包容，不能使组内讨论成为"一言堂"，鼓励小组成员踊跃参与探讨。教师在"幕后"则要细致观察，科学把控，避免在问题探究和展讲中出现滥等充数的现象，并合理控制探究时间，对每个问题的探讨时间进行科学规划。

第五，教师还应当采用多样化的问题探究模式。相较于合作探究模式，"辩论"式问题教学法有时更容易激发学生的参与热情。教师可以引导学生根据课前预习情况自主设置问题，然后让学生根据教学重点和难点选取几个中心议题，并划分小组，就此展开辩论。在辩论过程中，学生可以旁征博引，并被对方的观点激发灵感，进而产生进一步探究的欲望，自主研读文本并思考。此外，教师也可以罗列前人对文本作者或作品的评论，鼓励学生对这些前人的评述进行分析，并大胆质疑。一方面，这有助于引导学生多方面解读教材，对教材进行深层次探究；另一方面，还可以培养学生的质疑精神，引导学生意识到"尽信书不如无书"，促使学生在以后的学习和生活中大胆挑战和质疑，积极发表自己的看法与观点。

若要将语文课堂由"讲堂"变为"学堂"，教师就必须充分尊重学生的主体地位，化身为一名"巧理"的"懒"教师，适时地退居"幕后"，鼓励学生积极展示自我，并用心观察学生在"台前"的表现。在实际操作中，教师可以以问题为主轴，根据教材内容设置一系列由易到难的问题，让学生在问题探究中循序渐进地自主掌握文本的重点和难点，领会不同文本的艺术魅力。当然，"懒"教师的"隐退"并非放任学生自流，而是以"巧理"为前提，合理把控课堂进度，并及时处理课堂突发情况。当学生的讨论偏离主题时，教师应当及时点拨，将讨论议题拉回正轨；当发现部分学生在讨论过程中不敢发言时，教师应当给予鼓励，通过眼神或动作鼓励学生积极参与到问题探究中；当一些学生在问题探究中不顾其他学生的反应，一味地阐述自己的观点，或忽视问题探讨时限时，教师同样应当适时介入。所以，"懒"教师绝不是不管不问，而是对语文课堂收放自如、巧于打理、善于启发，让学生在问题探究中增强学习语文的兴趣。

### （三）"懒"而兼收，思维为主攻，素养为主旨

"懒"教师的智慧不仅要体现在课程导入部分的"善放"，教学过程中的"巧理"，还应当体现在教学评价中的"兼收"。明末清初的思想家王夫之曾说："教者因人才之不齐，而教之多术。"这与今天的因材施教教育理

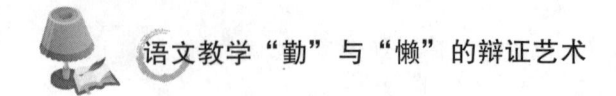

念不谋而合。从古至今，大部分学者都认为在教育教学中应当根据学生的实际情况采取不同的教学方法。

在当前社会背景下，一方面，社会对人才的需求趋于多元化，这就要求学生必须具备多方面的知识和能力；另一方面，在互联网的影响下，学生接触到的信息更加多样化，这促使学生的思维更加活跃，自我意识更加强烈。这都要求教师在语文教学中必须秉持"兼容并蓄"的态度。因此，"懒"教师在教学评价中要关注学生在年龄、性格、爱好、性别等方面的差异，采用多样化的评价标准，对学生的答案不要急于评价，应充分了解情况；同时，还应当充分重视学生在语文学习中提出的问题，不能随意地批评甚至嘲笑，要根据情况加以引导和讲解，以增强学生在语文学习中的成就感，激发学生的内在学习动力。随着新课改的不断深入，高考更加重视学生的逻辑思维能力、创新运用能力，所以，传统语文教学模式下的学生单一的记忆和积累已经无法满足新高考的要求。这就要求教师在语文教学的评价阶段既要注重知识储备，又要关注能力培养，并充分发挥"懒"的特长，要求学生利用课余时间结合社会现实进一步探究问题，形成感悟，并在课堂上分享。这一方面可以增加语文课堂的延展性；另一方面又能够引导学生关注现实，提升学生的知识运用能力。

"勤"教师在课程评价阶段往往进行大量的总结与归纳，不重视学生的讨论结果，一味地强调知识的积累，并囿于文本解读，忽视课外拓展。"懒"教师则会以"兼收"的态度用心分析学生在问题探究中的实际情况，并合理引导和反馈，注重学生思维能力的培养。具体来说，"懒"教师如何做到"兼收并蓄"，培养学生的思维、素养呢？

第一，应当将过程性评价和即时性评价有机结合在一起。问题探究的成果固然重要，但学生在探究过程中的具体表现更为重要，因此，教师既要重视学生获取的答案，又要关注学生在探究过程中的参与积极性、质疑态度、探究意识、创造性观点等。及时肯定学生在不同阶段的表现，促使不同层次、不同特点的学生都能获得成就感，进而提升全体学生的语文学习积极性。当然，在具体评价时，教师还应当合理"偷懒"，"表现真棒""真聪明""非常好"等程序化评价语言若贯穿在语文课堂的各个环节，会使学生逐渐麻木，对教师的评价失去期待。因此，"懒"教师应当学会用

第二章 语文教学"懒"的艺术

眼神、动作、神情传递自己的评价信息,如微笑、点头、拍肩膀等,让学生在多样化的评价氛围中充满活力地自主探究。

第二,要扩大学生的文化视野,培养学生包容的文化心态。传统文化是劳动人民智慧的结晶,在当今社会依然具有重要的理论意义和实践意义。因此,教师在语文教学评价阶段要引导学生领悟传统文化的魅力,增强学生的文化自信和民族自豪感。与此同时,还要鼓励学生积极了解西方文化,并在比较阅读中领悟中西方文化的差异,树立正确的文化观。全球化浪潮汹涌而来,各国的政治、经济、文化的江河都在奔流融汇,这就要求我们在坚定文化自信的同时,以开放的姿态了解外来文化。所以,教师在语文教学评价阶段,尤其是在学习外国文学作品时,不能一味地抨击外来文化,要以包容的姿态看待学生的探讨结果,认真倾听和分析学生对外来文化的态度,在此基础上正确引导,逐步扩大学生的文化视野。

第三,要着力提升学生的思维创新能力和发展动力。教师要关注学生思维的灵活性、深刻性、独创性、敏捷性与批判性,并注意培养学生的形象思维能力、创新思维能力、直觉思维能力。当前,许多大学生面临就业难的问题,而用人单位则出现"无人可用"的局面,这主要是因为许多大学生在学习过程中只注重知识的积累,而忽视了能力的提升,尤其是创新思维能力的培养。在当前的时代背景下,各个行业的受众对创新的要求日益提高,学生若不能掌握创新思维能力,势必要被时代淘汰。所以,在语文教学中,教师既要对学生的交流表达能力、阅读鉴赏能力及时给予肯定,还要对学生的逻辑分析能力、比较归纳能力、联想想象能力给予赞扬,鼓励学生以批判的眼光审视文学作品,并创造性地解读教材内容,针对学生"异想天开""惊世骇俗"的观点和言论,教师也不应断然否定,不妨继续"懒惰",组织学生就这些观点进行讨论。

第四,要重视学生审美能力的培养。新课标要求教师在语文教学中要引导学生感受语言文字的独特美感,对语文形成美感体验。所以,教师在语文教学评价阶段要重视培养学生的审美情趣、审美意识,引导学生树立正确的审美观念,进而提升学生感受美、创造美的能力。苏霍姆林斯基曾说:"我一千次地确信:没有一条富有诗意的、感情的和审美的清泉,就不可能有学生全面的智力发展。"语文教学中那一篇篇韵味丰富的文学作

品，都是学生的精神食粮，学生研读文学作品的过程本身就是一个感受美、领悟美的过程，这也是语文学科文化育人的价值所在。当今社会，一些人受娱乐至上思想的影响，以丑为美，审美品位低下，肆意传播低俗信息，这都会对学生的审美意识产生一定的冲击。所以，教师应当在语文教学评价阶段鼓励学生从不同角度体会教材内容的美学要素，引导学生充分感受小说、散文、诗词的艺术魅力。在此基础上，教师还应当指导学生根据自己的文学审美体验进行文学创作，用文字表达自己的美学体验。这一方面可以促使教师根据学生的反馈及时给予指导，帮助他们形成正确的审美意识；另一方面，也能够提升学生的审美表达能力。以"懒"的姿态放手，让学生从不同角度解读和表达探究体验，并以作业的形式巩固学生的美学理念，是"懒"教师在提升学生审美能力方面应有的智慧。

《论语·学而》有云："君子务本，本立而道生。"语文之本绝不仅仅是知识的储备，还在于能力的培养。随着社会的不断发展，时代对人才的需求也日趋多元化，这就要求语文教师在教学过程中必须关注学生思维能力的提升。"填鸭式"的传统教学模式显然无法满足这种时代需求，所以，教师在语文教学评价阶段同样要"一懒到底"，花更多的时间倾听、分析学生的探究反馈，并以包容的姿态对待学生的各种解读和答案，以开放的姿态鼓励学生质疑和批判，充分激发学生的创新思维能力。唯有如此，才能打造一个民主、开放、活跃的语文课堂，进而达到百花齐放的教育效果。

## 二、语文教学"懒"艺术的实施策略

### （一）课外辅导不可频，应在"懒"中求悟

当前教育背景下，学生学业压力大，学习成绩成为衡量学生的重要标准，尤其是高中生面临着严峻的升学压力。在此情况下，教师在正常教学时间之外，会有针对性地对学生进行无偿的课外辅导，期望学生能获得成绩的提升，减轻升学压力。这本是一件为学生着想的好事，却鲜有良好的效果。通常情况下，教师不辞劳苦，勤奋授课，学生成绩却不见提升。

## 第二章　语文教学"懒"的艺术

产生这一现象的原因在于教师过分"勤劳"。叶圣陶先生说:"教是为了不教。"从教育的规律分析,教师不可过分"勤劳",教师过分"勤劳"可能会导致学生过度依赖。而教师基于教学规律的"懒"却是对学生学习主体性的尊重,这样的"懒"能更好地激发学生的学习热情和探索知识的欲望,从而提高学生的思维能力。正所谓"善学者,师逸而功倍,又从而庸之;不善学者,师勤而功半,又从而怨之"。

所以,教师在适当的时候要想方设法地让自己"懒",让学生占主体地位,在学生身上打主意,让学生勤起来。因此,教师对学生的课外辅导不可太频,教师可以"懒"一点,不盲目抢时间、追次数,而是理原因、悟方法,让课外辅导在"懒"中有"得",以教师的"懒"带来学生的"勤",把学习的主体地位交还给学生。结合实际教学,教师应该怎样"懒",才能让学生"勤"呢?

第一,教师应"少勤多悟",认清课外辅导过频的危害。一是课外辅导过于频繁无疑加重了教师的教学负担,加大了学生的课业压力。教师需要足够的时间备课、批改作业,完成教学工作,此外还要抽出额外的时间给学生辅导,无疑是加大了工作量。而且,学生的课外时间有限,自习课需要集中精力做作业,可以用来辅导的课外时间多是课间 10 分钟,而在这 10 分钟里,教师和学生需要上厕所,或者喝水,教师需要理一下思路提前 2 分钟候课,学生则需要提前预习,准备好下节课需要的教材资料。二是课外辅导过于频繁,学习效果未必好。学生的主观能动性与学习幸福感之间存在着很大的关系。一方面,有些基础较差的学生,主观上不愿意教师给他"开小灶",主观幸福感低,学习效率和学习结果会受到影响。针对这类学生的辅导,教师基本是把课堂上讲过的内容再讲细一点。学生本来就对枯燥的学习内容不感兴趣,再进行第二遍,更没有兴趣去听,加上缺乏良好的学习习惯,学生自制力不够,补完课后更加疲惫,学习效果可能不明显。另一方面,真正热爱学习的学生拥有自己的内在学习动机,愿意主动投入到学习中,如果教师因为想要让这类学生拔高拓展,提高成绩,所以强制他们参加课外辅导,就会打乱他们的学习计划,他们就会对学习表现出虚假的热情与兴趣。他们的成就感和荣誉感,仅源自成绩的提高,并非因为对学习的热爱而诱发的内在情感体验。当发挥不好时,他们可能

会自我怀疑，情感体验不佳。三是课外辅导过于频繁，不利于学生学习习惯的养成。学习方法可以由教师教，但是好的学习习惯却需要自己养成，过于频繁的课外辅导可能会造成学生思维的依赖，会使学生没有足够的时间自我思考，不利于学生养成独立思考的学习习惯。

第二，教师应"少勤多悟"，厘清学生需要课外辅导的原因。学生需要课外辅导大部分是因为听不懂，跟不上课堂。传统课堂学生较多，基础不同，学情不同，而教师要在有限的时间内完成教学目标，因此可能会顾及不到学生的差异性，忽略了小部分学生。有些学生需要课外辅导是因为基础较好，课堂上的知识不足以支撑他们提升，因此需要课外辅导拓展，需要教师给予指导。因此，解决课外辅导太"频"的问题，一方面，要关注课堂质量，不要急于求成，要顾及大部分学生的知识掌握程度，让学生在课堂内就能掌握好相关知识，尽量不需课外辅导；另一方面，教师要尽量关注到班里的每一个学生，看到学生的个性，发现差异，因材施教，耐心教导。有些教师在教学过程中往往会给学生贴上成绩不好、学困生等标签，当这些认知反馈到学生身上时，学生就会对自己的能力产生怀疑，学习积极性降低或消失，反而隐藏了在学习中真正的问题。因此，教师应该全面地了解学生，对每一个学生充满信心，期待每个学生的健康成长，激发学生的学习积极性，鼓励学生表达自己的看法。让学生拥有一些成功的体验，给予他足够的关怀，增强学生的自我效能感；树立差异性教学观念，根据学生的个体差异进行差异性的备课授课，进行以鼓励为主的差异性的评价。

第三，教师应"少勤多悟"，在辅导之余，也留给学生足够的时间去"悟"。一是课外辅导太过频繁，学生没有足够的时间反思总结，只会增加课业负担，学习效果并不好。教师可在辅导前给学生时间，让他们总结课堂所学内容，翻阅教材基础知识，总结课堂内容涉及的考点和答题方法，做好自我评价，找出自己目前学习中存在的问题和不足，并且设置短期目标，做好进入课堂的准备和课后的总结工作，努力做到"带着问题进课堂，解决问题找方法"。二是教师在对学生进行课外辅导时，常常刚给这个学生讲完，又有学生来问同样的问题，甚至十多个人都来问同样的问题，如果教师逐一解答，无疑增加了工作量，也延迟了为其他学生答疑的时间；可若是集中讲解就又回到了传统课堂，可能效果未必好。其实，这时候，教师不妨"偷懒"，先留时间让有重复问题的学生自悟，随即在班内按平时成绩的优、中、差组成若干互助小组，将有重复问题的学生随机安排在某一小组。如此，有重复问题且自悟不了的学生就可以将问题提交互助小组进行组内解决，组内解决不满意的也可以和其他小组商讨解决，或者请教师参与讨论解决。这样不仅留够时间供学生自悟，而且留出时间进行小组再悟、组组通悟、师生共悟，最终教师"懒"了，学生"勤"了，大家都"悟"了，不仅培养了学生勤钻善悟、团结协作的能力，而且能让学生体会解决问题并分享成功的喜悦。

### （二）课文教学不可固，应在"懒"中求钻

正如上文所述，在传统教学观念下，教师在教学过程中一直占据着主导地位，教学的效果和质量由教师自身的知识水平和素质决定。课文是语文教材的主体，也是教学的基础，教师的素质和知识水平各异，势必对同一课文有不同程度的理解，也就是说，教学的实际成效会因为教师自身能力的高低而不同。随着新的语文课程改革，教师应该寻求新的教学方式，一种既能避免因自身素质不够高带来的课文解读偏差，又能获取学生的注意力，让学生主动思考，自觉积极融入教学中来的教学方式，从而凸显学生在课堂上的主体地位。所以，更好的教学方式，应是转变教师自身角色，在课堂教学中减少主观渗透，防止课堂成为教师的主观思维阵地，让课堂教学更注重学生的思考；通过教师的"懒"，让学生习惯主动钻研思考，即学生的"勤"。

如何才能实现这个教学目的？教师在课堂实践中怎样把握好"懒"与"勤"的占比？又应该如何通过这种"懒"，让学生有所收获？这需要教师学会转变传统观念，学会改善教学思维，学会灵活转变角色身份。

第一，教师的角色应由知识的讲授者转变为课堂教学的指导者。教师讲、学生听，以教师为中心的上课模式在传统的教学过程中普遍存在。教师满堂"输出"，却忽略了学生"接收"的能力存在差异。这种课堂模式的主要目标是让学生迅速"接收"知识。就语文课文教学而言，在没有教师允许的情况下，学生不能随意地发言或提问，学生对课程内容的掌握情

况完全依赖于教师的讲授，缺乏对文本内容本身的解读，使得学生的理解能力有所欠缺。教师和学生在课堂上的交流基本以提问的形式完成，学生的主体意识并不强，中心地位并不突出。这种传统的教学方式，让学生越来越注重基础性知识的记忆，却也逐渐丢失了对延展性知识主动探究和学习的兴趣与能力。

在新课程背景下，教师越来越注重引导学生掌握自主合作探究能力，而学生自主探究的前提便是对文本内容或是教学设计环节产生兴趣。教师的角色应该是参与者、指导者，让学生自主生成问题、讨论问题、解决问题，让学生体会到课堂的快乐、语文学习的快乐，进而从审美层次去鉴赏课文。教师可以在完成基本的知识传授后，设计情景教学、翻转教学等灵活多样的教学活动，让学生在生动有趣的学习氛围下，主动捕捉知识，提高学习能力，掌握自主探究学习的方法，真正做到寓教于乐。在这种模式下，学生的合作探究、参与讨论并不仅仅是为了回答教师或者同学的问题，他们在讨论、辩论过程中所收获的知识和喜悦是传统教学方式很难做到的。

第二，教师的身份应由课文学习的监督者转变为学生钻研课文的引导者。新课改背景下，学生对教师的要求、社会对教师的期待，都让教师这个角色没有一丝一毫懈怠的理由。平心而论，教师除了要传授课文中的知识点、易考点之外，还要学会随机应变，巧妙利用课堂、利用课文，在培养学生学习能力的同时，注重培养和提高学生的综合素质，使他们能够掌握应对、分析、解决各类问题的方式，适应新时代青少年德、智、体、美、劳全面发展的需求。在新高考背景下，在迫切需要培养学生核心素养和创造性思维的形式下，教师更需要调整和提升自己，做好学生学习的引导者。一是教师需要不断充实自我，创新教学方法，提升专业能力，这建立在深刻理解课文内涵的基础上；二是教学方案设计应该更加符合社会发展，通过知识拓展让学生在课堂上学习更多的社会知识，以达到拓宽学生视野的目的；三是要引导学生学会举一反三，将课文中的知识与生活实际联系起来，提高知识与社会之间的紧密度，给学生带来更多的生活智慧和社会启迪。

那么，在让学生作为教学主体的教学理念下，教师该如何做呢？

## 第二章 语文教学"懒"的艺术

一是建立和谐、轻松、紧密的师生关系。在实际的教学过程中，我们发现，大部分学生的思维是很活跃的，但同时，他们的内心也是很敏感的。教师要想营造生动、活泼、良好的课堂氛围，就要了解学生心中所想，学会和学生平等对话，尤其在学生学习非常陌生的知识点或者课文时，要尽可能地避免摆出教师懂得所有、学生一无所知的姿态。我认为，建立良好师生关系的更合适的方式应该是保持平等的心态，和学生一起去探究知识。

二是多用引导教学，让学生成为主体，促进自主学习。实践证明，普通的、提问式的教学已经不能再作为检验教学成果的最有效的方式。要提升学生的语文素养，必须确立学生的主体地位，根据课文内容，在提问技巧和艺术上下功夫，依托创设情境的启发式教学，逐步加强学生们主动探寻问题的能力。在启发学生积极思考的基础上，翻转课堂，使他们成为问题的提出者和讲述者，使他们的思维在课堂上快速运转，培养他们主动获取、鉴别、吸收知识的技能，产生阅读和思考的愉悦，进而发现语文学习的乐趣，坚持不断地自主学习。

三是教师的身份应由课标要求的执行者转变为课文知识的创造者。一般而言，在传统课堂中，教师会按照课程目标，按部就班地对课文内容进行讲解。有人认为，一次成功的课文教学，只需要将课文内容完全教给学生，让他们烂熟于心就可以了。但在新课程背景下，这样的观点已经越来越不能满足学生个人持续发展的需求。教师不仅仅是书本内容的传递者，也不单是新课标要求的最严格的执行者、实践者，还应该努力让自己成长为课文知识的开发者和创造者。我们在新课标体系里，可以多次看到"素养""实践""能力"等关键词，从某种意义上来说，这就要求教师打破原有的教学方法，学会创新，突破课本内容的限制，让教学内容和生活紧密结合，从日常生活中找例子，在学生容易理解的情感中找共鸣，最大限度地延伸课本知识，提升学生的综合素养。

当然，课文的重要功能是不容忽视的。学会立足课本，是成为一名合格的高中语文教师的第一步。接着，教师需要以课文为中心，做好课堂教学的开发者，对教学内容进行优化，引导学生拓展阅读，提高学生主动获取知识的能力。同时，要多聆听学生的想法和建议，根据学生的认知水平

和接受能力，对教学目标和教学方式进行调整，加强课文的范例作用，使课文教学更加符合学生的认知。

另外，教师在转变身份的过程中，还要学会充分利用多媒体资源使课堂变得丰富多彩。比如，教师在课件上可以尝试融入表情包、网络热词等内容，激发学生的听课兴趣。课文中的基础知识也可以编成小故事、口诀等，用PPT、视频等方式展现给学生，方便学生记忆，长此以往，也会提高学生学习语文的主动性。语文教学一直是灵活多样的，教师的"懒"只是意味着教师不像原来一样"满堂灌"了，却更需要在前期利用大量的教学资源，吸收精华，使课本内容和书本外的延展性阅读相辅相成，指引学生养成自主阅读、自主思考、独立学习的习惯，真正做到教学面向生活。

总之，在新课程环境下，教师角色的转变要以学生为焦点，以课本为基础，让创新成为导向，以教学手段为依托，调动学生的积极性，让学生在课堂中充分体验到审美的愉悦。教师要做好指导者、参与者、引导者、创造者，把学生放到主体地位，引导他们主动参与到课堂教学活动中去，充分调动学生的积极思维，全方位地提高学生的语文综合素养和学习能力。

## （三）作文训练不可滥，应在"懒"中求专

大多数教师习惯采用"学生写—教师改—集中讲"的作文教学模式，然而，魏书生老师却说"我已经有16年多的时间没批改过一篇学生作文了"。因为他根据实际情况，在作文训练方面选择了"投机取巧"的、"懒"的方法，在实际操作过程中，循序渐进地引导学生自己批改，而且实际效果很好，学生的积极性非常高，最终，学生的写作能力得到了稳步的提高。这种"懒"教学的方式展现了他过人的思维能力、大胆的教学方式。在魏书生老师这里，"懒惰"成了教学的新智慧，成了心得教学的艺术。这种教学方式的核心要点就是把学生推到教学与学习的前方，把教师移到课堂的"幕后"，由此，达到了把自主学习和进步的机会还给学生的教学目的。

然而，并非每个教师都有魏书生老师的胆量与能力，想要实现这种"懒"教学的效果，需遵循下面的方法才可行。

## 第二章 语文教学"懒"的艺术

第一,作文训练要专不要滥。很多人认为只有通过大量的写作训练才能提高写作能力,其实这种方式有很多弊端。一是,这种方式容易让学生产生疲惫感,不仅不能提高学生的写作能力,反而会让学生厌倦写作文,起了反作用;二是,这种方式容易让教师产生教学懈怠,大量的批改作文的任务会让教师疲于应付,不仅不能找准学生的真正问题,反而会对学生的写作能力产生误判。因此,大量写作在大多数情况下是收不到预期的练笔效果的。那么,应该怎么办呢?

作文训练应当以专题训练替代题海战术。通过对不同专题的作文练习,学生可以真正掌握写作的技巧和方法,做到不害怕写作,有能力写作,甚至是真正爱上写作。

作文训练应立足高考标准。高考是培养学生的指示灯和风向标,高考对于作文的考查实际上也是对学生特定素养的考查。因此,作文的训练不应一成不变,而应时刻关注最新的高考要求,清楚地认识到高中作文考查的方向是思考与感悟,这样,教师在教学中便没必要给学生布置大量的写作任务,可以鼓励学生参与生活,重视提升学生的思辨能力,提升学生的审题能力,培养学生的语言表达能力,根据高考标准对学生进行专题训练。

作文训练应回归语文教材。语文教材实际上是课程标准的重要物质载体,具有无可替代的规范作用。回归教材,不是简单地学习课本内容,而是通过对教材本身的深入研读,了解教材中所体现的写作规范,从内容和格式等诸多方面对自身进行查探,弥补欠缺之处。语文教材往往以单元为单位选取同题材的名家经典作品,选入教材的文本对于学生而言是宝贵的写作范例,教师应该学会引导学生以一个写作者的身份而非一个单纯的读者的身份,全面研读文本,品析作者写作时的思路和遵循的要求。

作文训练应考虑学生实际。部分学生的确在写作能力方面有所欠缺,因此教师在组织学生进行作文训练时,必须要充分考虑到学生间的差异,从学生的实际能力水平出发,循序渐进,通过合理的训练设置,开阔写作空间,以此来让学生对思考与感悟有更深的理解,从而逐步提升他们的思考能力与表达能力,最终实现学生写作能力的提升。

第二,优化批改作文的方式,更加注重批改后的修改。学生按照要求

完成作文以后，大都想要得到教师的认可与指点，但是由于批改量大和学生作文质量不高、千篇一律等问题，教师在批改作文时往往只能根据自己的看法简单地打一个大致的分数，为学生的作文写评语的次数屈指可数，即使写评语，往往也是"字迹工整""结构完整""语言精练"等笼统的语言。这种评价模式实际上存在着巨大的缺陷，给作文训练造成不可挽回的负面影响。一是它根本无从体现高考作文的评判标准，无法显示出学生与语文课程标准要求间的差距，这种作文训练本身就是无效的训练，甚至会阻碍学生发现自身问题，更别提学生通过作文训练提升写作能力了。二是它给学生造成一种错觉，认为自己辛苦劳动的成果得不到教师的认可，并因此对教师产生误解，对写作逐渐采取敷衍的态度，甚至最终影响到其对语文学习的态度。学生写作的热情一旦下降，想要让其再次对写作产生兴趣，难度可想而知。所以，一旦面临这种情况，教师必须要解决的问题就是如何选取合适的评价方式，能让学生看到自己的用心，激发学生对写作的兴趣，真正促进学生写作能力的提升。

正因如此，教师在批改学生的作文时，需要及时转变思路，及时转变身份，根据专题作文训练的实际情况，对学生创作的作品进行认真的鉴赏。教师可按照下面4个要求对学生的作品进行评判：一是严格按照高考作文的评分标准进行评分，避免凭借主观感受给分，争取做到给分有据。二是评语应当细致。详细地指出给分的依据，对于存在的问题，应当一针见血地为学生指出，将问题具象化，使学生能够第一时间明白自身存在的问题。三是评价中应该有对学生的建议。因知识水平等因素的限制，学生在发现问题后形成的解决方案不可避免地会存在不足之处，此时教师的指导作用就显得弥足珍贵。四是教师需要注意对学生进行认可和鼓励。鼓励性评价对塑造学生的写作信心，提升学生的写作热情具有不可忽视的作用。

要实现多元化、有针对性的评价效果，教师还要关注学生写作后的反思以及后续修改，让学生养成作文修改意识。作文修改是教师和学生常常都会忽视的。对于教师而言，作文修改工作量大，并且难以具体量化考评；对于学生而言，作文修改又有"炒冷饭"之嫌，不被学生所重视。对于作文修改，教师需要端正态度，改变落后观念，认识到作文修改的重要性，作文修改的训练对于学生自身能力的提升是摘抄积累、片段写作和专题写作所不能替代的。为了培养学生的作文修改能力，教师可以安排学生修改他人的作文或者修改自己的作文。修改他人的作文，学生可以在修改过程中发现他人存在的问题，引以为戒；修改自己的作文，实际上相当于二次写作，可以使学生完善原先的作品，并在完善的过程中发现和解决自身问题，从而实现自身写作水平的提升。

**（四）试题讲评不可全，应在"懒"中求精**

钱学森曾发出这样的疑问："为什么我们的学校总是培养不出杰出的人才？"这个疑问值得我们每个教师深思，因为它给我们敲响了警钟。尽管素质教育的概念已提出多年，但不得不承认的是，我国的学生在自主创新方面还是存在诸多问题。

这是为什么呢？根本原因在于我国的教育体制不够完善。另外，一线教学岗位的教师往往被自己的多年教学经验所束缚，形成了固定的、具有个人特色的教学模式，并最终不可避免地导致了学校这一集体教学模式的脸谱化。虽然我们不能在短时间内解决制度的问题，但是我们可以解决教学方式等微观问题。我们知道，有些教师因循守旧的教育方式已经对学生的思维产生了极大的禁锢。大包大揽的教学并不见得是对学生的尽职尽责，教师讲课滔滔不绝，学生听得浑浑噩噩的情况普遍存在。

在实际教学中，高中生尤其是高三学生，学习任务繁重，教师讲评试卷的任务也逐渐加大。面对这种情况，部分教师往往会争分夺秒地为学生讲解试卷，灌输相关的知识内容，以期通过题海战术让学生掌握所学知识，但往往适得其反。学生疲于应付，教师也叫苦不堪。在我看来，这正是教师没有处理好"勤"与"懒"的关系，以自己的"勤"来盲目感动自己，而忽略了过分的"勤"对学生自主能动性的伤害。所以，作为教师，一定要妥善处理好"勤"与"懒"之间的关系，才能更好地培养出时代和社会所需要的全面型和创新型人才。

妥善处理"勤"与"懒"的关系，是需要教师智慧的。处理"勤"与"懒"的关系，做一个充满智慧的、受到学生认可的"懒"教师，关键问题在于如何"懒"。具体而言，就是在什么时间"懒"，以何种方式

"懒"，教师合理的"懒"对学生的发展百利而无一害。当然这是具有一定难度的，接下来我们来具体分析一下如何达到这种理想效果。

第一，学会以幕后的"勤"来替代台前的"勤"，从而实现台前之"懒"。每个人的日常生活和工作都是由台前和幕后两个方面组成的，教师的教学工作也是如此。对于教学工作而言，台前即意味着课堂，幕后则意味着课堂之外的部分。台前的课堂是学生接受知识、学习探究方法的重要场合，但课堂的时间是非常有限的。作为教师，应当抓好课堂之外的幕后时间，为台前的课堂做好充分准备。备教材、备学生、备课堂，深入研究教材，根据学生的学情安排教学工作，合理安排课堂进度；适当引导学生学会自主学习，培养学生自主思考的意识和能力，使学生愿意自主学习、有能力自主学习；根据学生的实际情况设置相关问题，以在有限的课堂时间内精准教学，激发学生对学习的兴趣。只有通过教师幕后的"勤"，将工作落实在课堂之前，才能实现教师在台前的"懒"。

第二，做到以学生参与的"勤"来取代教师单方面的"勤"，从而实现教师之"懒"。教师单方面的"勤"是畸形的，是不合理的，更是无效的，没有学生的"勤"参与，教学过程是有所欠缺的。教师的"懒"不是单纯地将课堂和学习工作全部推给学生，而是有技巧、有选择地培养学生的学习能力，以独特的方法对学生进行引导，启发学生的学习。比如，在学习《父母与孩子之间的爱》一课时，我通过让学生观看视频来体会父爱和母爱的重要性，以此感化学生，唤起学生的求知欲，将本课教学推向高潮；同时引导学生主动对文本进行探究，展示、分析自己对于文本的理解，并组织学生以小组为单位将自己的探究经验和成果进行分享，从而掌握探究文本的方法。就此节课而言，教师看起来是比较"清闲"的，更多的是学生的参与和探讨，但学生学习的效果并不差，相比于教师灌输知识的课堂，本节课的课堂氛围也更加活跃，这就是教师的"懒"产生的独特效果。

根据以上分析我们不难得出结论，试题讲评过程中，教师要学会"懒"，形成以学生为中心的试题讲评课堂。教师要充分调动学生的学习积极性，设置一定的情境帮助学生自主构建，将试题讲评内容专题化、案例化。教师只有在课前准备、讲评方式的选择、课堂讲评内容的选择、课后巩固方式的选择等方面做到极致，才可能在实际讲评中游刃有余地帮助学生理解题目中的知识点，达到学生学会一道题、掌握一类题的教学目标。

　　在讲评试题过程中，要达到既定的教学目标，必须做到这几点：一是要加深对讲评试题这一课型的认识。既要正确认识讲评试题与高中课文教学、知识巩固教学等课型的不同，又必须认识到它与试卷分析、课文讲解等课程的不同。二是要坚持树立过程与方法、情感态度与价值观并重的试题讲评目标，也就是说，教师在关注学生基础知识学习的基础上，还要注重学生综合素质的培养。三是要突出试卷讲评教学提升思维品质、加强激励示范等的教学功能，这要求教师在试题讲评的过程中，要通过解题、反思、总结等教学环节，让学生的逻辑思维品质得到提升，通过让学生获取新的知识、更新对试题的认知，达到激励学生学习的目标，从而提高试题讲评的课堂效果。

第三章

语文教学"勤""懒"结合的艺术

## 第三章 语文教学"勤""懒"结合的艺术

听人说过一个关于北疆雪域两棵树的故事。

北疆雪域有两棵树,其中一棵是边防战士从老家带来的树种培育的。它在温室里发芽,被小心地种在窗前。战士们勤加呵护,每一次暴风雪到来之前,都要为它加上坚固的防护栏并罩上防护被,一个春天过去,终于等到它长到了近一米高。夏天里,北疆雪域依旧寒冷,时不时吹来的风让小树瑟瑟发抖。于是,战士们费尽千辛万苦,齐心合力搭建了一个阳台,让小树置身其中,不再受冷风肆虐之苦且可以尽享阳光的温暖照射。小树也没有辜负战士们的期待,到秋天落叶时已经超过了个子最高的战士。于是,大家整个冬天都非常期待看到小树在第二个春天里青翠亭立的模样。这个冬天似乎特别冷,然而难熬的日子终于过去了,春天如约而至。小树怎么样了呢?战士们等啊等,结果最终也没有等来小树的勃勃生机——它竟然死掉了!

另外一棵树是屋后崖缝中自己生长出来的,比第一棵小树大了3岁。因为崖陡雪滑,诸多不便,再加上在北疆雪域难得的休息时间里照顾一棵小树已经是战士们的极限,所以除了被发现后最初的那一眼,这一棵小树就在战士们的目光之外兀自生长着,4年间竟也长得和第一棵小树差不多高。风也会来,雪也会来,冷冷的暴风雪更会肆虐地来,以致等到它终于从陡崖下探出头来时,还被崖上厚厚的雪掩藏着,它瘦削的模样好长时间都没被战士们发现。好在它一年一度,小脑尖儿不停地往上挺。终于在那个战士们感到深深挫败、相顾无言的春日,高原的冷光和着别有的清醒与严峻,把它的身影从阳台的窗口以超过45°的俯视角送到了个子最高的战士面前。

于是,死与活、得与失之间,这两棵树均成为传奇。

有这样一首关于师生成长关系的歌曲《长大后我就成了你》。

小时候/我以为你很美丽/领着一群小鸟飞来飞去/小时候/我以为你很神气/说上一句话也惊天动地/长大后我就成了你/才知道那间教室/放飞的是希望/守巢的总是你/长大后我就成了你/才知道那块黑板/写下的是真理/擦去的是功利/小时候/我以为你很神秘/让所有的难题成了乐趣/小时候/我以为你很有力/你总喜欢把我们高高举起/长大后我就成了你/才知道那支粉笔/画出的是彩虹/洒下的是泪滴/长大后我就成了你/才知道那个讲

台/举起的是别人/奉献的是自己/长大后我就成了你/我就成了你/长大后我就成了你/我就成了你我就成了你。

歌曲中的"我"之于"你",勤于向榜样看齐,勤于从榜样手中接棒,努力成长为具有榜样姿态却又个性张扬的一代新人。

从上面两棵树的故事中,教师可以得到这样的启示:学生首先是活生生的个体,每个人的生命中都有不一样的风景,教师要做的不是人为地增设景观,或者刻意地扭转画风,更不是不知不觉间"勤奋"地把爱变成了伤害。学生被圈在温室里,就好像那棵被呵护在阳台里的小树,有生的本能,却失去了长的天性,又怎么能期望其成长为参天大树,傲然卓立呢?我们需要从战士们的行动上吸取教训,更需要从他们的目光里汲取营养。有时候,教师勤奋教的行为,可能把学生带得更加偏离了发展的轨道;有时候,一个懒懒的而又会意的眼神,反而可以赋予课堂更多的神韵,让学生心中流过温泉,眼前一派明媚的春光。我真的担心战士们从此又勤奋起来,对第二棵小树爱护有加,如果这样,将从此没有了两棵树的传奇。教师与学生的关系,既不能是勤此而懒彼,也不能是勤此也勤彼,只能是勤中有懒,勤懒结合,面对全体,勤懒自适,勤懒互动,勤懒各宜。所以,这个故事警示我们:教师勤于教固然精神可嘉,但可能会用自己耗费生命力的付出,把学生的思想封堵成一方浅塘,永远失去海的磅礴与浩渺,让他们在教室四面围墙的束缚下活脱脱变成"囚"。

正如《长大后我就成了你》这首歌中所说的,我们期待的学生模样,就应该勤于接棒教师,共谋教育大计,畅想祖国未来,不懈奋斗努力。这样的学生在课堂上,神思飞扬,情绪激昂,大胆善疑,应变性强,既能与教师合力谱写出最美的旋律,又能与同学倾情奉献出最美的音符。教师日常坚持的"勤"春风化雨,在此刻脉脉含情,深沉不语,所以变成当面的"懒"。学生背后的"懒",潜龙在渊,跃如等待,在此刻玉声响振,音韵绕梁,所以变成当面的"勤"。"勤""懒"结合的艺术,打造出平等和谐的师生关系,以语文学科特有的语言体系沟通交流,以彼此依存的发展理念共同砥砺,在教学相长间实现教育的真谛:不仅言传身教,而且立德树人。

让我们逐渐走近语文教学"勤""懒"结合的艺术。"勤""懒"结合,就是既要能勤而有度,又要能懒而有顾;既要能勤于筑梦圆梦、价值引领,又要能懒于薄心寡情、无动于衷。

蔡元培先生可谓深得此中要义。他勤于"囊括大典、网罗众家",吸纳辜鸿铭、刘师培在北京大学讲学,给予充分的学术讨论自由。而与此同时,经常有学生攻击辜鸿铭、刘师培,蔡先生却又懒于和他们有太多的争论,他主张学生要勤于潜心学习两位学者的知识,而不是勤于去拥护君主立宪制,甚至去搞复辟。无形之中,蔡先生为学生上了一堂包含"勤"与"懒"艺术的新课堂,创新了学风、教风,将包容、民主、开放、多元融入课堂。得益于此,抛开单纯的党政观念和狭隘观念之后,北京大学先后培养造就了张国焘、傅斯年、高君宇、罗家伦等一大批优秀人才。从这个角度来看,蔡元培创造的"勤"与"懒"相结合的新课堂彻底让北京大学以新的形象屹立于教育界,并且塑造了20世纪知识分子新的精神世界。

# 第一节 语文教学为何要"勤""懒"结合

## 一、广收兼蓄萃取:核心价值定语文教学实践基准

语文亲近自然、社会,沟通古今、内外,语文教学为学生知识的获取和能力的培养打开了一扇广进博收的"大门";语文贯连情感、能力,牵动此时、彼刻,语文教学为学生思维的锻造和素养的提升提供了一把淬炼精取的"钥匙"。广收兼蓄萃取,把技术操作的提升作为语文学习的基础,把提升基础作为生存发展的前提,提升语文学习的高度和深度,再加上教学过程中"勤""懒"结合的调剂,语文学科的核心价值才能得以真正体现,从而最终引领语文课堂走向高处。

### (一)"广收"满园春色,"萃取"一缕至香

上下五千年,纵横八万里,面对语文学科外延的无限性,教师只有有了有容乃大的学习心态,才能领略到海纳百川的辽远;只有以"广收"的

视野展现百花齐放的满园春色，才能让学生"萃取"到一缕最纯的花香、一抹最浓的春色。

## 1. 姹紫嫣红总是春

语文课堂犹如一个大观园，"姹紫嫣红总是春"。教师是学生发现和认识这个"春天"的一个窗口，窗口的宽度影响着风景的广度。因此，教师必须具有开放的教学视野和足够的教学高度，在教学过程中"广收"春天的姹紫嫣红。

教师拥有学生短时间内不具备的教学视野，要善于运用这个视野引导学生自主掌握语言实践能力，通过实践活动和语言情景的运用，积累语言学习的经验，充分掌握汉语言文字的基本规律和特点，不断提升对汉语的喜欢程度，并持续提升汉语言文字的使用能力。基于这个目的，教师不能仅仅停留于一首诗的创作背景和作者的身世经历、文字之间渗透的酸甜苦辣和对文字的斟酌推敲。打通一句诗与一首诗，一首诗与一类诗，一个诗人与一个朝代的脉络，用全景视角探求未知世界，可能会发现曲径通幽的绝妙景色。因为"广收"而开放，因为开放而开阔。

教师足够的教学高度，可以更好地契合时代发展的需要。时代人才的培养需要与之相应的时代教育。如果仅仅局限于流程化的教材解读和套路化的应试训练，语文教学最终可能生产出的是质量参差不齐的考试机器，而非全面发展的人。在教育教学改革的新背景下，教师的教学高度不能等同于教材的厚度。语文学科人文性和思想性相统一的学科特点，意味着语文课程在完成对学生知识与技能的培养目标之后，应指向学生在课本之外、试题之外解决问题和认识世界的能力，指向学生思辨能力的发展、思维品质的提升。教师只有站得足够高，才能看得足够远。

## 2. 最是牡丹真国色

语文学科课程涵盖语文知识、语文能力、语文方法策略和语文学习习惯。语文课程涵盖内容之多，单位教学时长有限是不可回避的事实。这就要求作为课堂活动参与者的师生在广进博收时有所选择、有所取舍、有所提炼、有所萃取；在教学内容中提炼核心内容，在教学目标设置上关注核心能力的培养。唯有如此，学生才能领略到满园春色中的"国色天香"。

因为课堂有时间的局限性，教师不能够肆意地发挥，而是务必以教学重点为核心，扣紧课堂目标，只有这样，才可能让学生听得懂、学得会、复习得扎实，学生的语文能力也才能够有质的飞跃。在语文课堂中，文本是教学的主要内容，选入教材的文本对语文教学来说都是原生态的，具有单一性和序列性，但只有承担一定课程功能的文本内容才能成为教学内容。因此，对文本之间的建构、挖掘是对教学内容去粗取精的必要步骤，也是确定教学重点和难点的关键一环。

用核心能力解决核心问题，是语文课堂应该为学生锻造的"武器"。基本技能与基本知识的习得与输出并不能满足时代发展对人才培养的要求。在培养学生运用祖国语言文字的能力的基础之上，我们更应该在课堂教学中思考如何把学习知识的过程"萃取"为凝聚了学生思辨力和思维品质的核心能力，从而培育出国色天香的真"牡丹"。

### （二）"广收"之中"勤"睐，"萃取"之外"懒"顾

打开视野，广纳知识；去粗取精，精准萃取。这是学习过程中的两个必要而且重要的环节。师生需要时间去探索广袤的未知领地，也需要精力沉心静气地内化、吸收知识。有的工作必须"勤"，有的工作却需要"懒"。"勤"与"懒"是相对的，但又是可以兼容的。教师需在"广收"之中"勤"睐，"萃取"之外"懒"顾，斟酌用力，科学权衡。

1. 勤于指引，懒于总结

《道德经》中有言："不言之教，无为之益，天下希及之。"意思是说：不用语言也可达到教化的功效，实施无为之道而能有所得益，天下很少有人能够做到。教师是组织、引导学生学习的导师，教是为了不教。但不教并不意味着教师不作为，而是教师化有形之教于无形之中，让学生受教于无声无息之中，这是教学的大境界。

教师要勤于指引，在"广收"之中对"勤"青睐有加；同时要懒于总结，恰当萃取，强化语文基准。学生在学习活动中的主体地位不言而喻，但这并不意味着教师可以退出课堂，完全隐居"幕后"。指引的前提是呈现，指引的过程是定位，指引的目的是启发。只有有了教师的指引，学生的学习方向才会更明确，学习心态才会更踏实、扎实。教师拥有大海般广阔的知识和视野，学生才可能在课中呈现浪花般的灵动思维。教师指引越

得力，学生学习越给力。教师的指引给了学生必要的基础知识和必备的基本能力。而学习的升华是在此基础之上的自我反思和总结，这就要求学生必须具备科学有效的学习方法，掌握独立学习和运用知识的基本能力，不断提升自我学习意识，确定终身学习的理念。总结的过程需要教师大胆放手，适时让位，把时间和操作交给学生，还给学生可以自由翱翔的翅膀和天空。

2. 勤于放下，懒于替代

放下不是放弃，放弃是错误的，而放下是一种智慧。只有教师的放下，才有学生的担当。只有放得下的教师，才能教出拿得起的学生。替代只是一时的，助得了学生一时，帮不了学生一生。每一个学生都有无穷的智慧可待开发，每一个学生都有无限的潜力可待挖掘，每一个学生都是一片无限的、值得开垦的、肥沃的荒野。而一部分教师一直因循生活在"知我所知，好我所好，做我会做"的怪圈中，谁也不敢越雷池一步，这实在是一种悲哀。

自主合作探究式教学已经成为新课改的新要求，为了顺应这种教学模式，教师应把课堂的主体地位还给学生，改变以教师为主导的学习方式，灵活设置教学环节和课堂活动，调动学生的学习积极性，教师"懒"一点，学生"勤"一点。知识的传播可以由耳及耳，但知识的获取和能力的形成需要学生的亲力亲为、自主参与。语文课程中蕴含的丰富的人文内涵，关乎语文课程培养高尚的审美情趣、积累丰厚的文化底蕴、理解文化多样性的课程性质的彰显，只有进入学生的心灵，对学生进行熏陶、感染之后，才会对学生的精神领域产生深远的影响。放下是信任，也是成全。

（三）核心价值引领，"广收""萃取"强基

严谨地为语文课堂教学选择适宜的"刀法"，确立课堂的核心价值，对每个教师来说都是责无旁贷的。

人的发展是语文教学的核心价值，语文教学的目的应该以追求人的发展为主。所以，语文教学应该落实到人的素养培育上，就汉语言的教学来说，对学生价值观念的引领，是提升学生汉语言运用能力的基础。与此同时，"文以载道"的思想一定要贯穿语文教学的始终，这是其他学科无法

替代的功用。教师必须引领学生在语文学习中形成正确的世界观、人生观和价值观。

明确了这一观念后，教师就可以在课堂上展开教学，并把核心素养价值与语言学习融合进课堂中。语文课程的目的不能仅局限于对汉语语言的精通，更不能只是传授基本的语文学习技巧，教学生掌握语言的能力并且把这种能力运用到认知世界的过程中去，还应让学生在以后的生活、工作中可以自然地提出自己的感情需求，并持续为"三观"的养成打造基础。又因为通过学习语文学生可以明白一些道理，所以教师还要关注学生的情感和认知需求，从而把语文这一源自生活的学科再运用到生活中去，以便于人们进行情感和思想的交流与传递。所以，教师在解读语文课文时，就要把抽象具体化，把学生引导到实际生活中去，然后再回到课堂中感悟艺术的美。文化的具体呈现形式有很多，而语文是最重要的形式之一，只有让语文回归生活的本质，才能够让学生找到"求道""悟道"的切入点。

"广收"之"广"打开了教学的窗口，将课本之中的人生百态和校园之外的世事纵横摆在了学生面前，拉近了教师与学生、学生与课堂、课堂与文本、文本与生活的距离，为培养学生运用祖国语言文字的能力提供了内容和素材。"萃取"之"萃"是对学习素材和教学内容的整合、加工、再利用，萃取的过程是文字与人的对话、交流，是对能力和素养的提升与检验；教学中就可以引导学生在小说中看到灵魂人物的内在，在诗歌中感受到情感的宣泄，在古文中一览历史的纵横捭阖，在写作中静心倾听自我的独白。

"广收"之"广"，"萃取"之"萃"，是语文课堂之于语文教学的作用表现，是语文教学之于师生的突出影响，也是二者兼蓄过程中核心价值的促进引领。"广收"相对"勤"，"萃取"相对"懒"，"勤""懒"相伴相生的语文教学一定会产生共生共荣的教学价值。

## 二、多元兼蓄集成：创新精神使语文教学回甘固本

语文教学的根在传统文化，它是诗，贯通古今与未来；语文教学的触角在远方，它是思，联结继承与创新。对于语文课堂来说，多元是继承的

必需和创新的基础，集成是它们的最终发展态势。唯有多元兼蓄集成，让创新精神在语文课堂上开拓出别样的空间，教师才能引领学生充分享受到学习的诗意，回味甘甜，从而在固本中让梦想越发璀璨，让语文教学不仅成为经学，更成为人学。

### （一）教师多元兼集成，创新精神助固本

钱梦龙提出了"主体·主导·主线"的理念，从实践层面说明了教师多元与集成的关系。多元兼蓄集成表现出的是教师不仅要具有广博的知识，还要秉承"爱国进步、诚信质朴、求真创新、为人师表"的优良传统和"学为人师，行为世范"的为师精神，树立"治学修身，兼济天下，立德树人"的理念，在学生面前树起一座丰碑，成为学生学习为人处世的楷模、效法修身治业的榜样。从知识的多元到集成人才的创新，这不仅是固学之本，更是固才之本。

多元集成，创新固本，语文教师必须夯实文学功底。读书是每位语文教师生活和工作中必不可少的一部分。自觉是读书的基本前提，是内在的潜动力，自觉读书才会常读常新，常读常活，犹如一个活跃的泉眼，不断冒出鲜活的泉水。语文教师通过自觉读书，不仅能获取信息、增长知识，还能提升个人的人文底蕴。教师的知识面广了，底蕴深了，教学就能驾轻就熟，事半功倍；在讲解课文时引经据典，不但能使课堂更生动、更有吸引力，还有助于扩大学生的知识面。文学功底扎实的语文教师，容易创造出更有诗意的语文课堂。语文学习就是靠平时的积累，如果教师上课时好词佳句信手拈来，学生就会在不知不觉中接受丰富的文学知识和文学词语。而在讲解课文的过程中，教师也会自然地向学生展现文本的自然美、生活美、情感美、艺术美、语言美，由此唤醒学生的生命感和价值感，唤起学生内在的精神动力。

多元集成，创新固本，教师还要有多元的教育理念。不断融合实践和发展提升。在新课标的引领下，发挥创新精神，不只是片面地向学生传授显性的、固定的知识，而是要更加注重学生学习的方法和思维，在学生获取知识的过程中，培养学生的逻辑思维和创新精神。

因此，教师要"勤"于课前的准备和课中的引导，对课堂和学生的学

习结果要有一定的预见性。

### （二）学生集成且多元，创新思维筑素养

在语文教学中，教师不仅要教给学生显性的知识，更要教给学生隐性的思维。思维能力也是"学科核心素养"所强调的学生要养成的素养。"学科核心素养"在"三维目标"的基础上得到了进一步的提升和完善。"语言建构与运用"在学习内容方面对"知识与能力"提高了要求，要求学生不仅要掌握具体的、固定的学科知识，还要求学生进行归纳、整理，形成完整的知识网络，形成自己的语言素养，并能够在具体的语言情境中熟练地进行沟通交流。这一点也更加强调学生在识记的基础上，正确使用所学的知识，更加突出语文学科的实践性特点。"思维发展与提升"说的是学生学习的方式方法，更加注重学生思考的方法，引导学生形成自己独特的学科思维。而"过程与方法"注重的是学生学习显性知识的方法。"审美鉴赏和创造"比"情感态度与价值观"更注重学生的审美，强调学生对语言作品的欣赏品味，让学生能够体会到语言之美。"文化传承与理解"是新增加的内容。"情感态度与价值观"中也包含文化的传承，但是"学科核心素养"把"文化传承与理解"单列出来，更加突出了语文学科的文化传承的特性，旨在让语文学科扛起文化传承的重任。

"学科核心素养"更注重学生学习的能力以及在实践中对知识的灵活运用。只会死学知识而不会灵活运用知识的学生已经不能适应社会对人才的需求。只有具备学习能力和严密的逻辑思维能力的人才是符合社会需要的人才。"学科核心素养"注重培养学生学习的能力、逻辑思维的能力，注重培养学生的审美品位。这些隐形的课程价值能够在学生未来的发展中发挥重要的作用，能够促进学生的长远发展和终身发展。

语文学科就是要训练学生的语文思维。《普通高中语文课程标准（2017年版）》中的课程目标提出，要"获得对语言和文学形象的直观体验……丰富自己对现实生活和文学形象的感受与理解……"，这就是语文的形象思维。而语文的抽象思维则强调，要学会使用语言的逻辑和规律，正确地识别语言运用的正误，准确地表达个人需求，合理地批判和审视文学作品，最终形成有主观判断能力的文学认知。在文言文的学习中，形象

思维主要负责对基本字词含义的识记和对文中所描绘的人、事、物、情的理解，抽象思维就是用来把握文言知识的规律，理解作者写作的构思意图的。

"学科核心素养"对学生的思维发展加以强调，是对语文教学提出的更高的要求。教师不仅要教会学生显性的知识，更要注重学生在获得知识的过程中思考的角度和方法，并以此作为经验来影响学生对人生、社会的价值判断。学生则要在学习的过程中勤于思考"为什么"，这样才能形成一定的思维能力和创造精神，才能够将所学的知识更好地加以运用。

综上所述，教师在多元兼蓄集成的基础上才能契合"学科核心素养"，更好地启发学生进行创新思维。而无论是教师还是学生，一定不能满足于教师的多元集成的成果，因为它只是课堂上学生思维的新起点，学生从集成出发，思维多元发散，这才是真正的创新思维；也只有这样的创新思维，才能真正筑牢学生的"学科核心素养"乃至"中国学生发展核心素养"。

### （三）多元兼蓄集成，课堂实践养成

第一，《说文解字》中依据"据形立训"的原则对汉字的释义一般是指汉字的本义，即造字之初的意义，所以字的本义一般只有一个。在汉字发展的过程中，随着使用范围的扩大，字义也在不断扩展，汉字字义的多样性也给学生的阅读增加了难度。有些教师只是一味地让学生去死记字义，而没有让学生厘清一个字的多个字义之间的关系，从而增加了学生的负担。用"多元兼蓄集成"指导课堂实践，语文教师要教会学生总结归纳词义，对词义进行揣度推敲，引导学生借助工具书，厘清多个词义的关系，这样可以提高学生对词义的识记效率，也能够减少文言文学习的阻碍。

比如，"就"在《说文解字》中被解释为"就，高也，从京从尤。尤异于凡也"。由此解释可以看出，"就"的本义是"到高的、特别的地方去"；由词义中所包含的过程性可以引申为"靠近、接近"，例句为"故木受绳则直，金就砺则利"（《劝学》）；由词义中"靠近"可引申为"接受"，例句为"臣知欺大王之罪当诛，臣请就汤镬"（《廉颇蔺相如列

传》）；由词义中所包含的"高的地方"可以引申为"上（车、路）"，例句为"荆轲遂就车而去，终已不顾"（《荆轲刺秦王》）；由"高的地方"也可引申为"升官或就任"，例句为"举孝廉不行，连辟公府不就"（《张衡传》）。在《古代汉语词典》中，"就"虽有近 20 个义项，但都与词的本义有关联。通过对"就"的本义和引申义的分析，可以让学生掌握词义之间的关系，从而举一反三，掌握推断词义的方法。在做课外的文言语篇练习时，学生就可利用推测的方法对重点字词的词义进行解释。

第二，在语文教学中，教师要利用契机，适时设置问题，引发学生对问题的思考，同时让学生进行多元思维的碰撞，从而对问题有更加深入的思考和认识。学生通过对某一问题的探讨，多元地看待人物和事件，辩证地去看待问题，有利于培养集成学生的逻辑思维能力和创新精神。

教师在讲解《鸿门宴》一文时，势必会提到项羽的人物形象。项羽作为一个悲剧式的英雄人物，历来人们对他的评价是不一的。司马迁在《史记》中把项羽放到了"本纪"中，肯定了项羽的历史地位和价值；而杜牧却认为，"江东子弟多才俊，卷土重来未可知"，否定了项羽乌江自刎的举动，认为胜败乃兵家常事，只要重整旗鼓，还可东山再起。对于这样一个有争议的历史人物，可以让学生自由阐述观点，利用互联网资源搜集对项羽的不同评价并进行比较和分析，形成自己对项羽的看法，并在课堂上进行讨论。学生经过小组合作学习，形成了对项羽的认识并在小组间进行了资源的分享，这不仅锻炼了学生对信息的提炼、分析和综合能力，也提升了学生把握课堂的主动性。通过课堂自主探讨，学生积极表达了对项羽悲情结局的歌颂，认为悲剧也是一种美。有的学生认为项羽心理素质较差，不能坦然面对人生的挫折和打击，而作为新时代的中学生应该树立积极乐观的心态去面对人生的风浪。随着时代的发展，人们对历史人物的理解也会迸发出新的观点。课堂讨论可帮助学生对历史人物、历史现象、历史事件进行时代性的解读，让古人的智慧散发出新的光芒，更能让学生深切地理解先贤的思想魅力，培养学生对教材中的文言文的阅读兴趣。

第三，高中语文教材选取了大量的议论性散文，这些文章具有很强的说理性，体现出作者严谨的思维逻辑。学生通过学习这些思维严谨、思路清晰、具有极强说服力的文章，能够提升自身的逻辑思维能力和说理能

力。因此，在具体的教学过程中，教师要重视此类文本的解读，引导学生厘清文章的脉络结构，理解作者的行文思路，从而多元吸收，思考集成，逐步提升自己的逻辑思维能力。

《师说》是韩愈的一篇议论性散文，它通过对当时社会士大夫阶层耻学于师的不良社会风气的批判，说明了教师的重要性以及从师学习的必要性和选择教师的原则，同时也表现出韩愈敢于抨击社会不良习气的斗争精神，表明了韩愈想通过倡导古文来恢复儒家道统的人生理想。议论文有三要素：论点、论据、论证。因此，讲解这篇课文时，教师要按照议论文的要素来进行分析，这样可以体现作者严密周详的论证逻辑，并让学生从中体会说服的力量，启发学生的探究思维和议论能力。课文第一段提出全文的中心论点："古之学者必有师。"分析中心论点的推出——第一层："古之学者必有师。"开门见山，提出中心论点。第二层："师者，所以传道授业解惑也。""……者……也"的判断句式，指出了教师的职能。第三层："人非……终不解矣。"反面论述无师不能解惑，突出了从师的重要性。第四层："生乎吾前……师之所存也。"正面提出择师的标准：道之所存，师之所存也。第二段从反面说明当时社会"师道之不传也久矣"。第一层：提出本段的分论点"师道之不传也久矣"。第二层：从3个方面做正反对比，分别是古之圣人与今之众人的纵向对比，自身对子和对己在句读和解惑方面的对比，士大夫和巫医、乐师、百工之人的横向对比，论证了从师的两种态度——耻学于师和不耻相师，通过对比，体现了当时社会关于从师的不当态度，从反面来论证从师的重要性，表明了作者主张从师学习的观点。第三段分论点："圣人无常师。"作者从正面举例，来说明从师的标准——"闻道有先后，术业有专攻"。第四段说明本文的写作目的。学生通过学习本篇课文，掌握了议论文的论证方法，即举例论证、对比论证，体会到了韩愈严密的思维逻辑，有助于提升他们的论证能力，也有助于议论文的写作。

## 三、丰富兼蓄异彩：课堂建设让语文教学妙趣横生

《普通高中语文课程标准（实验）》对促进学生个性化发展提出了新要

求，语文教学需要适应这一变化，并把创新作为语文教学改革的重要因素。然而，语文教学并不能一味求新，而是要把创新教学局限于课堂教学方式的革新上，即引导学生不断发挥主观能动性，深刻地品味生活美、真实美，以此将社会热点和真实的事件引入到教学中。另一方面，要在教具方面进行创新，把电子化、现代化的教学工具引入课堂，拓宽学生的视野。

### （一）丰富又多彩——使课堂由薄至厚，突出丰富

很多语文课是耐不住细看的，因为课程干货少、水分大，这也是很多学生不喜欢语文课、语文课教学质量低的原因。很多教师在讲课的时候，大都以干巴巴的阅读、解释文意为主，不添加任何的其他知识，满堂都是阅读与解释，让课堂失去了乐趣。

那么，有趣的课堂、有干货的课堂应该满足哪些条件呢？

1. 让阅读感受充实课堂

教师先阅读，产生情感共鸣，然后把情感共鸣传达给学生，让学生再产生自己的感受，这样的教学才会充满乐趣。例如，我在讲《荷塘月色》这篇文章时，会让学生先自我预习，并感受自己的心情，课上提问学生，让学生讲出自己产生感悟的原因，感受到了哪些要点。加深对文中"不宁静"的原因剖析，将生活感与课文进行结合，学生自然会喜欢上课堂。

2. 让生活感受充满课堂

课堂要紧紧围绕课文核心进行讲解，与此同时，也要进行阅读的拓展积累。教师在教学时，不能仅仅局限于课文内容，也要结合类似的文章或者知识，让学生有对比、比较的意识，找出课文和生活的关系，找出课文和课外文章的区别，总结出生活感悟和课文感悟的关联之处，并且以此提炼自己对于类似情感的观点。在此基础上，我们还可以让学生基于课文进行思考，融入对文章字、词、句的具体理解，把细节教学引入到生活感悟中去，从而增加课堂的厚度，让课堂不再单薄。

3. 让作者的经历充满课堂

读其文，要知其人。只有把作者的情况摸透了，学生才会真正体验到文章的情感。例如，对于杜甫的诗歌，很多学生只能感受诗歌的对仗美、

律诗的韵律美，却往往不能感受诗歌的历史气息和内涵。教师在讲杜甫的诗歌时，如果可以把杜甫一生艰难困苦的经历讲解出来，把杜甫生活的唐朝历史讲解出来，必定会激发学生对杜甫诗歌的新认知，也能刺激学生更好地主动学习，从而提高语文与历史学科及其他知识的关联性。

4. 让丰富的读书方法充满课堂

在教材的使用过程中，教师要教给学生多种读书方法，精读、泛读、跳读、猜读、默读等。读书方法是语文教学的"干货"，教师要通过读书方法的教授让学生以个见类，举一反三。在整本书阅读中，教师要提醒学生，首先要"养性"，涵养性情，让学生静下心来读书，感受读书之美，养成好的读书习惯，这是读书比较重要的一个方面。教师在教学中要尊重学生的"情趣"差异，多做目标控制，少做过程控制。

## （二）多彩又异彩——让学生形到神，以质见长

1. 设置学习任务群，让主动学习异彩纷呈

语文课堂教学应在师生平等对话的过程中进行，促使师生积极互动、共同发展，全面提高学生的语文素养，积极倡导自主、合作、探究的学习方式。

《普通高中语文课程标准（2017年版）》中"学习任务群"概念的提出将会改变高中语文的教学模式。任务群的设置突破了传统的教学模式，它在教学中强调不以课文为纲，也不求知识的完备与系统，训练也不再是纯技巧的分解，而是任务群驱动下的多文本学习，学习主体是学生，教师是教学的组织者。它重视师生之间的互动，有利于发挥学生学习的主动性。

学生成为语文学习的主体，是教学的一大进步。教师认识并赏识学生的才能，从而使学生增强自信。教师要肯定学生的能力，相信学生能行，激发学生的自信，厚爱后进生，"牵着蜗牛去散步"；对所有学生抱持良好的期望，尤其要期待后进生，"静待花开"；创造机会让信心不足者尝试成功，恢复自信，继续努力。这样做可以增强学生的自信心，使他们认识到别人可以做的自己也可以做，消除学生的自卑心理，激发学生对语文学习的兴趣。

# 第三章 语文教学"勤""懒"结合的艺术

在课堂上,教师起着关键的引导作用。对于书本上的难题、学生的问题,教师只是一个引导者,应逐步引导学生理解并消化,而不是回答所有问题。语文这个科目,答案不是绝对的,一个问题可以有几个答案,但最主要的是教师要善于引导学生思考,善于发现学生的思路。

2. 在讨论与沟通中,让课堂展示异彩纷呈

在讨论中学习。孔子云:"三人行,必有我师焉。"教师在语文课堂教学中设计讨论环节,一方面可以缓解学生的紧张情绪,另一方面也可以使教学效果更佳。在讨论过程中,学生的不足不断得到修正、弥补,学生的特长获得不断发展。在讨论中,学生不断积累知识,加深记忆,牢固掌握知识点。

沟通是桥梁。在教学过程中,沟通起着重要的作用。教师的教学能否取得成功,很大程度上要看他是否与学生有着良好的关系,学生是否服从教师的安排,教师的安排是否适合学生。而良好的师生关系主要体现在教师与学生能保持良好的沟通关系,能通过沟通来解决问题。

3. 在素养中提升,让核心能力异彩纷呈

"语文核心素养"是高中语文课程标准的宗旨性概念,统领整个课标。"语文核心素养"第一次为语文进行了科学的定性。同时,"语言建构与运用"又是语文学科独有的内容,是其他三个方面的基础。

语文教学要注重语言的积累、感悟和运用。语言的积累、感悟和运用无论在作文方面还是在沟通方面,都能使我们的语言更流畅,更符合场景语言的运用习惯。

学生是学习的承载者,要在学习的过程中不断积累。学生要自主学习,在接受学习的基础上不断创新,不断扩充自己的知识储备;在课余时间,把知识点加以巩固,扎实自己的基础。在学习上,学生要不断思考,且善于发问,以解自己的难题,同时善于把自己学习到的知识加以运用。

4. 遵循发展规律,让品质人生异彩纷呈

主客观条件相结合,以达到最佳效果。主客观条件相结合,既尊重了事物客观发展的规律,又遵循了学生个人水平发展的规律。教师不可以将个人主观意识强加到学生身上。

(1) 学生是发展中的人。每个人的智力发展水平不同,所以我们要尊

重学生的差异，善于发现学生的优点。在语文教学上，要顾及后进生的接受能力。作为一名教师，不可以随便放弃一名学生，要不断发现学生潜在的能力。

（2）教学的容量、深广度适中。高中生在一定时间内的接受能力是有限的。教学内容的深广度与容量是教师要掌握的重点——教师在教学过程中要突出重点、难点，还要注意一节课的容量。

高中阶段，学生的智力还没有发育完全。对于有一定深度的问题，学生有可能不理解，这会使学生对语文学习失去信心。但是过于简单的问题，学生就会存有骄傲的心态，认为自己什么都会，可以不用听教师讲课。所以，教师在设置教学内容时容量与深广度要适中。

（3）课堂教学应由简单向复杂过渡。当上课铃声响起，学生由兴奋转向平静，需要一定的过渡时间。如果教师在教学一开始就深入浅出，就违反了学生状态变化的规则。对于高中生来说，需要给予他们平复期。教师要适时抓住时机，讲授本课中所要传授的重点内容。从简单开始，在学生理解简单知识的基础上再深入到复杂的学习。

教育教学需要稳定的根基，教师面对任何提法都要有思考、有取舍，不能听风就是雨，更不能犯多动症的毛病。

现在的语文课，已经不再是纯粹的知识传输，而是以课堂为媒介，让学生感受作者的感情世界，感受语言文字的艺术美，并最终形成自我对世界和生活的思考与认知。

## 四、浓情兼蓄精思：纵向专注令语文教学润物无声

语文教学中需要融入情感来激发学生的学习兴趣，开启知识之门，矫正学生的审美和价值观，使之成为沉着、勇猛、有辨别力、不自私的人。因此，语文教学必须浓情与精思兼顾，情感教育和思辨能力并重，纵向专注，方能为学生插上飞翔的翅膀。

### （一）浓情就是教中蕴情，情之所至，让语文课堂"情"韵飞扬

现在的中学生有一个特点就是是非观念、善恶观念、人生价值观念淡

薄，审美情趣偏向，他们往往崇拜"鲁提辖"似的江湖侠义，追求"零食"族、"聚会"族、"化装"族的潇洒与飘逸，漠视"背影"中的真情实感，向往"偶像剧"中的朦胧情愫，更不用说有"骆驼寻宝"的精神与抱负了。但是，单凭单一的、粗暴的、激进式的管教，教条化、形式化、语录式的说教，无法达到塑造学生人格魅力、培养正确的审美情趣和价值观念的目标。因此，教师在课内外得体而富有教育意义的情感投入，对学生进行潜移默化的影响，利用有教育意义的优秀文章，抓住课堂的每一个环节，调动多种情感手段把文中所蕴含的真、善、美传递给学生，使学生始终处在怡情怡志、美不胜收的状态中，可使学生树立正确的审美观、价值观。

### （二）精思就是学而有思，思而有得，让思维的大纛猎猎作响

当下学生思辨意识普遍缺乏，2017年《钱江晚报》发表了题为《基本思辨能力缺失，是教育失职》的文章。文章明确表示：从中学到大学，对学生思维能力的培养、训练，教育主管部门应该有通盘考虑，各阶段的课程设置应该前后衔接。如果大学都毕业了，而基本的思维能力、思辨能力都很弱，这是高等教育的失职。美国理论物理学家理查德·费曼认为，科学可以为人们提供一种智慧和思辨的享受，一些人可以从阅读和学习中直接获取，而另一些人则必须要在潜心研究的过程中才能够获得。但是，这种享受时常被人们忽略。

### （三）浓情兼蓄精思就是情思兼美，让情感与思维共舞，纵向专注

文学教学，是语文教学的主要体现方式之一。语文教学中，经常要对艺术性和思想性俱佳的作品进行讲解，这些文章都是作者思想情感的载体，是作者与读者沟通的主要桥梁，正因如此，优美的文章为学生的思想交流与情感认知提供了良好的素材。作为传递情感的语文课堂，就要把文章中的文字和表达的情感认知，借助具体的教学方式，让学生有深刻的感受，最终实现引导学生与作者进行隔空交流的目的。

### （四）浓情纵深"勤"中来，精思专注"懒"中取

英国物理学家卢瑟福有一次看到一个学生深夜还在做实验，就问他：

"你上午做什么?"学生答:"做实验。"又问:"下午在做什么?"学生答:"在做实验。"卢瑟福于是发出了著名的一问:"那你什么时候用来思考呢?"在他看来,学生做实验的"勤奋"实际上是思考上的"懒惰"。同样地,我们有的教师表面上看很"懒",实际上却是思考教育本质的"勤";在该勤奋时就得狠下功夫,绝不袖手旁观;在该懒时,就把舞台留给学生,自己退居幕后,静观其变。

那么,教师要从哪些方面下功夫呢?

1. 教师"勤"在浓情,情之所至,精思翩跹

张文胜老师是我国特级教师,他主张:打开学生思维的大门,需要借助情感的沟通来实现。在他看来,只有教师充满了情感,并且使用有感情的语言进行表达,才可以形成和谐的师生交流状态,这也对学生树立起学科兴趣起着直接的积极作用。

所以,教师更应该在情感交流沟通、引起师生共鸣的方向上做出努力。

第一,勤练幽默功。美国著名大众心理学家特鲁·赫伯说:"幽默是一种最有趣、最有感染力、最具有普遍意义的传递艺术。"幽默的语言,能使社交气氛轻松、融洽,利于交流。幽默风趣的教师可让课堂妙趣横生,上他们的课,轻松、愉快、有所得,永远不觉得累,上课之前就有很强的期待心理。师生的相处也是一种人际交往,幽默对师生的沟通与交流有十分重要的作用。富有幽默感的教师可以获得更多学生的亲近,可以构建和谐、融洽的师生关系,走进学生的内心,促进师生有效地沟通,达到良好的教育效果。

第二,勤练互动功。如何帮助学生在成长路上找到心灵的寄托、情感的共鸣,在需要陪伴的时候帮助学生克服困难,坚定积极的心态,是一个教师应该具备的基本素养。这一素养的养成,需要教师经常在教学中与学生产生有效的互动,这一互动要求教师以爱感染学生,以此体现教师工作的价值。我们要明确的是,教师的爱并非如家人那般热烈,然而这种关心却是家人无法给予的。教师要在日常教学中用潜移默化的方式感染学生,让他们尽量感受到知识中的温暖。这样的温柔的力量并不好锻炼,需要教师旷日持久地以一颗博爱的心开展教学工作,去倾听、去劝导、去理解、

第三章　语文教学"勤""懒"结合的艺术

去关爱，才能够更好地为学生服务，提高教学的质量。

第三，勤练赞美功。教师一个鼓励的眼神要胜过严肃的批评。学生都需要鼓励和赞美，而并非所有教师都擅长赞美。有时候，一次简短的鼓励或赞美，会让学生在很长一段时间内保持积极的学习状态，这种看似不经意的付出，对教学有着极大的帮助。所以，教师应该尽量从各个角度评价学生，不要以唯一的标准去评价。从多元的角度、用包容的心态去教育学生，是每一位教师都应该勤练的功夫。

2. 学生"勤"在精思，思之所至，个性飞扬

"精思"即精心思考。东汉时的王充在《论衡·超奇》中说："能精思著文连结篇章者为鸿儒。"这是我所见到的关于"精思"的最早版本，它是就写文章、成大儒而言的。推而广之，任何人做任何事都需要"精思"，那么，如何进行精思呢？

第一，要用心。《说文解字》说："思，容也。从心，囟声。凡思之属皆从思。"段玉裁解释："谓之思者，以其能深通也。"所谓深通，即要用心思考，弄清事情的来龙去脉，掌握事物发展的规律。章学诚在《文史通义·原学》中说："擅于文者，终身苦心焦思以构之，不思文之何所用也。言义理者似能思矣，而不知义理虚悬而无薄，则义理亦无当于道矣。此皆知其然而不知所以然也。"学生不但要做到知其然，更要做到知其所以然。程子曰："凡事思所以然，天下第一学问。"怎么做到知其所以然呢？只有精思，用心地思考。就教育而言，精思能"以己昭昭，使人昭昭"，不精思则是"以己昏昏"，岂能"使人昭昭"？

第二，要慎取。王安石在《游褒禅山记》里说："余于仆碑，又以悲夫古书之不存，后世之谬其传而莫能名者，何可胜道也哉！此所以学者不可以不深思而慎取之也。"这是王安石在游褒禅山时见到倒在路上的一块碑石上的"华山"的"华"读音与世人所传的读音不同，而生发出来的感慨。一个字的读音讹传虽是小事，但其中蕴含的道理却大有讲究。所以，要精思慎取，就得有怀疑的精神，以一颗虔诚的心对待遇到的问题，认真研究，不要妄下结论。碰到疑难之处，不要随意放过，而要勤于探索，认真研究，小心选择，才能有所收益。

"精思"与"慎取"相结合，提示我们要对学习中出现的问题进行有

效的辨别，从而明确正确的行动方向。思而不慎，则行而不当。求学时需要反思，不但要反思自己，也要反思别人，反思别人然后"反求诸己"。

第三，要积累。"不积跬步，无以至千里；不积小流，无以成江海"，荀子早就认识到积累在学习中的重要性。我们老是抱怨工作忙，没时间写东西，其实，这只是个借口。只要将每天精思的内容积累起来，稍加整理，就是一篇很好的论文。有个学生从高一时起就每天都在本子上写一个成语，记一个字音。有的人也做了，可只坚持了没几天。然而，这个学生坚持了下来，竟然积累了厚厚的一本。平时写作文时，遇到合适的情况，这个学生就会用一个恰当的成语。有的学生感到很吃惊，问："你怎么知道那么多成语？"其实这都是刻苦积累的结果。

让我们将"勤"于精思作为一种习惯，从我做起，成就自己，造就成功。

一言以蔽之：浓情纵深勤中来，精思专注懒中取。教师要在教学过程中践行"懒而有道"的理念，帮助学生从传统思维中走出来，把握课堂的主动性。所以，这个"懒"的占比可以超过"勤"。教师的"懒"是为了学生的"勤"，从繁杂的教学中脱离出来，就能够把"勤"的精力更好地运用到对学生的引导中去。

## （五）教师"懒"之有法，学生"勤"之有得

美国作家凯利在《懒惰的智慧》中就充分肯定了"懒惰"的功用：世界上的一切发明、人类社会的一切发展进步，都是"懒惰"所激励、促进的。人常说的"懒妈妈带出勤闺女"，也是一样的道理。最近的语文教学中我就使用了一招急中生"懒"，效果很好。

我讲一个例子。大家都经历过联考、段考、模考，各种考试接踵而至，在有限的时间里改卷、评卷紧锣密鼓，根本无暇顾及作文的评讲工作。可是连续几次的作文很有代表性，大而化之地讲一讲，意义不大；按平时的节奏进行整理，把改卷时发现的学生作文中惊艳的题目、引用的名言、有气势的排比论据、精巧的结构、精当的例子以及优秀范文等标注下来，然后利用下班时间自己一字一句整理到电脑上，最后做成课件在课堂上展示，充满成就感的同时，也极大地调动了学生学习语文的兴趣。可

是，在不到 10 天时间内连续 3 次考试，废寝忘食也来不及、做不完啊！怎么办？交给学术助理（课代表）吧。结果，当我打开他交来的课件时，就被课件制作的精良和唯美震撼了：各种字体变化多端，既醒目又生动；可爱的表情包和切换方式给人耳目一新之感；每个学生的作品后还有温馨的点赞……

原来，这并不是学术助理（课代表）一个人的"杰作"。他把任务分开布置到每个小组，规定好上交时间，鼓励学生有创意地表达，最后再汇总到他这里进行整合，再进行适度的加工。看到学生的精彩表现，不禁让我对平时的教学进行了反思。教学中有了第一次急中生"懒"，从此我就爱上了它。我故意偷"懒"，无理取"懒"，一"懒"再"懒"，"懒"得一发而不可收，也"懒"出了诗意，"懒"出了幸福。

其实，教师的"懒"在本质上是一种"让、退"，目的是让学生"上、进"，让学生"勤"起来。教师要做到"勤""懒"有度。"懒"只是一种表面现象，它必须建立在"勤"的基础之上，这要求教师要有深厚的功底，教师的教育行为要有更强的教学修养。"懒"是要有"懒"理的，它是需要"资本"的，也是需要师生双方的默契配合的。

故曰：浓情兼蓄精思，方可纵向专注锤炼品质；教师"懒"之得法，学生才能"勤"之有得。这让我想起语文教育的初衷，也就是语文教育的情感归宿——唤醒生命。正如雅斯贝尔斯所言："真正的教育，是用一棵树去摇动另一棵树，用一朵云去推动另一朵云，用一个灵魂去唤醒另一个灵魂。"

## 五、全面兼蓄个性：核心素养助语文教学纲举目张

对于一名优秀的语文教师来说，个人语文素养得到全面发展是一个必然要求。当教师面对几十名思想活跃、兴趣各异、静噪不同的学生时，如果没有全面的语文素养，就难以应对各不相同的发展需求。

语文学科核心素养概念指出，语言建构与运用、思维发展与提升、审美鉴赏与创造、文化传承与理解是学生必须具备的 4 种能力。在全面发展学生个人素养的同时培养学生的个性，已经成为一名优秀的语文教师不能

忽视的责任。因此，在语文核心素养的要求下，只有教师素养丰富、全面发展，才能使学生个性突出，具备创造性。

### （一）教师全面发展"一面旗"

德正学高行前方，理想信念情操良，业精技娴爱满腔，这样全面发展的教师就像是"一面旗"，能够积极影响和引导学生更好地全面发展。那么，教师怎样才能更好地全面发展自己呢？

1. 自我发展有规划

作为教师，首先要对自己进行清晰的自我定位，确定自己的发展方向，分析自身的优势和弱项。然后，按照自己的实际情况制订发展的规划，既要有长期规划，也要配合以短期规划。

2. 热爱学习重研究

（1）学习积累"勤"用功。语文学科更多以散碎的知识为基础，所以不重视积累就无法拥有丰富的知识，没有丰富的知识，讲课时就无法做到信手拈来、左右逢源。语文学科作为一门基础性学科，涉及的范围广，俗话说"文、史、地、哲不分家"，因此，要想教好语文课，必须积累足够的知识。

做积累，首先要有知识积累本。学生学习语文，常常被教师要求准备一个积累本；作为教师，准备一个笔记本来进行细致的知识积累也是个行之有效的"笨办法"。其次，要多阅读，只有阅读足够的书，才能开阔眼界，丰富知识。只把自己限制在课本和配套资料里，是永远不会有大进步、大提高的。

（2）研究助力翼生风。教师要怎样研究？研究什么呢？

第一，"勤"做回顾，不"懒"思。教学是一门技术性的艺术，尽管课前做好了教学设计，在讲授的过程中也难免会出现很多意想不到的问题和不足，从而使教学效果不佳。因此，教师要对教学"勤"回顾，不"懒"思，进行反思性研究。

例如，我的一次教学公开课《荆轲刺秦王》。本来这节课我做了充分的准备，课堂上讲得非常顺利，学生也配合得非常好，教学效果很理想。在课堂的最后，我安排了一篇古文作为小练习，没想到学生突然对练习中的一个官职名称提出疑问。虽然在古文中多次见到这个官职名称，我也知道这是个官职的名称，但从没有认真翻阅资料，具体了解这个官职是做什么的，导致我当场卡壳，只能老实告诉学生我也不知道。原本应是一堂完美的公开课，却因为我准备不足，知识积累不充分，出现了不完美的情况。

这件事给我敲响了警钟，从此之后，我每节课后都会进行反思，发现问题及时解决并不断改进，这才让我避免再次遭遇这样的尴尬。对一些较大的失误，我会写出教学反思案例，用以提醒自己和他人借鉴。

第二，"勤"研学情，"懒"雷同。不同届的学生，情况不同；同届不同类型的班级，学情不同；同类型的班级，情况也不尽相同。如果教师不能很好地把握学情，采用不同的教学方式，不但无法满足学生的学习需求，也无法让学生对教学产生兴趣。因此，教师一定要研究学情，制订各有特点的教学目标，采用相应的教学方法，使课堂顺畅且有效，使学生获得全面的发展。

早年我教普通班时，发现普通班学生基础比较差，对接收过多的知识点比较吃力。表面看，教师没必要给学生扩充更多教材之外的知识，教学任务就少了。其实不然，此时反而更需要教师勤奋，只有教师嘴勤，多说多讲，讲更多和教学知识相关的辅助知识，才能帮助学生更好地理解和识记知识点。如果教师"懒惰"，按照常规教学，只是一味地给学生灌输教学知识点，学生不但学不好，而且会产生厌学情绪。因此，教师要善于根据学情及时变通，才能取得较好的教学效果。

教师只有勤于研究学情，不懒惰地死搬硬套，才能在发展学生的同时更好地发展自己的个人素养。

## （二）培养学生个性"一把尺"

掌握语文核心素养的最终目的是将学生培育成为一个能独立思维的、独立自主的、审美鲜明的个体，而不是流水线上生产的标准商品。所以，教师在以自己的全面发展影响和带动学生全面发展的同时，也要把握教学的尺度，这个尺度因人而异，但唯其有了差异性，才有了学生的个性。因此，教师在培养学生个性的过程中，必须手握"一把尺"，灵活定尺度。

这把"尺"要能彰显教师的个性,又必须融入教师全面发展的需要。

1."勤"于实践养个性

当今社会的高速发展需要高素质的、具有创新品格的社会新人。语文作为基础学科,更有责任将重视学生个性、培养学生的创造性作为自己的教学标高,并在各种教学实践中注重学生思维主动性的引导和审美自主性的孕育,促使学生不断超越自我,在实践中求新求变,快速成长为一个思想者和创新人才。

在语文课堂上,教师不能把课堂变为自己的"一言堂"。无论教师在讲台上讲得如何天花乱坠,如何陶醉,如果忽视了学生的存在和加入,那这节课就是失败的课,这个教师就是失败的教师。

学生的实践参与才是教学的基本方法。

例如,在学习朱自清先生的《荷塘月色》时,我们采取有效教学的课堂模式。首先,让学生通过课前预习,对课文进行自我学习,并生成问题,比如:朱自清先生为什么心里颇不宁静?这篇课文朱自清先生都看到了哪些景物?朱自清先生喜爱的到底是荷花还是月光?等等。学生独立生成问题后,教师对学生生成的问题进行去粗取精、添加删除,最终形成课堂上要共同解决的问题。在课堂上,教师给学生足够的时间进行课堂讨论,并把这些问题根据需求分配给不同小组,各小组内学生则根据自己的知识储备和对文本的理解,独立思考,形成规范的回答后当堂展讲。小组内有的学生擅长分析,有的学生擅长组织文字,有的学生擅长展讲……让学生发挥各自的特长,也让学生的个性得到充分的发展。同时,学生在实践活动中也能学习他人的特长,弥补自己的不足,共同提高,一起进步。

在这样的教学实践中,教师是引导,学生是主体,学生的个性得到了充分张扬,学生通过向他人学习又弥补了自己的某些不足。不断的实践活动参与才能更好地促进学生的个性发展。

2."懒"拿分数扼个性

"分、分,学生的命根;考、考,老师的法宝。"这句话没有错,考试可以检验学生的学习情况,分数可以衡量学生对知识的掌握程度。

摒弃唯分数论不是不重视分数,而是不把考试分数当成评价所有学生的唯一标准,更是不能"3天一小考,5天一大考",把获得高分变成学习的唯一目的。学习的目的是培养学生成为独立思考、自主发展的有个性的人才，那么分数就不能一统天下，唯我独尊。

当学生的核心素养逐渐培育完成，那学生考高分也不再是什么难题。急功近利的唯分数式学习和考试，都是对教育的异化，使语文教学走上了歪路！

### （三）"勤"施核心素养"一种肥"

语文核心素养要求学生熟练掌握语言文字的运用，进而促进学生思维能力的发展与思维品质的提升；让学生在语文学习中得到诗意的熏陶，能够发现美、感受美，形成自觉的审美意识和高尚的审美情趣，并最终获得创造美的能力和真正理解文化的能力。培养全面发展而又个性鲜明的学生，就要善于研究语文核心素养，从中汲取养分，让语文核心素养成为一种永远有效的肥。

语言建构与运用是语文核心素养整体构架的基础与内核。思维能力与审美品质的培养、文化传承与理解，皆是以语言的建构与运用作为基础，并在语言的建构过程中形成的。也就是说，没有语言的建构和运用，就没有其他。

思维发展与提升是语文核心素养的灵魂。没有独立思维能力的人，就像是没有软件的计算机，硬件配置再高，也不能真正运转起来，更不要说创新、创造。

审美鉴赏与创造是语文核心素养的体现。在独立思维的指导下，学生可以获得高雅的审美情趣，并能够创造新的美的形式。审美就像饭菜里的调味品，没有它的加入，语文的教和学索然无味，味同嚼蜡。

在以上三个基础上，文化传承与理解就成为语文核心素养的鲜活血脉，让学生在广阔的文化视野中养成文化自觉，进而淬变为坚定而深厚的民族文化自信。学生真正懂得文化，能够自觉传承中国传统文化，创造新的文化，就能够成为促进中国高速发展、实现民族伟大复兴的独立自主之新人。由此可见，没有核心素养的营养，学生将不能茁壮成长，不能适应社会发展的需求。"勤"施核心素养之肥，不只要让学生成为国家发展的螺丝钉，更是激励他们成为国家机器前进的火车头。

语文教学"勤"与"懒"的辩证艺术

综上所述,学生全面、个性地发展需要既"勤"又"懒"的全面、个性发展的教师为引导。

首先,学生的个性发展需要一个全面发展的"勤"教师。教师的全面发展要求教师勤于学习、勤于思考、勤于反思,一个只知道在课堂上"勤"于讲课的教师是不可能得到全面发展的,因为他"懒"于思考,"懒"于反思教学,"懒"于研究学情。

课下教师要"勤"于学习,不断扩充知识积累;课中,教师要"勤"于引导,放权给学生;课后教师要"勤"于反思,反思教学过程的不足。教师要脑勤、手勤,在教学实践中让学生也"勤"起来。

其次,学生的全面发展也需要一个个性发展的"懒"教师。课前预习,教师要"懒","懒"于布置任务;要让学生"勤","勤"于发现问题。课中教师要"懒","懒"于自我陶醉式喋喋不休地讲课;要让学生"勤","勤"讨论、"勤"发言。课后,教师要"懒","懒"于大量布置作业,适量布置作业,把主要学习任务放在课前和课中。这种个性化的教学方式越来越成为解放学生学习力的需要。

总之,一个教师面对一个班级几十名个性突出的学生,没有扎实全面的核心素养,就无法应对他们的发展需求;即使是全面发展的教师,如果不能让学生发展个性,若干年后,整班学生至多不过是教师的复制品,毫无创造性可言。

## 第二节 语文教学"勤""懒"结合的意义

### 一、如何理解语文教学的"勤""懒"结合

语文教学的"勤""懒"结合指的是在课堂教学中以"勤"的艺术与"懒"的艺术为基础,有机协调地运用"勤""懒"结合的教学手段和课堂组织形式,呈现出师生关系、教学状态、学习程度、课程价值、学习效果等要素的圆融天成,辩证统一。它调动心智体力,养成学习技能,育人

## 第三章 语文教学"勤""懒"结合的艺术

德才兼备，故"勤"者傲骨，"懒"者炼神，"勤"是"懒"的发轫，"懒"是"勤"的生发，"勤""懒"结合由形入心而持之力，发乎于心而秉之能。由"勤"到"懒"，知、技、能向智、思、德初级发展；由"懒"到"勤"，结、悟、疑向深、透、质再次提高。"勤""懒"之间，课堂就是蓄能的过程，师生合力涌动出最大的能量，冲溃传统教学最大的"满堂灌"痼疾，而将"漫灌"与"滴灌"巧妙结合，使人人都情随意转，意由心动，心有一片花海。"勤""懒"艺术结合下的语文课堂，注重良好的开端，强化坚实的过程，尤重效果的反哺，在语文教学的辩证艺术中最有普适意义。

语文教学的"勤""懒"结合的艺术，意在纳新启智，萃秀激趣，疑探发幽，盘点谋势，行远揽胜，桥接共赢，要求在实践中讲究教学节奏、教学内容、教学规律、教学时机、教学方式的多彩交融，天然融一，并探索出"勤"中取"懒"、"懒"中促"勤"、"勤"里偷"懒"、"懒"里养"勤"、"懒""勤"益彰"五大实施策略"，开发出"七大技法"："勤"引玉，"懒"抛砖，如琢如磨莹良璧；"勤"围魏，"懒"救赵，饶有兴趣解三昧；"勤"假痴，"懒"假癫，循序渐进制胜机；"勤"逸心，"懒"劳形，高潮迭起消精疲；"勤"连疑，"懒"串解，环环相扣通灵犀；"勤"结赞，"懒"相轻，以情为权立绝世。

与语文教学的"勤""懒"结合的艺术精气神贯通，语文课堂教学因此不乏青春振奋、激情昂扬、蓬勃奋发、精思附会、月章星句之华篇，亦富有蓄势待发、沉静咆哮、凝神过滤、才情连串、思维旅行之异彩，师生在紧张中压缩出智慧精华，在悠然中彻悟出高深境界，良久的淬砺既高大了彼此的身影，又点亮了线状的燃放，最终的闪耀缀成一方最美丽的星空，每一个星星里都藏着一个艺术故事。这样的"勤""懒"结合，相约在教之初，它是液态的，包容着汗滴与泪滴；相知在教之中，它是固态的，凝聚着精之铁、意之钢；相爱在教之后，它是气态的，氤氲着和之息、欣之味；它初看是一场角力的赛事，再看是一场灿烂的花事，复看是一场会心的乐事，它那嗒嗒的蹄声，或紧或慢，每一个节点都涵养着教与学的相思。

根据定义，语文教学的"勤""懒"结合，不仅是两种教学方法的融

合艺术，还是对教学态度的历练和提升，更是力与技、态与法、行与思、范与效、量与度的双线交织和戮力同向，属于一种厚重而悠远的美。"勤""懒"结合具有明显的阶段性，呈现水涨船高、渐次拔升的教育规律。"勤""懒"结合育人，还非常契合新时代以奋斗为美、向梦想漫溯的特点，易于将语文教学的传统文化之美推向新时代的大潮，久远的诗意与磅礴的澜动琴瑟律动，流淌出醇和的天籁。

仍以人教版《高中语文·必修1》第一单元现代诗歌为例说明。

在本册前言《致同学们》中，编者明确指出：本册教科书"阅读鉴赏"部分所选的课文，第一单元是"情感与意象"（现代诗歌）。这告诉我们，学习诗歌，必首重意象，由象入情，是阅读鉴赏诗歌作品的必备要素。然而，对于高一的学生来说，通过诗歌特别是4首现代诗歌来完整解读传承于上古诗歌《卿云歌》的"意象"艺术，并由此分析出其与"情感"的关系，其难度可想而知。这时候就需要我们引入"勤""懒"结合的教学艺术，首先用"勤"拢住学生诗歌阅读的兴趣火种，展现诗歌洋洋乎一大观的一面，然后用"懒"且将新火试新茶，激发学生诗歌趁年华的豪情，为诗歌鉴赏打开一扇智慧之门，顺理成章、自然而然地找到"情感与意象"的通达之路。

"勤""懒"结合的艺术实践在本单元教学中可以体现为"五步教学法"，和前面所讲诗歌单元"六步教学法"略有不同，但都是作者的一线教学设计。

第一步：感受诗歌的"小模样"。以诵读品之，体会诗歌的押韵句式诗味出。第一环节，自我品读；第二环节，指导品读；第三环节，示范品读；第四环节，对比品读；第五环节，拓展品读。通过品读，逐步确立"两情相悦，八字正合"的诵读法。"两情相悦"即读出感情，读出表情；"八字正合"即抑、扬、顿、挫和急、徐、长、颤相结合。最后，通过诵读引导学生共同感受4首诗歌的"小模样"：虽然没有律诗和绝句等古体诗的整齐一致，但现代诗歌的美味依然在我们读它时散发出来，如《沁园春·长沙》的押韵，《雨巷》的反复，《再别康桥》的迭唱，《大堰河——我的保姆》的排比，韵律之美让诗歌的味儿独特而隽永，犹如镶在我们唇齿间的珠玑，一张口，吐出来一串串美丽的珍珠。

第三章　语文教学"勤""懒"结合的艺术

第二步：感受诗歌的"不一样"。以推敲品之，体会诗歌的炼字细节妙体悟。第一环节，做古诗词名句挖空填写思维训练，让学生体会推敲范例；第二环节，做推敲指导，明确推敲的两个要点——炼字和细节；第三环节，将4首诗歌从炼字和细节两个方面分别进行解读，体会诗歌的"不一样"；第四环节，让学生分别以《日出》《西红柿》《陀螺》《故乡》为题，作3~5句小诗，实践推敲之美，要求作出诗歌的"不一样"。

第三步：感受诗歌"是啥样"。以提纲品之，体会诗歌的联想想象展思路。第一环节，做回顾总结。炼字体现作者的别样文字功力，细节体现作者的别有用心，推敲让我们体悟到不同诗词的别有一番滋味。但炼字和细节终归是小处之美，是小家碧玉似的魅力，如果仅仅拘泥于这些，我们欣赏诗歌便是因小失大。开启诗歌艺术大门尚需要另一把钥匙——提纲，我们将用它来打开两把锁——联想和想象。第二环节，具体分析。先后结合《沁园春·长沙》和《雨巷》做作者联想、想象之美的艺术鉴赏。如鉴赏《雨巷》时引导学生联想丁香的形、色、香、情、境、近、远、消，想象其惹人爱、惹人赏、惹人醉、惹人怜、惹人猜、惹人恋、惹人哀。学生就不难理解：怀揣一种希望，"我"点燃心中的梦，梦里有她和她的芳香、情感，她并未出现，但恰因为此，"我"的希望才如此饱满，"我"的梦才如此美丽神奇；她像花又超越了花，就这样占据着"我"的精神世界，给"我"的心灵以绝美的洗礼，而这竟然只是源于一场想象；作者由"我的希望"，写到"丁香一样"的她，所以有人认为《雨巷》中的姑娘既可以是作者心仪的一个女性形象，又可以是作者理想的化身，想象之美魔幻而瑰丽，朦胧而深邃！《雨巷》当之无愧地被称为"朦胧诗"。根据以上鉴赏，联想因想象而产生，《雨巷》的意境因此展开。联想、想象，就像构成本诗的提纲，纲举目张，最终成为绝妙的艺术，学生很容易由此掌握诗歌大抵"是啥样"。第三环节，组织课堂小活动。让学生以《再别康桥》和《大堰河——我的保姆》为例，鉴赏诗歌中的联想和想象艺术并理出提纲。第四环节，结合自创的小诗《日出》《西红柿》《陀螺》《故乡》，做联想、想象的提纲梳理，让学生理论和实践相结合，切实厘清诗歌思路"是啥样"。

第四步：感受诗歌"为哪样"。以手法品之，体会诗歌的意象境界融

· 139 ·

情愫。第一环节，品月明意。如"三十功名尘与土，八千里路云和月""烟笼寒水月笼沙，夜泊秦淮近酒家""二十四桥明月夜，玉人何处教吹箫""梨花院落溶溶月，柳絮池塘淡淡风""月上柳梢头，人约黄昏后""可怜九月初三夜，露似珍珠月似弓""更深月色半人家，北斗阑干南斗斜""沙上并禽池上暝，云破月来花弄影"……让学生回答诗人眼中的月亮是一种什么样的意象，然后作结：松间明月淡淡禅——"明月松间照"；镜湖明月亲如朋——"我欲因之梦吴越"；淮水明月凄伤情——"淮水东边旧时月"；江心明月如仙乐——"东船西舫悄无言"；沧海明月叹离别——"海上生明月"；小楼明月伤盛景——"小楼昨夜又东风"。另外，像柳岸残月柳耆卿，赤壁江月东坡兄，西楼满月李清照，维扬冷月姜夔兄……月，以千样的神态、万样的变化，千样万样的柔姿和风情，打动了多少人。于是，自然提问导入：像这种融入了作者不同感情的"月亮"，我们称之为什么呢？——意象。第二环节，掀起盖头。明确和上面所讲月亮一样，深深地融入了人的主观感情的景物，就可以称为"意象"。"意象"就是诗人"心中的"物的形象，即情与物的交融。不妨用公式来表示：意象＝情＋物象。辛弃疾说："我见青山多妩媚，料青山见我应如是。"这座"青山"便是意象。"以我观物，故物皆着我之色彩"，这就是"意象"的由来。所以，要理解意象，必须把握它的本质特点：一是意在物先，即诗人先有某种感情，后移情于物便生意象；二是意蕴丰富，因为移情于物，这个物便无疑不但包括而且超越了它本身的含义，从而使诗歌语言表现出意义丰富、回味无穷的特点；三是架构意境，种种意象交叠汇融，作者感情一脉贯通，这就使诗歌既具有了环境，也具有了情境，是为意境；四是衬托象征，由于意象的目的是表"情"，而又假于"物"，因此就有了表现手法上的张力，灵活使用，造成深意。通过以上分析，不难理解意象的本质在于表情达意，即明白了"为哪样"。第三环节，据象析情。让学生结合4首诗歌，学会结合意象分析作者感情。第四环节，拓展训练。

第五步：感受诗歌"怎么样"。以写作品之，体会诗歌的意象手法和笔触。第一环节，精彩回顾。对"情感与意象"做更深的理解。第二环节，精彩分享。对记忆中的"情感与意象"古诗词名句进行挖掘、交流。第三环节，精彩创造。仿照《湖光》，以"倾听自己内心的声音"为题，

# 第三章 语文教学"勤""懒"结合的艺术

作一首不少于 14 行的小诗，要求综合使用意象达情。

### 湖光

濛濛雨，淡淡风，
岸横：杨柳依依草色青。

小溪满，水库平，
溶溶，冰瀑落珠下桃峰。

云中鱼，水中鹰，
多情，都在青山倒影中。

新船下水如白鹭
西东，女娃头巾一点红。

笑一层，网一层，
重重，诗情画意浓……

（选自《刘章诗选》，花山文艺出版社，1990 年版。）

在上述"情感与意象"（现代诗歌）、"五步教学法"的实践过程中，教师的"勤"苦可谓良深，硬是把 4 道现代诗歌的小菜汇总成了一桌大餐。但请问：在学生"含英咀华"人教版《高中语文·必修 2》第二单元古代诗歌时，教师是不是就可以"懒"一些，将课堂的精彩更多地交给学生来自主学习呢？答案不言而喻。而且，在"五步教学法"的实践过程中，教师前"勤"而后"懒"，诗外"勤"而诗内"懒"，整体"勤"而部分"懒"，"勤"铺垫而"懒"代替，"勤"于抓大放小而"懒"于因小失大；学生与教师则相对应，待机而动，需"勤"则"勤"，当"懒"则"懒"，从"勤"受到"勤"作，从"懒"我到"勤"我，很容易就从诗歌鉴赏的"艰难苦恨繁霜鬓"中得到解脱，尽享不仅会吟也会写的成功，手舞足蹈，自成常事。

总之，语文教学的"勤""懒"结合，第一，无法做简单的时间截取，人为设定二者的区间；第二，无法做精准的轻重衡量，以致厚此薄彼而失

衡；第三，无法轻易做数量的界定，草率地明确二者完美结合的实践次数。但是，我们有办法做出承诺的是，"勤""懒"既已推进，融合势在必行，它们就好像是密植和间植的关系，适合"增加产量"的教学任务就大面积密植，适合"提高质量"的教学任务就小面积间植，密植"勤"一些，间植"懒"一些，但"勤""懒"结合既保质又保量，共同迎来了教学的大丰收。不改初心，韧于此道，则语文教学必将无所不及，无往不利，无所不胜，无所不妙。

## 二、语文教学"勤""懒"结合的意义解读

### （一）"勤"纳新，"懒"扬己，"勤""懒"结合启智

牛顿第三运动定律告诉我们，物体之间的作用力和反作用力总是成对出现，它们本身就是相互矛盾的物质现象，即本身就是一对矛盾。在矛盾运动中，作用力与反作用力是辩证统一的矛盾体，没有力也就没有运动本身，由此表明，作用力与反作用力成为推动矛盾运动的充分必要条件。辩证统一的作用与反作用规律，反映矛盾运动发展变化的内在本质，体现斗争的绝对性，是事物内部矛盾运动不可替代的本质规律。辩证统一的作用与反作用规律，是对对立统一规律和质量互变（量变质变）规律的拓展和完善，又为否定之否定规律奠定坚实基础，四大规律整体体现出单波段、全周期，事物矛盾运动波浪式推进、螺旋式上升的大规律。

教师的教和学生的学构成一对矛盾，而且教是主要方面的矛盾，但是这并不影响教与学对矛盾运动四大规律的遵循，并最终推进课堂教学，提升教学艺术，提高学习效果。只不过，我们在课堂上发挥教的主要作用的同时，一定不能忽视学的反作用，特别是学对教的决定性反作用。充分认识学的决定性反作用，对改善与提高我们的课堂教学效果大有裨益。任何一门艺术的产生，都是在矛盾运动中的作用力与反作用力下互相倾轧、彼此协调、终极融合、微妙相持的结果，积极发挥反作用力，将使艺术的产生更加有主观能动性。唐代权德舆说："松峰明爱景，石窦纳新泉。"石窦出泉固可喜，石窦纳泉境更高，无纳不出，纳满自出，无出不纳，出多纳

## 第三章　语文教学"勤""懒"结合的艺术

多,"纳"正是石窦的作用力体现。况复新泉以纳之,窦心更得深智陶,新泉纳入,石窦出垢,日日纳新,石窦绝尘,"新"正是泉的决定性反作用力的体现。由此,我们不难深悟唐朝诗人王维"空山新雨后"的纯净与喜悦。所以,我觉得语文教学"勤""懒"结合的艺术,首先要"勤"纳新。要让课堂充满活性和张力,纳新是汇聚课堂艺术力量的最大密码。从另一个角度说,铁打的教室,流水的学生,教师面对的是一届届学生的轮番登场,各秀其才,学情逐年而异,届届不同。如果教师不能够"勤"纳新,就很难发挥教的主要作用力,也就很难实现在课堂上与学生同呼吸、情相诣、共发展,从而教学相长。"勤"纳新有四种途径:一是课前从四处纳,二是课堂从学生身上纳,三是课后从拓展中纳,四是课余从反思中纳。

而与"勤"纳新相结合的,是教师的"懒"扬己,它同样是积极发挥学生决定性反作用力的体现。宋代梅尧臣说:"露才扬己古来恶。"明代王璲也说:"扬己徒见伤。"课堂教学的艺术不在于教师如何才华外现,艺术掌控,被赞扬成璀璨月亮;而在于激发学生的表现欲望(请注意:不是愿望),教师隐于幕后,欣赏到学生激情洋溢、活力四射、思绪非凡的"舞台艺术"(讲台即舞台),全班学生被扬成抱团晶莹的美丽群星。懒于"扬"己有四种方法:一是教师引而不发,学生自主出发;二是教师引而竞发,师生共同出发;三是教师引而猝发,学生出发超越;四是教师引而迟发,学生奋然勃发。

"勤"纳新,"懒"扬己,二者结合的意义可以做以下解读:

破旧是一个艰难的过程,立新是一个更加艰难的过程。它们的艰难之处在于观念的碰撞与改造,是否坚持固守并不重要,重要的是应该不应该坚持固守,破旧立新会因此成为一场拉锯战。采取纳新的方式,有选择性地遴取精华将会很容易先行入驻,而后自然发展到原住民式入住,最终在熏陶渐染间完美入主。纳新之法不求破旧而旧逐渐遭冷弱化,不求立新而新扎根成势强化,避开了不同思想认识的尖锐对立,以无厚入有间,恢恢乎游刃有余,课堂教学择精而包、拓思融慧、和谐创新。《楚辞·卜居》中说:"物有所不足,智有所不明。"纳新,则正可祛除阴晦,开启学生明智。纳新之"勤",又可以助推教师不凝滞于既得之智,常纳而常新,常

新而常启，教师之智渊，育才之心明，教学就会有如神授。元代谭处端说："频剔灵明烛，勤磨智慧刀。"近代柳亚子说："智慧用益出，大哉言煌煌。"此二言得之。

教师智慧明启，烛见神机，这时候很容易陷入自满的境地。所以，我提倡"勤"纳新和"懒"扬己有机结合。真正的课堂教学艺术一定不是孤芳自赏、王婆夸瓜、独秀于林的。秦帝国如不行纳新之事，兵力不足，谋臣不才，纵"有席卷天下，包举宇内，囊括四海之意，并吞八荒之心"，又怎能最终成就纵横风流的一代帝国呢？如果说"勤"纳新是为课堂注入一塘活水，"懒"扬己则是为课堂引入一条活水之源。教师教学的积极性固然能作用于课堂，点燃学生的激情，但那必是一时之效；调动学生积极性反作用于课堂，教师退而学生进，教师隐而学生发，看似屈己实则尊人，学生持久地燃成一种亢奋状态，也正是在这种状态下，学生才能够尽情地发挥聪明才智，思绪喷发，精妙潮涌，这才是主体性评价的精髓，也是决定性反作用实现学本课堂的要义。

"勤"可让师生智慧明启；"懒"则让师之智暗启，生之智怒启。总而言之，纳新之"勤"和扬己之"懒"结合，师智或明或暗，是一种巧妙融入的艺术；生智开而神思扬，是一种点透化开的艺术。这样的语文课堂，生慕狂为圣，师拥智养恬；功成拂衣去，智囊未叩底。

例如，在讲解人教版《高中语文·必修2》第二单元古代诗歌《孔雀东南飞》时，以"勤"纳新之法行之，教师就可以在引导学生做"一个兰芝两个母亲"的对比解读时，纳入网络上无数平凡人"牵妈妈的手"的互动活动。在智能手机普及的今天，当无数子女丢掉羞怯，牵起妈妈日益苍老的双手时，情感的闸门瞬间开启，在线上线下迅速刮起感念母爱、珍惜亲情的最炫民族风。给学生带来视觉冲击的同时，顺势提问："你有多久没有牵过妈妈的手了？"再追问："刘兰芝有多久没有牵过妈妈的手了？"之后就会发现，刘兰芝与生身母亲的上一次牵手在两三年前，即由"十七遣汝嫁"到还家时的"年始十八九"，然而却找不到刘兰芝与"婆婆"牵手的只言片语。此时再纳入我国文化中有关孝的阐述，进行课堂升华，引导学生孝老爱亲，善待他人。这样，学生就会自然学会辩证地看待刘兰芝的婆媳关系，而不是一味地听从"封建礼教"的误导将错误和罪恶的大帽

## 第三章 语文教学"勤""懒"结合的艺术

子扣向焦母,也不至于影响学生正确价值观念的培养。也就是说,"勤"纳新让课堂不仅远接了优秀传统文化,更近接了新时代精神,这样培养出来的学生灵智大开,才能真正成为中国精神的代表。

而在探讨"刘兰芝之死"时,则以"懒"扬己之法行之。刘兰芝为什么最终选择了死?刘兰芝可不可以不死?刘兰芝之死是否值得肯定?如何正确理解刘兰芝之死?你有没有解决刘兰芝之死的最佳替代方案?刘兰芝之死的悲剧意蕴是什么?……教师可以将这些问题全部交给学生讨论或者辩论解决,由学生展写、展讲,并智慧归纳总结,完全做一个甩手掌柜,乐陶陶地欣赏学生的课堂表现。

在分析"孔雀东南飞"标题含义和语句作用的时候,则"勤"纳新和"懒"扬己之法结合行之。教师"懒"于扬己,而是引导学生发挥集体智慧,合作探究,从《诗经》里的爱情诗到李商隐的《无题》诗,从敦煌曲子词到李白的《忆秦娥》,"勤"做纳新思考,再结合刘兰芝的出身、形象,以及本文主题进行研读,最终自主得出全部答案。甚至在拓展训练中也可以"勤""懒"结合,先"勤"纳新,引入"西北有高楼"的故事:1935 年,在法国巴黎的博士论文答辩会上,主考官向中国学生陆侃如提出一个刁钻的问题:"在《孔雀东南飞》里,为什么不说'孔雀西北飞'呢?"陆侃如答道:"因为'西北有高楼,上与浮云齐'。"意为,西北的高楼高耸云际,孔雀怎能飞得过去,只好改向东南飞。这回答,赢得了一阵阵赞扬声。然后,"懒"扬己,让学生探究回答:(1)"赢得了一阵阵赞扬声"可以改为"赢得了一阵阵热烈的掌声"吗?请说明原因;(2)这个故事给你带来什么启示?

结果学生智见纷出,如对第二个问题的回答让人称绝:

(1)对待失度,我有风度。陆侃如看出主考官提出的是一个刁钻的问题,但作为博士论文答辩者,身份、礼貌、学识一样都不能丢,如果按原诗的意思回答,不仅显得平淡,而且显得笨拙,容易给人落下缺乏深厚、广泛研究的口实。所以,他另辟蹊径,答出新意,答出水平,也答出了风度。

(2)学问不可穿凿,但可以融会贯通。陆侃如"引事附会",针对主考官提出的刁钻问题,巧妙地引出一个原本连不到一起的事物,附会到对

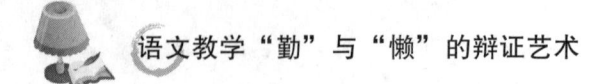

方所提的问题上去，所引又查而有据（出自《古诗十九首》），巧换话题，以退为进，显示出回答的机智灵活；以诗解诗，别有韵味，体现了深厚的学术素养。

（3）知识没有国界，但尊严却有国界。

（4）优秀传统文化是民族的根，我们要时时刻刻铭记在心。

（5）中国人要义无反顾、理直气壮地做"中国通"。

（6）文化自信应该知行合一。

……

## （二）"勤"萃秀，"懒"作态，"勤""懒"结合激趣

曾国藩强调读书须"有志""有识""有恒"，其中，他认为"有恒"最为重要。教育弟弟和晚辈时，他尤其看重"有恒"，引导弟弟和晚辈读书须"专"，咬文嚼字，穷就其理。曾国藩本人成为世人敬仰的楷模，他的子孙后代亦深受其教诲和影响，在各行各业均有卓越建树。

不难看出，曾国藩的读书经验里，浸润着"勤"与"懒"结合的智慧。有志需要勤向上流溯，有识需要勤做积累功，有恒则更需勤劳成常态。然而这样的"勤"里，最重要的是一种"萃秀"意识，即荟萃优秀，揽为我用。因为不勤于"萃秀"则将会读书品位低下，故久积也难以海涵雅量，更遑论乐之不疲，深深陶醉。而勤作"萃秀"，精彩纷呈，美不胜收，让我们的大脑常做高级思维体操，更能激发出读书的兴趣。但"萃秀"并不是一味地"勤"，而是需要在广泛涉猎时"懒"一点，适当放弃，有针对性地取其精华，是为"专"。（曾国藩从读经、读史、读诗三个方面阐明读书要"专"的道理，处处透露着"懒"的意味："不看下句""但记一人""更别无书"……）因为勤于"萃秀"是需要素养基础的，面对一部部精品，我们不仅需要从大处着眼，"萃秀之大者"，还需要从小处着意，"萃秀之微者"。这时候，我们必须"知之为知之，不知为不知"，不能够随便发挥，甚至故意手之舞之、足之蹈之而全然忘形，罔顾他人感受；我们必须在"真秀"面前保持"真态"，勤于"萃取"而懒于"作态"，让"萃秀"而得的张扬与快乐成为读书人自己的事，只有这样，读书的乐趣才会深层次激发，长久性保持，智慧型升华。曾国藩读书的精要

## 第三章　语文教学"勤""懒"结合的艺术

所在，值得我们每一个读书人学习和运用，也同样适用于语文课堂教学。

《普通高中语文课程标准（2017年版）》对于"整本书阅读与研讨"的课程结构和课程内容有了新的要求。"整本书阅读与研讨"在7个必修课程、9个选择性必修课程、9个选修课程的教学要求中都名列第一位，由此可见整本书阅读的重要性。整本书阅读教学以曾国藩的"三有一专"为方法指导，贯穿"勤"萃秀，"懒"作态，"勤""懒"结合激趣的实施策略，应该是一种有益的尝试。

另外，从2019年高考语文全国Ⅰ卷试题看，实用类文本是一大亮点，采用了多文本阅读的形式。文言文是《史记·屈原贾生列传》，亦属于课本《过秦论》多文本阅读的范畴。多文本阅读材料之间形式组合更加灵活，体现了大数据时代的阅读特征。如何更好地适应这样的变化，搞好课堂教学？"三有一专"之法，"勤""懒"结合之策，同样大有用武之地。

更广泛地应用于语文课堂教学，"勤"萃秀，"懒"作态，"勤""懒"结合激趣的意义在于："勤"萃秀是基于问题的发现与生成，"懒"作态是放权给学生，使其自主学习与探究，二者结合让文本阅读更有趣味，教师的一进一退，使教与学充满了张力；特别是教师虽"勤"于萃秀，但又能够恰到好处，戛然而止，"懒"于作态自我张扬，留给学生不吐不快的暗潮涌动，于是竞相趣生、思睿、情振、言华，语文学科核心素养日渐一日地得到有效提高。

"勤"萃秀，需要一种大语文观念，不仅荟萃一文、一本、一册、一科之秀，而且荟萃多文、多本、多册、多科之秀。"勤"萃秀是教师"弱水三千只取一瓢饮"的正取，亦是"万花丛中一点绿"的逆思；是"红杏枝头春意闹"的集成，亦是"一枝红杏出墙来"的独艳；是"舟摇摇以轻飏"的淡然，亦是"轻舟已过万重山"的浓烈；是"我中有你你中有我"的融合，亦是"任尔东西南北风"的故我……"勤"于萃秀，要求教师课标吃透、课本通透、课堂灵透、课下研透，只有这样才能荟萃"真秀"，激趣燃情，诱导学生竞思影从，共赴一场艺术的盛宴。

"懒"作态，则更多地体现为教师课堂取舍的艺术。我们并不否认教师的"作态"所具有的积极意义，比如，人教版《高中语文·必修1》第三单元梁实秋文章《记梁任公先生的一次演讲》中写"（梁任公）先生的

讲演，到紧张处，便成为表演。他真是手之舞之足之蹈之，有时掩面，有时顿足，有时狂笑，有时叹息。听他讲到他最喜爱的《桃花扇》……他悲从中来，竟痛哭流涕而不能自已"，而我们"听讲的人不知有几多也泪下沾巾了"，教师这样有影响力的"作态""多多益善"。但"作态"一定不能"勤"，更不能成为常态，否则就有点儿像闹剧了。我有幸听过某大学文学院一位退休院长的讲座，老先生引经据典，加上记忆力超人，对众多古典名著如数家珍，倒背如流，一讲到动情处，总爱大段大段地背诵原文以博彩，初始时台下观众掌声雷动，渐而报以轻轻的笑声，待到最后竟"笑渐不闻声渐消"了，这样的"作态"就是过犹不及。"懒"作态，就是教师要有"曾经沧海难为水"的淡然，固守涛头把旗的弄潮本领以期为学生推波助澜；要有"一笑昆仑顶上头"的释然，蛰伏九天揽月的豪迈情怀以期为学生适时复燃；要有"我见青山多妩媚"的欣然，收起自己所有的逼人锋芒以期让学生竞相灿烂。教师"懒"于作态，就是要舍弃自己最擅长的一面，取其灵光一现，以"我"之"作态"激发学生，使其饶有兴趣，妙态尽作，将课堂变成艺术的殿堂。

综上所述，"勤"萃秀，是教师发挥自己主导作用的艺术表现；"懒"作态，是教师发挥学生主体作用的艺术表现。二者之间，是一片美丽的艺术天地。齐白石说，真正的艺术在似与不似之间。"勤"萃秀和"懒"作态结合过程中，师生在课堂上巧妙完成角色转换，教师以"秀"激出学生之趣，教学生以"态"激出教师之趣，趣趣相生，取向"上流"，自然有助于学生培养出高尚的审美情趣。

比如，在执教"高考作文升格指导"时，就可以先选取唐代杜牧的《登池州九峰楼寄张祜》："百感中来不自由，角声孤起夕阳楼。碧山终日思无尽，芳草何年恨即休。睫在眼前长不见，道非身外更何求？谁人得似张公子，千首诗轻万户侯。"请学生做艺术效果赏析，是为"萃秀"。然后，教师小小"作态"进行示范："文似看山不喜平，曲径通幽饶趣生。看似寻常最奇崛，逆挽原来破俗庸。逆向思维出新意，欲扬先抑动心旌。浅果深因句倒置，轻松一易乐品评。由此斑窥行文妙，当做精思高格明。"接下来教师继续"萃秀"，选取宗楠《落桐》：一个个被风吹落的风铃/一只只被风抽打的陀螺/或是无数个紫色的笑靥/在旋转，飘落/……真想/抚摸或嗅一下那紫色的精灵/可是/又怎忍心阻止那一个个正飞向大地的吻呢；麦城《一封书信》：你来信说/此时，南方阴雨连绵/我看得出来/信中的每一个比喻/都撑着一把雨伞；李书程《麦子》：入仓的麦粒/是老父亲藏进皱纹里的笑/如按在烟锅中的烟叶；……让学生体会何为文章的"格"。然后发动学生"作态"，对白居易的《诗》、元稹的《茶》、李清照的《声声慢》、鲁迅的《记念刘和珍君》和《拿来主义》进行"格"的分析。随后，教师"萃秀"进行"格"的定性。再接下来，结合历年高考满分作文"萃秀"，然后让学生"作态"进行写作训练。最后，教师简短"作态"进行总结指导。

在以上教学过程中，教师"勤"萃秀"懒"作态流畅转换，教师"勤"萃秀和学生"勤"作态完美交融，真正实现语文课堂教学"勤""懒"结合的辩证艺术。

### （三）"勤"疑探，"懒"固化，"勤""懒"结合发幽

陶行知说："先生的责任不在于教，而在于教学生学。"因此，语文课堂就要求更具开放性。既然开放，就需要倡导学生主动参与、乐于探究、勤于动手、善于质疑。

一个不争的事实是，义务教育阶段长期的应试教育使学生的疑探精神几乎丧失殆尽，但我们又必须清楚，社会的进步、科技的发展、个体的成长，最大的动力源就是疑探精神。学生只有具备怀疑精神，才会主动思考，主动解决问题，所以课堂教学最大的动力源就是学生的疑探精神和能力，而不是教师满堂灌式的经验传授。开放课堂可以最大程度上引导学生从提出疑问到探究疑问，最后解决疑问，从而丰富知识储备，体验学习的乐趣。

譬如，在学习《装在套子里的人》这一课时，在传统教学模式下，教师大都是按部就班、平铺直叙地理解、分析人物形象和造成他死亡的原因。这样的课堂过于枯燥无味，过于单一无趣。为了激发学生的创造性思维，教师就可以运用疑探教学，引导学生组成"'别里科夫之死'专案调查组"，对这一事件进行立案调查："当时的案发背景是怎样的呢？""现场勘查结果如何？""死者档案资料清楚了吗？""采访有关人士得到哪些可靠

信息?"在学生质疑、探究的过程中,哪怕是学生最简单的疑问,教师也不能简单地予以否定,都须给予热情鼓励,以激发学生勤于疑探的热情,增强学生学习的自信心,引导他们再认识、再发现、再创造。

另外,教师在学生回答问题时,不要给予简单的对错判断,也不能唯答案是标,而是要循循善诱,重视引导和启发,鼓励学生大胆质疑、提问,勤于鼓励学生求新求异,不囿于现存的"框架",不拘泥于标准答案的设定,让学生充分发表自己的见解,从而培养学生的发散思维能力。

当然,如果学生课堂上不能提出更有价值的深层问题,教师就应该充分发挥智慧设疑的作用——巧妙提出问题,引导学生深入探究,从而达到对文本的深入解读。有时候,学生或许会提出尖锐、刁钻、棘手的问题,此时教师不妨冷处理,可以课下钻研、争鸣、释疑,不能为了所谓的形式而走形式。

在一系列质疑、讨论、展写、展讲、再质疑、点评、拓展的过程中,学生通过多向互动交流学习,收获主动权,得到了尊重,自信心得到了确立,课堂成了学生展示自我的平台,培养了学生的逻辑思维能力、语言表达能力和心理素质,促进了学生整体素质的提升。

实际上,在基础学科中,语文学科是最接近个性色彩的、感性和理性交融的绝美世界,最反对标准化的答案,语文学习需要创设无数个性化的解读空间。叶澜教授曾经强调课堂应是向未知方向"挺进的旅程",富有"激情的行程"。简言之,语文课堂教学应该是一个质疑、探疑、教学互动的过程。教师应该以人的发展为教育终极目标,走出传统教学的泥沼,懂得适时放手,该"懒"的时候"懒",尊重或倡导个性化教学和个性化学习,让学生大胆发问,大胆讨论,大胆展示,这才是尊重语文教与学的规律,才能呈现别样的课堂艺术,才将会收到意想不到的效果。

学习人教版《高中语文·必修2》的《荷塘月色》时,如何理解字里行间所流露出来的"淡淡的喜悦,淡淡的哀愁"?教师一味地条分缕析,其实已经严重破坏了文字美。不妨插入荷花诗词吟咏,配以唯美的图片和音乐,让学生在唯美的语言文字中去慢慢品味和欣赏,从而引导学生自主体悟文中那份"淡淡的喜悦,淡淡的哀愁"。

"勤"疑探,"懒"固化,二者结合,具有重要意义。

以《祝福》为例，教师将"勤"疑探和"懒"固化运用到具体的教学中。在探究祥林嫂之死时，可以放手让学生去质疑、去探究：她为何而死？自杀还是他杀？幕后黑手是谁？谁是嫌疑人？在整个过程中学生都在主导着课堂，教师隐居其后，只是适时站出来点评。而在探究题目"祝福"的作用时，只有学生探究不完整时，教师才现身予以补充。

"勤"于疑探，可培养学生的创造性思维能力，让学生获得敢于突破书本的智慧。"懒"于固化，可训练学生独立思考的能力，在展写展讲中培养学生的书写能力、概括总结能力、记忆能力；在评价中培养学生的逻辑思维能力、口头表达能力以及心理素质。每位学生可以根据自己的优势，在疑探的过程中各尽所能，共同努力，彼此尊重，彼此合作，取长补短，互帮互助。教师在疑探教学中退到幕后，当有些问题学生自己解答不出的时候，站出来，用自己正确的引导方法、渊博的知识、独到的见解来驾驭课堂，这样不仅可以提高自己的课堂组织能力，提升自己的价值，更能感受到教学的博大精深和乐趣。

学生的疑探之"勤"和教师的固化之"懒"相结合，既可以让学生把握好知识点，在考试中运用自如，同时还能提高学生探幽发微的能力，提高学生的整体素质，更能促进教学相长，共同进步。

语文课堂应该完全摒弃那种"对不对""美不美"的唯一答案的设计。只要教师能"懒"去固化，调动学生的积极主动性，让学生"勤"于疑探，充分发挥自己的能力，并从中获益，那就是成功的。

### （四）"勤"盘点，"懒"功利，"勤""懒"结合营收

如果说语文学习是建造高楼大厦，那些零碎的小知识就是建筑材料，而盘点就是按照设计图纸建造的过程。所谓盘点，就是将学过的知识进行分类、归纳总结。一般来说，对某个知识点的掌握需要经历预习、听课、复习、做题等步骤，每一步都会对新知识产生新的理解，所以需要对每一步进行归纳盘点，而每一步的盘点都是下一步更高层次的起点。

对于语文学习，需要盘点哪些东西呢？简言之，语文学习需要盘点基础知识（文言文的字词、句式）、解题技巧（诗歌赏析中常用的写作手法、抒情方式以及常用的意象表达）、阅读方法、作文技巧等。

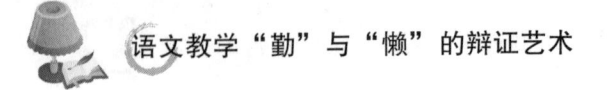

比如，现实的语文教学中，我校教研室设计有周总结、月总结、年总结。对于一周、一月、一年所学的知识、掌握的技巧，要求学生进行全面的盘点、归纳，而教师也会对学生的盘点予以指导评价。在这个过程中，一方面是对知识的又一次巩固，另一方面也培养了学生独立归纳、总结的能力，甚至学生在自己动手盘点的过程中，会异想天开，迸发出新的想法与见解的火花。

"勤"于盘点，既可以提高学习效率，同时也是创新的基础；"勤"于盘点，学生的思维能力得到了锻炼和提高；"勤"于盘点，可以促进学生的全面发展。盘点就像调味剂，让人乐在其中。

如今，现实的语文教学充满了功利色彩，把最美的语言文字肢解得支离破碎。尤其是到高三，语文课堂就只剩应试训练，全无美感可言。这样的功利教学让原本充满诗意和情趣的语文课堂变得单调刻板、索然无味，让师生的思想情感也受到了严重禁锢。

以古典诗词鉴赏为例，诗歌的美感和情感是反复吟咏出来的，让学生通过吟咏自己去感受文字的美丽和文学的意境，言有尽而意无穷。可是，教师经常从提高学习成绩的功利角度出发，在课堂上把一首富有诗情画意的诗歌肢解得支离破碎，几乎没有学生对文本的创造性、个性化理解。在诗歌鉴赏的课堂上，教师应该停下来，让学生静下心去听，然后细细读诗，让学生畅所欲言，说出自己的感受。教师应引导学生主动去感知诗歌内容，尽可能地放手，让学生利用已有知识自主讨论思考，形成个性化的理解。这样一来，不但学生的认知和情感得到重视，语文教学也不再是单纯的知识传授，而是变得更具有"人情味"，回归到教育"育人""成人"的本质上来。

再如，在学习人教版《高中语文·必修4》第一单元时，因戏剧知识在高考之中涉及较少，很多教师在讲授时往往草草了事。实际上，"舞台小天地，天地大舞台"，像《窦娥冤》《雷雨》《哈姆莱特》这些经典作品，教师就可以"退位"，让学生自己排演剧作。学生可以在演出中盘点戏剧常识，在角色扮演中加深对作品的理解，在展示中提升自身素质。

"懒"于功利，在丰富知识的同时又全面提升了学生的综合素养。

将功利色彩淡下来，盘点知识"勤"起来，"懒"与"勤"相结合，

## 第三章 语文教学"勤""懒"结合的艺术

语文教学将会有深远的意义。语文课程贯穿了学生的整个学习生涯，是学生学习过程中的基础性课程，对学生的文化素质修养、情操的陶冶和思维的拓展都有着十分重要的意义，这些都要求我们从多学科的视野去理解和把握语文。而教师则要以大视野、大格局去捕捉学生学习与成长的细节，培养"完整的人"。

在"勤"盘点中，会发现语文包罗万象，知识内涵丰富，与其他学科有着千丝万缕的联系；在"勤"盘点中，会不自觉地吸纳、运用其他知识来解读、理解语文内容，从而实现知识之间的有效整合。与"勤"盘点相结合的是"懒"功利。语文课堂本应是一个艺术的天地，是充满诗情画意的世界。在这个世界中，教师应充分运用自己的教学艺术，将以考试和升学为目的的功利色彩淡化，着眼于长远大势，以学生的全面发展为本。

例如，教材中的诗词歌赋往往含有很多音乐、色彩等因子，如李商隐的《无题》、张若虚的《春江花月夜》、白居易的《琵琶行》等。在教学时，教师可以让学生依据自己积累的音乐知识谱曲、配调，在美妙的音乐中更好地体会诗的意境，帮助学生陶冶情操，培养审美情趣，塑造美好心灵。

"勤"盘点与"懒"功利相辅相成，互相融合，为我们的语文课堂注入活力与色彩。以文言文教学为例，可以将"勤"盘点与"懒"功利相结合。对于文言文，学生又爱又恨，爱它其中深沉的味道，爱它高考中所占分值之高；恨它枯燥深奥，恨它艰涩难懂。那么，要打通古今文化的通道，我们就需要将"勤"盘点和"懒"功利相结合的教学法应用其中。教师不要一味盯着分数看，在课堂上可以用生动活泼的话语、轻松快乐的情景来阐释传统文化，用时尚的流行语来进行文言文教学。这样，可以激发学生学习的兴趣。在课外，学生可以运用"勤"盘点的技法来学习文言文，"勤"于盘点文言知识，不知不觉就会产生文言语感，有了语感就能跳出文言词义的机械记忆，自然而然就能学以致用。

"勤"于盘点，巩固了所学；"懒"于功利，发散了思维。"勤""懒"结合可以释放课堂活力，让语文课堂充满欢声笑语，让课堂呈现"百家争鸣"的场面。学生在"勤"中活力四射，教师在"懒"中促发学生思维，于一"勤"一"懒"中，收获多多。

### (五)"勤"行远，"懒"得暇，"勤""懒"结合揽胜

语文学习是长远性、探索性、开放性的。学生在学习中应该不断探索，在探索中发现不一样的世界，在探索中张扬自己的个性与风采，发展自己的优点。为此，语文教师可运用"勤"行远的教学技法，把眼光放远，着力构建趣味盎然的开放性学习世界，为学生的全面、长远发展创造条件、提供契机。

语文"勤"行远教学应结合学生的年龄特点和成长规律，为学生长远考虑，可以将课堂教学的场所从课内推向课外，从校内推向校外，使学习内容涵盖课堂、家庭、社会等各领域。其实，学校、家庭和社会本是开展语文教育的一个有机的、统一的系统。在学校里，课堂教学主要以知识点拨为主，让学生能够掌握基本的语文知识和语文思维，习得语感等。但是，传统教学模式只是利用教材间接地传授知识，间接地为学生呈现社会和家庭中发生的事实，并且在课堂教学中教师很难做到像家庭教育那样因材施教。

人教版《高中语文·必修1》到《高中语文·必修5》，再到选修教材中，有很多家庭题材的文章，教师可以以此为依托，对学生进行家庭亲情教育、家庭伦理教育、家庭处世教育，把家庭教育作为课堂教学的延伸，让学生通过父母的言传身教，再次对语文课堂教学中的知识要点进行回顾、补充和巩固。

生活是个大课堂，让语文教学回归生活，就要加强课堂教学与生活的沟通，让教学贴近生活，联系实际。语文教学的外延最广，教师应该开发好生活这个大课堂，充分调动学生的生活经验，甚至需要创造条件带领学生亲近自然，走进社会，让学生自己用眼睛去观察，用双手去触摸，用大脑去思考，用心灵去体悟。

所以，语文"勤"行远教学应该从校内走向校外，加强与家庭、社会的联系。

如今，语文教学的功利色彩太浓，其实际目的与新课标提升学生的语文能力与素养的目严重背离，不是着眼于学生的全面、长远发展。针对这种情况，教师应"懒"于重视学生应试知识、应试技能的传授，"懒"

## 第三章 语文教学"勤""懒"结合的艺术

于重视学生眼前的利益的短视行为,而应多关注学生的全面素质、研究能力的提高,多关注教学创新,多关注学生长远的发展。

如果立意不高,语文就只能在低处行走。在当下的语文教学中,就有一部分执着于语文课改的教师带领学生真正行走在语文的诗情画意间。人教版高中语文教材有"梳理探究""名著导读"板块,教师可"懒"得暇,为学生留出足够的时间,让他们自己阅读与探究。美国著名语言教学理论家克拉申认为,真实的阅读应该是让学生自由地读,没有什么限制,不要求学生做阅读练习,也不要求学生写阅读笔记,让学生的阅读活动直接指向阅读。在这一过程中,教师需要做的是制订阅读方案,提出阅读建议,加强过程评价。"懒"得暇的语文教学中更多的是指导学生对文本进行原汁原味的个性化阅读,真正读出学生心目中的"哈姆雷特"。

传统教学下的题海战术,使学生疲于奔命。"勤"行远,可以提供给学生发展的可能性,有利于避免学生思维的僵化。"懒"得暇可以让教师的课堂教学水平得以提高。"勤"行远和"懒"得暇相结合的教学艺术把握住了"勤"与"懒"的辩证关系。"勤"于着眼长远,是为"懒"于短视做准备,让教师"勤"在当勤之处,"懒"在该懒之时,"勤"与"懒"结合,学校的整体教学质量也会有大幅度的提高。

以作文教学为例,教师就可以将"勤"行远和"懒"得暇结合运用其中。现实中,在高考的"指挥棒"之下,教师常常盯着高考动态,围绕着高考给学生提供典型的范例,提供议论文常见的结构方式、表达方式,并反复训练。这样的短视行为会造成怎样的结果呢?就是学生写出来的文章千篇一律,高考作文完全成了新式八股文。

但是,新课程标准重点强调写作教学"贴近学生实际",让学生表达真情实感,这就要求教师要注重学生在社会和生活里的学习、体验。对于高一阶段的学生来讲,我们可以将眼光放远,安排学生走出课堂,做一些社会实践调查,并引导学生熟悉各种文学文本、热点问题甚至言语习惯。在高一阶段可以尝试帮助学生锻炼记忆,积累写作素材,开阔视野,并指导学生多关心政治、关心社会、注意人格修养,懂得观察生活,懂得如何做人。

"勤"行远的作文教学尊重学生的创作主体意识。对于学生的文章修

改点评，教师就可以"懒"得暇。只要学生愿意动手写，就应该给予肯定和赞许，而不应用简单的"阅"字和分数来代替。"懒"得暇强化了学生的写作兴趣，浓厚的兴趣是调动、激发学生创造才能的起跳板，学生的创新能力因此得到了更好的发展。

"勤"行远和"懒"得暇相结合更有助于学生揽取语文学习中的胜景。

### （六）"勤"桥接，"懒"棚架，"勤""懒"结合共赢

所谓桥接，就是要在学生与生活、学生与知识、知识与知识之间搭建一个沟通、联系的桥梁。"勤"桥接的教学法打破了传统的单纯以知识为中心的学科章节体系，以一个统一的核心去统筹丰富的教学内容，将属于不同阶层、不同序列的内容整合起来，使所学的知识具有很强的综合性、独立性、开放性、灵活性和可替换性。在日常的教育教学中，教材是桥，师生通过"过桥"，实现语文能力素养的增长。课堂亦是桥，教师通过引渡，让学生从此岸到彼岸，实现语文核心素养的提升。

语文教学要注重语文应用、审美与探究能力的培养，引导学生对自然、社会和人生形成更深刻的思考和认识。课堂上，学生往往会有不同见解和思维观点，他们可以把教材之外的文章引入到自己的解读之中，也可以将不同风格的作品进行比较。此时，教师要善于发现、耐心倾听，并鼓励学生一步一步地深入思考，只有这样才能为学生打开继续探索的空间。

"勤"桥接法在有限的教学时限内，增加了课程教学的容量，有助于强化教学效果，激发学生的学习兴趣。"勤"桥接法还拓宽了学生获取知识的广度，培养学生热爱古代文化的兴趣。如在学习《荷塘月色》时，可以联系"荷""月"的有关诗词与名句。又如，学习古诗词"无言独上西楼""雁字回时，月满西楼"时，引导学生深入思考：为什么不说东楼呢？从表面看来，西楼是思念者所居住的地方。进一步思考，日月星辰，东升西落，"西"既暗示时间的推移，又有低沉的悲伤之感。

"勤"桥接，有助于教师带领学生超越单一的、低层次的知识储备，上升到高层次的情感和意义领域，使课堂教学由浅层转向深层，在思想认识、思维方法、审美判断上给学生一定的启迪作用。如在《窦娥冤》一文中，窦娥对再嫁深以为耻；而在《孔雀东南飞》中，刘兰芝被休后，很短

## 第三章 语文教学"勤""懒"结合的艺术

一段时间内就有人上门提亲。两位女主人公都有着不幸的婚姻，但当时的婚嫁文化却有很大不同，通过对比与联系，可以让学生主动去了解各朝的文化背景，扩展文化视野。

总之，语文教师要利用好教材，掌控好课堂，习惯于多方面桥接，做好沟通交流。

棚架者，乃用竹木搭的有棚的架子，上面覆盖着用席或布做成的遮风挡雨的东西，类似于简陋的小屋。而所谓的"棚架现象"主要是指某些机构、政策或法令的行动力度只停留在表面，落实不够扎实，执行力不足，督导不到位，没有达到预期效果，如同建房只有棚架装样子，没有具体的基础和墙体。

在语文教学中也存在着"棚架现象"，即说得多，落实少；表面上重视，在教学方法和内容上缺乏统筹。尤其是在阅读教学中，"棚架现象"经常出现。教师将阅读布置为课外作业，在课堂上的教学较少，甚至关于阅读的技法也只停留在口头上，几乎没有真正督导学生动手去实践。

在语文教学中运用"懒"棚架技法，就是要引导学生自主学习，从教材主干出发，狠抓落实，将原有知识和现有知识沟通联系起来，在知识和试题形式、内容之间建立起正确的联系。

"勤"桥接和"懒"棚架相结合，有助于锻炼学生的记忆和思维能力。

我们知道，每一部文学作品的产生都有其社会背景和创作者的特殊人生经历，作品呈现出来的创作风格、主题意蕴等会随着社会环境、现实生活、个人情感的发展变化而不断改变。此时运用桥接法，将不同作者的类似作品，同一作者的不同作品以及不同作品中的某类人物桥接在一起，让学生做出新的思考和判断，将会使学生的思维更加深入。我们在学习杜甫的作品时，教师要"懒"棚架，积极引导学生"勤"桥接。杜甫经历了唐朝由盛而衰的转变，创作风格经历了4个阶段的变化。他的传世佳作《望岳》是在读书和壮游时期创作的，体现着他年轻时期的气概和抱负；《兵车行》《丽人行》是其对自己在长安10年期间辛酸流浪的生活的反映，也是其认识到统治阶级的腐朽的代表作品；他在战乱流离时期的代表作品有《春望》、"三吏"、"三别"等；在西南漂泊时期，杜甫虽身无居所、颠沛流离，但依然忧国忧民，从这一时期的作品——《茅屋为秋风所破歌》

《登高》《蜀相》《闻官军收河南河北》等——可见一斑。所以，教师还应引导学生联系生活，个性解读，赋予文本以生命和活力，才能更好地揭示其全新的潜在意义。

长期以来，课堂文言文是个老大难问题，学生对文言文的学习产生畏惧、厌烦心理。此时，如果采用"懒"棚架法，就能让学生在牢记课堂教学的文言规律知识，应付考试的同时，还能认真品读教材中的文言文作品，甚至在课外进一步阅读其他文质兼美的经典文言作品。学习文言文作品是为了挖掘哲理内涵，传承经典文化。"懒"棚架教学，可以激发并调动学生对传统文言佳作的阅读与学习兴趣，让学生在阅读中批判地继承传统文化，发扬中华民族的优良传统，激发学生的爱国热情，并增强学生的文化认同感和民族认同感。

另外，在学习文言文作品时，不能用静止的、孤立的、片面的观点品评作品的内容与价值，要用发展的眼光，在浩瀚的历史长河中理解作品的内容价值。故而教师运用"勤"桥接法引导学生欣赏文言文作品时，可以让学生用两重身份（即古代人身份和现代人身份）欣赏作品，如此更利于学生"用历史眼光和现代观念审视作品的内容和思想倾向"。

将"勤"桥接和"懒"棚架结合，运用于语文教学中，不但培养了学生主动思维的能力，还让学生掌握了分析、解决问题的方法，教师与学生融为一体，真正实现了教与学的共赢。

第三章 语文教学"勤""懒"结合的艺术

# 第三节 语文教学如何做到"勤""懒"结合

## 一、语文教学"勤""懒"结合的宏观要求

### （一）先"勤"后"懒"，由"勤"入"懒"

语文课程是学习祖国语言文字运用的综合性、实践性课程，《普通高中语文课程标准（2017年版）》指出，语文课程开发要以核心素养为本，加强实践性，注重时代性。这就需要加强课堂教学方式的改革。虽然我们一直倡导课堂上教师的主导地位和学生的主体地位，但是在教学活动中，教师究竟该怎样充分发挥自己的主导作用，真正实现以学生为主体，让课堂高效而有活力呢？教师不妨深思，课堂上让学生"活"起来，教师"懒"旁观，先"勤"后"懒"，由"勤"入"懒"，实现高质量的教学效果。

常言道，"一勤天下无难事"，"人勤地不懒"。而我却提倡教师要学会"懒"。"懒"就要求教师真正大胆放手，真正做到以学生为主体。长期以来，我们的课堂模式一直是教师心甘情愿做"蜡烛"，确实燃烧了自己，但学生似乎并不买账，一节课下来，教师倒是"鞠躬尽瘁"了，学生却迷迷瞪瞪；教师滔滔不绝，学生昏昏沉沉。长此以往，貌似勤快的教师实则培养出了懒惰的学生，导致学生有极大的依赖思想。勤快的教师越俎代庖，问题按照自我的设计环环相扣，课堂上没有讨论声，没有争辩声，没有质疑声，这样的"一言堂"显得悄无"生"息。其实，教师不妨"懒"一下，把课堂真正还给学生，不要把持话语权，只是做一只启迪智慧的"打火机"，激发学生进行智慧碰撞。

唐代文学家韩愈在《进学解》中言："业精于勤。"学业的精深造诣来源于勤，语文教师的专业成长肯定也离不开勤，只有先"勤"才能做到后"懒"。"勤"是形声字，本为劳累、劳苦之义。"勤"的义项很多，但

"做事尽力，尽力多做"是其主要之义。语文教师对自己的教学事业必须心怀这样的"勤意"，勤能补拙，勤能生慧，在不断的勤于思考、勤于探索、勤于实践中总结"懒"的指导方法。课堂教学中，教师重在发挥主导作用——提供方法，启发思考，碰撞智慧。这就要求教师真正做一名读书人，多阅读，多思考，多沉淀，多转化，博采众长，为己所用。"木无本则枯，水无源则竭"，教师不断为自己注入活力之泉，保持自己的"半亩方塘一鉴开"，才能滋润学生的心田。没有"勤"做基础的"懒"是行不通的。中国文化博大精深，教学技能也纷繁复杂，教师只有做到勤奋，才能具有真智实才，才能在教学中取得一定的成就。

唐代白居易诗句"日高睡足犹慵起，小阁重衾不怕寒"，言懒中流露出自在的惬意。教师如果在"勤"上做足了功课，以"勤"为客观前提，就能在教学中游刃有余，享受"懒"的惬意。如我在引领学生赏析小说《祝福》时，由于课前对小说阅读的考查重点进行了充分备课，我提出了以下几个问题：(1)作者是怎样刻画祥林嫂这个人物形象的？(2)小说主人公是祥林嫂，为什么以"祝福"为题？(3)是谁害死了祥林嫂？找出造成祥林嫂悲剧的根源。整堂课，教师少说为妙，学生讨论探究多多益善，学生"仁者见仁，智者见智"，既锻炼了发散思维，又提高了语言组织能力。给学生一个平台和支点，他们真的会展现出出乎我们意料的精彩。

学习《我有一个梦想》，不妨采用新闻发布会的形式，让一个学生做新闻发言人，其他学生做记者提问："你有一个什么梦想？""为什么会有这样的梦想？""怎样实现你的梦想？"等等。学生自由提问，畅所欲言，兴趣高昂，课堂气氛热烈，这不正是我们想要的"懒"吗？

叶圣陶先生说过，"教是为了不教"。先"勤"后"懒"，也是同样的目的。但这里的"懒"，绝不是"懒"于备课、写教案、批作业，偷懒或图省事，而是一种"勤"后的不必事必躬亲的智慧。记得有一次听一位教师讲授《装在套子里的人》，课堂导入倒是很新颖，他创设了一个语言情境，让学生集体做"狄仁杰"，跨国破案追凶，探究沙皇俄国中学一名男教师的死因。一石激起千层浪，一下子激发了学生探究学习的兴趣。但是在接下来的教学中，学生仅仅满足于离奇的破案分析，却忽略了对小说中人物形象的分析及小说主题的探讨，脱离了教学目标，这样的课堂氛围注定是虚假的繁荣和热闹，这名教师虽在努力做一名"懒者"，但缺少有针对性的"导"，从而不能收到理想的教学效果。

"问渠那得清如许，为有源头活水来。"网络时代背景下，学生获取知识的渠道非常广泛，教师必须做一名虔诚的学习者、研究者，不断学习，提升自我，腹有诗书气自华，靠扎实的专业知识和广博的见闻吸引学生，引领学生。

### （二）多"勤"少"懒"，以"勤"达"懒"

作为语文教师，举手投足、言辞流露无时无刻不在影响着学生，这就需要教师勤于修炼自己、提升自己、完善自己。教育不同于其他领域的学习，不是机械的技术传授，而是要让学生学会学习，主动探索解决问题的方法。常言道："师傅领进门，修行在个人。"教师需要多勤于业务，然后大胆放手，稍"懒"一些，给学生充分发展的空间，以"勤"达"懒"，既让学生获得知识，又能达到核心素养立德树人的目标。

教师要勤于提升自己的职业修养，做一名博学多识的教师，让学生"亲其师，信其道"，从而赢得学生的尊敬和家长的信任。语文是一门语言艺术，讲究艺术的语文教师会成为学生的拥趸，而学生亲其师，自然信其道。语文课堂包罗万象，"学然后知不足，教然后知困"。语文教师，要努力成为"杂家"，博学多才更容易赢得学生的喜爱。

新课标背景下，教师角色在变，学生的学习方式也在变。备课已不再是对教学内容的简单阐释、对教学方法的简单展示，而需要教师及时更新教学观念，从新课程理念出发，勤于探究备课内容，重视学生的主体学习地位、学习方式、学习积极性，在充分调动学生学习兴趣的基础上提高课堂教学效率。备课时，教师重点在"导"上下功夫，甚至针对不同的班情、学情制订个性化的套餐，从而激发学生的求知欲望。教师在备课时就要充分考虑好学法指导，以期通过每节课的学习，让学生都有不同的思路、渠道和方法，从而提升学习效率。

课堂教学中，教师要勤于引导。高效的课堂，学生一定是学习主体，但因个体差异，每个人对教学内容的理解都不尽相同，这时教师就要找到学生的思维兴奋点并及时引导，抓住关键问题引导学生展开对文本的理解

## 语文教学"勤"与"懒"的辩证艺术

与思考。如在学习诗歌《念奴娇·赤壁怀古》时，学生不理解诗人苏东坡为什么在众多英雄人物中忆起周瑜，这时我及时引导学生对周瑜和诗人进行比较探究，从年龄、生活、外表、职位、际遇等方面思考、探究二人的异同之处，学生很感兴趣，讨论激烈，疑问迎刃而解。预设的问题不等于课堂生成的问题，预想的教学与现实课堂往往有一定的差异。对于教学过程中生成的问题，很多时候学生都浮于表面，不能深入问题的关键，此时就需要教师对其进行合理的组织与引导。

提升学生的能力，教师在课堂中点拨要勤。学生是学习的主人，但他们未必能圆满完成学习任务，并将所学知识进行合理的分化与整合，因此教师的有效交流与促进实有必要。当学生思维模糊、理解不到位时，教师的点拨、精讲，可及时帮助学生回到正确的思维轨道上来，有助于学习效果的增强。如在分析《祝福》这一课，探究造成祥林嫂悲剧的根源时，学生只想到了跟祥林嫂有关的直接人物，并没有深入思考封建制度的残害，我及时给学生点拨，分析了封建社会的神权、族权、夫权、政权，让学生最终明白封建礼教、封建思想、封建制度才是祥林嫂悲剧的根源。教师做一名"监工"，当勤时不懒，随时"隐退"，及时"复出"，使学生得到锻炼，能力得以提升。

但是，事事包办的"勤"教师不一定是好教师，反而会带出"懒"学生，因此，教师也要学会"懒"。但"懒"是有条件的，"懒"之前，教师要把"勤"做到位，多"勤"少"懒"。课前"懒"一点，布置学生根据导学案自己预习。学生通过预习，初步扫清字词障碍，查找相关资料，养成自主学习的习惯。预习是学生自己摸索，自己初步感悟、思考的过程，会预习就是学生走向独立学习的第一步，长期坚持，学生独立思考的能力就会有质的飞跃。课堂"懒"一点，支持学生积极讨论，给学生主动学习的机会。学生才是学习的主体，教师要鼓励学生大胆发言，中肯地对学生的发言进行评价指导。当教师"懒"于课堂时，学生就会积极主动地参与到课堂中，互相倾听，吸收别人好的见解，互相鼓励。在这个过程中，学生的思辨能力得以提高，教师何乐而不"懒"呢？

"懒"的基础是"勤"，"勤"的目的是"懒"。教师要勤于思考、勤于琢磨，勤于鼓励学生创新探究，让每一个学生都体会到收获的喜悦，享

第三章　语文教学"勤""懒"结合的艺术

受到学习的快乐！

### （三）依"勤"定"懒"，当"勤"不"懒"

"二八定律"是经济学中的著名定律。根据"二八定律"，在任何一组东西中，最重要的只占其中的一小部分，约20%，其余的80%尽管是多数，却是次要的。由此我认为，课堂上教师讲授的时间如果量化分析的话，应控制在20%左右，其余的时间可以交给学生，让学生自主学习。凡是学生自己能够看懂的，教师不讲；凡是学生自己能探究出结论的，教师就不要操心。教师要适当偷懒。其实，教师的"懒"并不是放任自流，而是"懒"在当懒之处，"勤"在当勤之时。教师在"懒"之前需要具备过硬的业务水平，需要具备良好的课堂调控能力和随机应变能力。课堂上看似"偷懒"，实则是需要教师在课下勤于钻研教材和教法，需要教师课下狠下功夫，加倍勤奋、勤劳。

一是教师"勤"在驱动，动而后"懒"。课前教师精心备课，潜心设计导学案，用导学案的任务驱动，让学生有事可做。课前教师设计导学案必须"勤"一点，但在学生自主预习的过程中则可以"懒"一点，让学生根据导学案自己预习。比如，教师在讲授《声声慢》这一课时，课前做好充分的备课，设计好问题，并将导读单、问题解决单和拓展单发给学生，让学生据此主动思考、预习关于李清照的生平事迹、前后期生活变化，以及她的词风、她在词界的影响等。

二是教师"勤"在课前，"懒"在课上。教师课前可以发挥一切聪明才智做好全面考量，进行教学设计，做到学情前置化、问题系统化、活动丰富化、思维碰撞白热化、合作学习深潜化，甚至异常情况模拟化，这时候怎么样"勤"都不为过，且来不得半点"懒"。但教学设计一旦确定，教师就只能在内心"勤"于查漏补缺，行动上却"懒"于干涉、打断和否定、批判。教师此时就好比幕后导演，为学生的"舞台"表演做好幕后工作，让学生有更多的展示自我的机会，更多地观察、了解学生，及时调整教学方案，更好地调控课堂。这样，在课堂上，教师可以不用满口的知识点，不用满手的粉笔末，而是可以少讲一点，少管一点，将任务合理地转嫁给学生。仍以《声声慢》为例，课堂上教师"懒"一点，抓住"愁"

语文教学"勤"与"懒"的辩证艺术

字设计好问题,让学生通过小组合作,探讨:李清照在词中为何而生"愁"、据"愁"选了哪些景、怎样入"愁"、"愁"具有哪些艺术性、"愁"在李清照的人生旅程中的点点滴滴,以及其他写愁的名篇有哪些,抒发愁绪的方式有何不同。在探究问题的过程中,学生的思维火花激烈碰撞,求同而存异;学生的讨论此起彼伏,对立而包容。在这样的课堂中,可见到学生争得面红耳赤,但又乐在其中,不时流露出会心的笑容。在这个过程中,教师依"勤"定"懒",故当"勤"不"懒","勤""懒"交替间,使学生的学习思辨能力得以提高。

可见,依"勤"而定的"懒"是一种智慧,更是一种艺术。如在入学之初讲解现代汉语语法时,教师可以只给出含有语法知识的例句,让学生通过观察、提问,自己总结规律。教师讲得少了,学生理解归纳多了,体验多了,记忆就深刻了。关于小说的阅读鉴赏,教师不要逐句逐段地讲解,可以让学生根据相关问题阅读文章,掌握文章的脉络,理解文章的主旨,然后教师再结合试题,帮助学生总结、巩固知识点,层层细化,层层深入,使学生的阅读能力得到不断提高。在这个过程中,教师几乎不讲,学生通过小组活动逐步提升阅读的技巧。通过这样多遍的阅读练习,学生的合作探究能力和阅读能力都得到了提高。教师在课上变"懒"了,学生却变"勤"了,而且是自觉的"勤",心甘情愿的"勤",不知疲倦的"勤"。

但是,教师并不是完全地袖手旁观,也并不是时刻牵制,而是适时地进行适当疏导,当"勤"不"懒",水到自然成。

批改作文是语文教学中的大难题,篇篇增删勾画,学生却一翻了之。在布置作文写作之前,教师已经精心备过课,在批阅的时候可以"懒"一点。学生是学习的主人,作文是学生写出来的,也应该由其自己修改出来,教师为什么去包办呢?教师在批阅作文时可以提出学生存在的问题,启发学生探究:这篇文章好在哪里?存在哪些不足?应该如何修改?明确评分标准后,通过设疑引导学生主动去修改,也可以让学生互评互改。学生互评作文,看起来是教师在"偷懒",减轻了教师的工作负担,实际上,这是学生的批改和写作能力得以提升的有效途径。最后,教师要勤起来,通过赏析评议优秀作文,引导学生学会写作,学会修改。

## 第三章　语文教学"勤""懒"结合的艺术

只有教师"勤"于课前，在教学中才能依"勤"定"懒"，进退有据，收放自如。作为教师，无论是课前备好课，课中做好点拨、引导、补充和拓展，还是课后反思每节课的成败得失，总结经验，都要做到了解学生，信任学生，调动学生，使学生参与，使学生主动，使学生成长。但是，这并不意味着教师完全放手。相反，教师有目的地指导、精心设计预习题、有效地检查评价都能使教师的主导作用得到更充分的发挥，使学生得到更切实的收获。简言之，教师是在尊重学生主体地位的前提下进行教学，由易到难，由扶到放，对学生进行必要的指导，充分展现课堂的精彩。

### （四）宜"勤"宜"懒"，既"勤"且"懒"

语文课堂不是流动戏台，你方唱罢我登场，只问过程不问成果。因此，教师必须自始至终坚持到底，既重过程也重收获，让语文教学变成"心心相印"的艺术。但问题是，如果一个语文教师的表现欲望过于强烈，往往就会使课堂成为教师一个人的舞台，无法与学生产生共鸣；如果教师木讷不善言辞，课堂则会沉闷无聊、枯燥乏味，让学生对语文学习失去热情。语文教学"勤""懒"结合的辩证法，宏观上的表现应该具有这样的一面："勤"时是最美的，"懒"时是迷人的；既能"勤"如绵绵细雨点点滴滴润透心灵，也能"懒"似淡淡清风若有若无抚皱心田；"勤"与"懒"在课堂上浑然一体，辩证转换。宜"勤"宜"懒"，既"勤"且"懒"，这样的课堂，怎能不让人心动万分？

宜"勤"宜"懒"，既"勤"且"懒"的教学，可以有如下做法：

一是宜"懒"则"懒"，既"勤"且"懒"。凡是学生能解决的，教师就不能包办替代，要用教师的"懒"来带动学生的"勤"。

（1）在课前预习中，凡是学生可以借助工具书解决的问题，就让他们学会利用工具书解决问题。

（2）部分作业可放手让学生互评。譬如作文，学生互改作文时，教师只需做必要的指导以及在学生推选的佳作中再选佳作，做示范讲评，在各个等级的作文中选代表性作品做鼓励性评析即可。其他常规作业，如默写背诵、积累摘抄等，可交给组长、课代表检查，每日基础一练，可让学生

轮流出题，轮流做题，轮流讲评。

（3）课堂上要尽量让学生动起来，主动参与课堂教学活动，教师只解决学生无法解决的问题，不要什么都讲，都抓。

（4）学生能做的其他事情，教师千万不能代做。学习是循序渐进的过程，挫折和失败也是成长过程中必须经历的事。包办学习，就等于对学生说"你不行"。"不做学生能做的事"，表面上是"懒"，其实是教师"勤"用智慧的结果，是先进的教育理念，是宜"懒"，是既"勤"且"懒"。

二是宜"勤"则"勤"，既"勤"且"懒"。教师不能一味地"懒"，宜"懒"当与宜"勤"交相辉映，共同见证语文课的神奇。

语文教师在哪些方面宜"勤"呢？

（1）要在掌握学情基础上"勤"。教师要随时走近学生，关注学生的语文学习状态。备课时要充分考虑学生特点，根据学生的学情来制订合理的教学目标、教学重点和难点，选择合适的教学方法，预想课堂上可能会出现的问题。另外，在教学过程中，还要根据学生的学习情况，不断做出相应的调整，以便更好地让教和学达到统一。

（2）要在学习心理上"勤"，要激发学生的兴趣，保持学生的注意力，锻炼学生的意志，优化学生的性格与气质等。一句话，充分地发挥学生的非智力因素。

（3）要在教学反思上"勤"。教师在教学过程中也要善于写教学反思，回顾教学过程，看教学预设和生成是否相符，分析得失成败，查找原因，寻求对策，为下一次的精彩课堂教学做好准备。

（4）要在教学研究上"勤"。勤于研究中国教学传统，研究国外优秀教学经验，研究学生，研究教材，研究高考等。

（5）要在做题上"勤"。教师走入题海，才能让学生不步入题海。

（6）在课堂问题设计与评价策略上，务必做个"勤"教师。备课时，教师不能只想着"怎样教"，还要更多地思考学生"怎样学"。尤其是在落实小组合作时，教师一定要精心设计问题，让每个小组明确合作什么、怎样合作。在评价方面，要有及时、有效的评价机制。比如，我曾带过一个班，班名是"尖刀"，在教室的墙面上，8个成绩展示栏就好比是每个小组的"责任田"，小组成员齐心协力，用心地耕耘着自己的这块田地，目标很简单，就是在责任田里收获更多的果实。我们一起不断完善评价方法，每节课后、每次单元作业后，我从不敢怠慢，为他们加星、拍照，在班级博客中展示，通过班级邮箱、校讯通平台向家长汇报他们的进步。只有教师的"勤"，才能确保小组活力的长久性、持效性。

（7）语文教师要在读书上"勤"。语文是关于语言与文化的一门学科，阅读经典，可以在语文的世界里遇到更好的自己。以经典为友，可以使人明智；与经典同行，可以使人灵秀。经典犹药也，可以医愚；经典犹警钟，可以启民智。

教师不妨多读书，读好书，读"杂书"，才能跨越年龄的鸿沟，贴近学生的心灵。

### （五）暗"勤"明"懒"，恒"勤"化"懒"

教学有法，教无定法。教师在教学过程中过于"勤"，只会教出"懒"学生，这样的教育并不符合我国以学生为中心的教育发展方针。如果教师在教学过程中过于"懒"，把所有的教学任务都交给学生，也不符合教师自身发展需要和传授正确知识的身份的限定。语文课程标准要求教师应该着力于学生探究知识的能力的培养、获取知识信息的能力的培养和自主学习的能力的培养。这不仅需要教师着力于"勤"，也需要教师着力于"懒"。所以，在语文教学中，教师更要注重教学中"勤"与"懒"之间的关系转化，懂得暗"勤"明"懒"，恒"勤"化"懒"。

（1）暗"勤"明"懒"。明暗是一种绘画术语，是指画中物体受光、背光和反光部分的明暗度变化以及对这种变化的表现方法。明暗的处理有一种"自然化"的柔和，并且能够形成强烈的对比，从而让事物表现得更为突出。这和语文教学有相契之处，学生和教师的相辅相成，明暗交织，也是构建"自然化"和谐体的重要方式。所以，语文教师在教学中要学会把功夫用深，但在与学生的互动中，要注重学生主体地位的体现，懂得借力而出，"台上一分钟，台下十年功"的道理。语文教学不同于其他科目的教学，需要有厚重的文化知识积淀才能在教学中游刃有余，这就需要语文教师在教学中"勤"于备课、"勤"于拓展、"勤"于发展、"勤"于进步，不断地深入挖掘文本，了解语文知识的深层脉络，懂得以点带面，以

面带体，从而把握细节，在教学中做一个好的引导者。同时，语文教师也需要"勤"思考，不仅要思考教学内容，更要思考传递知识的方式。作为语文教师，在语文教学中就需要动动脑、懒懒手，把自己变成一个"懒"教师，给学生充分的发展空间。

比如，在讲解人教版《高中语文·必修4》第二单元的时候，教师就可以使用暗"勤"明"懒"，充分地发挥学生的自主性，让学生自己思考，在教师的引导下获取更大的收获。第二单元是诗词单元，里面包含了柳永、苏轼、辛弃疾和李清照4人的词作共8首，分别是《望海潮》《雨霖铃》《念奴娇》《定风波》《水龙吟》《永遇乐》《醉花阴》《声声慢》。虽然每一篇作品都是独立的个体，但是这8首词也是连贯在一起的，并且每个人的词作的风格特点也是不同的。如果单单让教师讲，教师固然能够分析到位，把每一首词的情感都准确地传达给学生，但这样的教学难免落入俗套，最后甚至出现"台上激情飞扬，台下昏昏欲睡"的场面，更何谈学生自主学习能力的提升？所以，在这一单元的教学中，教师在"勤"备课后，要把学习主动权交给学生，让学生自己动手去查相关的作者信息，查词的发展历史，分析每首词所体现的内容情感和各首词之间的不同、相同之处。学生的自主创造能力是超乎我们的想象的，他们可以在有效时间内，完成教学要求并根据自己的兴趣爱好获取更多的知识。把学习主动权交给学生之后，学生会主动并且也乐于向其他学生分享自己的劳动成果，在互动交流中，收获更多。这样的教学，教师明面上看起来是"懒"教师，但在暗里做了许多"勤"工作，才让学生动起来，而且动得有效果，学生在获取知识的同时也享受到了获取知识的乐趣。

(2)恒"勤"化"懒"。"恒"强调的是持久性，是语文教师要一直保持的状态。作为语文教师，要做到恒"勤"于学。语文教学工作是一门艺术，教师不能想当然地去做或者应付地去做，而应该用语文学科最为先进的理论经验来武装自己、指导自己，来获取更多的发展。因此，作为一名语文教师，要把恒"勤"于学作为自己的信念，通过学习，不断地提升自己的理解能力和教学能力，不断地充实自己。"他山之石，可以攻玉"，语文教师要恒"勤"于学，将"拿来主义"运用到语文教学中，用哲人和名师的经验来解决教学过程中的实际问题。语文教师还要恒"勤"于生，对学生要有充分的认识,对学生的语文学习情况要有一定的了解,这样在教学中才能够贴近学生的实际学习情况,从而让他们更容易接受。

恒"勤"化"懒"的"化"强调的是循序渐进。在语文教学过程中,语文教师要学会用恒"勤"化"懒",既要循序渐进地消解学生的"懒",更要循序渐进地发展自己的"懒"。作为一名优秀的语文教师,要适时地化"懒",不要把所有的任务都集中于一身,要让学生"勤"起来,化解学生的"懒"。第一,教师可以借助课代表的力量,带动班级学生提升对语文的学习兴趣。语文课代表是班级语文学习的"带头羊",所以每个语文教师都需要认真挑选一个责任心强、学习上进、坚持原则并且热爱语文的学生担任语文课代表,并且注重对课代表关于语文学习方法的指导,以及发现问题、解决问题的能力的培养,这样课代表就能帮助教师分担一些语文学习任务,既使自己得到了锻炼,也让教师的恒"勤"化"懒"取得良好效果。而且,在班级语文学习中,课代表能够有更多的反馈,针对本班学生提出更有针对性的语文学习方法,这也是恒"勤"化"懒"的效果体现。第二,教师可以通过对在日常作业、日常课堂表现、日常测试等方面表现优秀者进行表扬的方式来提高学生学习语文的兴趣。学生其实对于表扬是很渴望的,教师对学生学习的认可也是在给他们继续学习的力量,所以不要吝啬表扬,恒"勤"于表扬,以不断提升学生学习的自主性,让学生真正地学得开心,学得有劲!

无论是暗"勤"明"懒",还是恒"勤"化"懒",我们都要看到"勤""懒"之间的相互联系。语文教师要善于将"勤"与"懒"谱奏成曲,为语文教学的发展弹奏一首美妙的音乐。

## 二、语文教学"勤""懒"结合的实施策略

曾国藩多次要求弟弟要做到"看、读、写、作,四者每日不可缺一"。曾国藩不只要求家人这么做,本人更是身先士卒,曾氏家族日后人才辈出,与曾国藩以身作则、勤于自勉和励人有很大关系。

但能够做到和孔子、王阳明一样,立言、立德、立功,先天平凡如曾国藩,真的只靠后天的努力吗?答案自然是"非也"。曾国藩有一段话说

得好:"当读书则读书,心无着于见客也。当见客则见客,心无着于读书也。一有着,则私也。灵明无着,物来顺应,未来不迎,当时不杂,既过不恋。"这才是曾国藩真正的成才之道。当勤奋在意则勤,不当则勤中有懒;只要勤心不忘,还没到来的即懒于理会;但对眼前所勤之事,则心无旁骛;勤者在先,懒者在后,以勤达懒,如入雨不沾湿,入花不濡香,心思通明,一身轻松。

将曾国藩的成才之道应用于中学语文教学,我们就应该勤于"每日不可缺一"的"听、说、读、写",同时善用"勤"与"懒"结合的原则,形成自己的教学策略。

### (一)"勤"中取"懒":频听雨荷三两声

"胭脂雪瘦熏沉水,翡翠盘高走夜光。"出自金代蔡松年的《鹧鸪天·赏荷》。这句诗拉近了人们的视野,由远及近,写水中荷花,写花下荷叶。所谓"胭脂雪",苏轼诗云"卧闻海棠花,泥污燕脂雪",意红白相杂之色。"沉水"即沉香,闺房熏用。"夜光"借指荷叶上滚动的水珠。荷花飘香,水珠着色,不由使人向往如这般皎洁秀美的景色。暗香袭人,天光云影间,那些留存的水珠愈发让人喜爱和怜惜,幽静温馨的画面让人更加深刻体会到雨荷的精髓。经历频听之"勤"的铺垫,渐"懒"而得的三两滴水珠里,浸润的才是雨荷最美的声音,是为频听雨荷三两声!

语文教学的"勤""懒"结合的实施策略,也是如此。只有"勤"字当头,逐渐浸润,深至灵魂,才能在平淡的"懒"中撷取到神韵,盛开艺术的花朵。也就是说,语文教学想要出成绩,"勤"是必须的,但是更应该学会"勤"中取"懒",只有在教学笃定的"勤"中享受到淡远的"懒",语文教师才能承担较少的教学压力,培养出勤快且淡定悠闲的优秀学生。

就"听"而言,同样的课堂,同样的教师,同样的课本,同样的教学,听同样的课,为什么学生的成绩会有很大的差异?这和教学中教师有没有注意到"听"的关键、关注到学生"听"的效果有很大关系。教师只是在讲台上面勤奋努力地讲,什么都替学生讲到,可是学生却"听"不到,这不是有效的教学。因此,要学会"勤"中取"懒",培养学生

"听"的能力。

"听"是一门艺术。有些学生听课不专心,容易开小差;听懂了一些,就容易满足,不再深究下去;或只拣有趣的听,听到一些深奥的就皱眉头,放弃努力。这样的学生会陷入"懒听"—"不会听"的恶性循环。相反,一些学生却能"勤听"而至"会听",他们往往能轻易地听出主次,听出要点,并能听思结合,自觉地将新旧知识有机地结合起来。他们看上去很"懒",没有做到面面俱到,也没有显得疲于应付,但他们听得轻松,听得印象深刻。其实,他们也会有一时听不清或弄不懂的地方,这时他们选择的是"勤"中取"懒",坚持而不放弃,带着三分"懒意"去"旁听",在慢慢听下去的过程中领会前面不懂之处。

那么,怎么"勤"中取"懒",让学生"频听雨荷三两声"呢?

1. 频弹妙曲千万重

范读,即教师把课文读懂、读顺、读通。教师的仪表、眼神、手势、姿态及身体各部位,相互协作,共同表达思想、润饰口语、表露情感。范读易感染学生的情绪,使他们在细心聆听时如身临其境,陶醉其中,爱其所爱,恨其所恨。

(1) 教师"勤"于范读,提高学生的理解水平

中国有句古话——"只可意会,不可言传",说的就是对语言的理解。语言之美有多种表现,有如"银瓶乍破"的激昂,有如"昆山玉碎"的清脆,有如"高山流水"的高妙,等等。唯有听之,看之,感之,调动多方面的感觉,才能加深学生对作品的品读与理解。

比如,《项脊轩志》是篇感人肺腑、催人泪下的回忆性散文,全文以作者青年时代朝夕所居的书斋项脊轩为经,以归家几代人的人事变迁为纬,真切地再现了祖母、母亲、妻子的音容笑貌,也表达了作者对3位已故亲人的深切怀念。教师在细致地了解本文中人物的性格特征,揣摩人物的语气后,通过范读来传神地再现作品,让学生身临其境地感受作者的情感,可以达到更好的教学效果。祖母那怜爱、赞美及殷切的期待:"吾儿,久不见若影,何竟日默默在此,大类女郎也?"母亲那慈爱的关切:"儿寒乎?欲食乎?"妻子传达小妹之语,天真中含着好奇与顽皮:"闻姊家有阁子,且何谓阁子也?"教师通过范读把这些人物的性格、语气准确地表现

出来，更能突出言犹在而斯人已逝的那种刻骨的悲痛，让人潸然泪下。

(2) 教师"勤"于范读，加强学生的敏锐语感

叶圣陶曾就文言文阅读提出了自己的方法：读文言文时，声调铿锵；读语体文时，就同话剧演员在舞台上念剧本台词一般。

教师范读，学生聆听，通过反复训练，能帮助学生快速地领悟文本主旨。

如戴望舒的《雨巷》，初读时并不理解那个丁香一样的结着愁怨的姑娘为何哀怨，为何独自彷徨，再读时由那个黑暗的社会联想到作者的无奈，感受之，倾听之，我们仿佛也变成戴望舒了。语感对学生理解语言深层的含义具有积极的作用，因此，教师要通过"勤"范读来加强学生的语感。

(3) 教师"勤"于范读，提高学生的审美水平

叶圣陶说："设身处地，激昂处还它个激昂，委婉处还它个委婉……尽情发挥作者当时的情感。"教师要通过声情并茂的范读，使学生产生感情，激发兴趣。范读是教师的行为，效果如何，取决于学生的参与程度。教师范读时，学生要用不同的方式参与。

教师范读，学生聆听。要求学生不看课文，只是全神贯注地听，其侧重点是训练学生的听力。这时如果有幻灯片、录像等电教媒体的配合，入情入境，效果更佳。如教授《边城》一课时，教学开端，教师就可以一边范读，一边播放录像。学生边听边看，很快就融入了文章所描绘的美景中。

(4) 教师"勤"于范读，放飞学生想象的翅膀

想象如风，带我们遨游宇宙；想象如水，浇灌我们干涸的心田；想象如润滑剂，给我们僵硬的思维注入力量。在教学中，教师会用多种方法为想象插上腾飞的翅膀，穿越时空隧道叩开作者的心门，范读就是其中一个很好的方法。教师通过声情并茂的范读，提高学生的想象力，回到作者创设的秘境。

比如，我在教学《蜀道难》一课时，一边范读，一边放音乐，让学生闭着眼睛，尽情地想象。读完后，我问学生："你们都看到了什么？听见了什么？"学生畅所欲言，思维开阔，蜀道峥嵘、突兀、崎岖、奇丽、惊

险和不可凌越的磅礴气势，山之高、水之急、河山之改观、林木之荒寂、连峰绝壁之险，在他们的脑海里都"活"了起来。

2. 自取雨荷三两声

在教学过程中，范读"勤"一点，不仅可以展示语文教师独特的风格与魅力，而且可以以身示范，激发学生学习的热情，整体提升学生的语文素养。然而，教师"勤"中要会取"懒"，这种取"懒"行为，不是一种投机取巧，而是善于利用现代化的信息教学技术，丰富的教学手段，来提高教学效果。

（1）"勤"用多媒体手段取"懒"

学生在学习过程中，想学而学不会，想读而读不好的时候，教师可以利用多媒体手段予以示范，给予启发。讲读课文时，教师利用多媒体手段适当地范读，对帮助学生理解课文的重点和难点，掌握朗读技能，能起到事半功倍的效果。

同时，可适当地在课堂上展示一些经典影视文学作品，对文字进行别样的解读和呈现。借助影视作品，可以生动形象地呈现课文内容，为学生带来别样的感受。

比如，在讲《林黛玉进贾府》一课时，借助影视作品来呈现王熙凤的进场，教师不费吹灰之力，就可使学生心领神会。沈从文的"湘西世界"不好领会，看一看电影《边城》，学生自然就能走进边城、走进湘西，感受那里的人情之美、人性之美。《雷雨》《祥林嫂》《林教头风雪山神庙》等课文，都可以借助影视作品来展示，以帮助学生更好地理解。到网络的世界冲冲浪，教师一定能收获满满。

（2）"勤"用信息技术取"懒"

随着信息技术的发展，教师可以借助一些电子信息设备来辅助教学。纸质的报纸杂志，网上的音频、视频、公开课、时评等，都可以成为教学的辅助素材。

总之，不论是教师使用浑身解数"勤"于范读，为学生呈现"视觉盛宴"，还是教师"懒"一点，借助科技工具给学生带来别样的感受，只要学生"听"得多了，自然就会"听"出好来，最终必然"听"得美起来，在"听"中美美与共，歆享了语文教学"勤""懒"结合的艺术。

## （二）"懒"中促"勤"：说尽心中无限事

《鬼谷子》中有言："口者，心之门户，智谋皆从之出。"俄国小说家契诃夫也有句名言："书是音符，谈话才是歌。"教学的智慧必须经由学生锦心绣口的表达，才能将"死"的知识和教材转化为灵活生动的淙淙音乐，每一个音符都被赋予新的生命，舞蹈成通心的精灵。正如鲁迅所说："沉默呵，沉默呵！不在沉默中爆发，就在沉默中灭亡。"语文教学必须成为学生的爆发之道，教师"懒"于脱口秀，促成学生"勤"于表达；只有当学生尽情自在、无所保留而又无所不包地说出独属于他自己的那份无限心事，心与心在课堂上敞开门扉，课堂才会闪耀出珍珠的光华，相映成趣，音符跳跃汇成歌的海洋，心潮澎湃。

语文教学过程中，教师要学会当"懒"则"懒"，只有"懒"一点，才能促使学生"勤"表达，让学生在课堂上"尽说心中无限事"。新课标也提出了根据不同语境进行得体的表达与交流的要求，这正是语文课堂教学"勤""懒"结合的实践和理论意义所在。通过教师的"懒"张口，促进学生的"勤"开口，生生交流消除彼此的顾虑、滞涩和私心杂念，思与思的碰撞间心窍洞开，甘甜回流，暖意倍增，学生自然会爱上"说"的方式，从而还课堂以各种美妙的声音，把语文课堂打造成音乐的殿堂。

那么，怎么"懒"中促"勤"，让学生"说尽心中无限事"呢？

1. "勤"于让出，"懒"于献演：精彩呈现课前3分钟演讲

课前演讲能营造良好的课堂气氛，能拓宽学生的视野，能锻炼学生的口语表达能力，很多老师也乐于为同学们提供3分钟的展示时间。

讲什么？内容不限，从时事政治到兴趣爱好，从人物评析到个人理想，要努力做到每位同学都有话可讲。谁来讲？每位同学都要参与其中，在每学期开始前就排列好顺序，可以根据小组的序号进行，可以抽签进行，也可以自愿报名进行，总之每学期的排列方式不尽相同。如何讲？在每节课演讲前，每位同学需要提前一周把自己的讲稿打印或手写完成，交给老师审核，力求演讲的顺利进行。讲的效果如何？如果把高中语文生活比作一片星空，那么课前演讲时的每个人都有着自己独一无二的光芒，只要敢于展示自我，每个人都是最璀璨的明星。

第三章 语文教学"勤""懒"结合的艺术

2."勤"于激发,"懒"于支持:激烈呈现课中的专题辩论

何为辩论?我把它定义为辩难论说。大到国家事务,小到生活中的讨价还价,都离不开辩论这一基本能力。懂得"勤与懒相结合"这种智慧的语文教师,为使课堂辩论效果原生态呈现并达到最佳,会在学生展开论辩的过程中适时"懒"起来,不偏不倚,不置可否,只在最后做客观评价。

辩题如何选择?"勤"激发要将必修教材和选修教材作为媒介,"用教材教",根据需要来使用教材设计辩论。如人教版《高中语文·必修4》教材中,专门针对"辩论"进行了指导与探讨,可利用教材展开经典辩题探讨。辩论氛围如何创造?"勤"激发还需要教师选择、利用资源,为辩论创造活跃氛围,从文字、图片到音频、视频都可成为资源。辩论如何做?"懒"支持需要教师尽量闭嘴,辩论的目的不是一方说服另一方,而是在辩论中理解表达,在辩论中思辨分析。

简言之,要达到"懒"中促"勤",最有效的方法就是实践交流。实践形式是多种多样的,课前演讲也好,课中专题辩论也罢,要因地制宜,因时制宜,因材施教。在这样的活动中,教师"懒"一点无妨,大可以站在一旁看学生热情参与、积极展示。教师"懒"一点,乐得"勤"一点,一样很幸福。

### (三)"勤"里偷"懒":自读经书贮满腹

《东周列国志》中说:"木无本必枯,水无源必竭。"教师自己有活水,才能给学生注入活水,但要让智慧之泉喷涌而出、汩汩不绝,必须汇入学生自己的有源活水。教师勤于阅读才能引领学生自主阅读、广泛阅读,把学生带入文学艺术的殿堂,让学生欣赏其中的盛宴。这就要求教师学会"勤"里偷"懒",给学生留足时间和空间,让学生"自读经书贮满腹"。

那么,怎么"勤"里偷"懒",让学生"自读经书贮满腹"呢?

1.课前导读,"勤"提示,"懒"提供

课前进行结构化预习的时候,教师设计一个"问题导读评价单",对课文涉及的作家作品、写作背景、重点难点等"勤"于精要提示,但"懒"于精准提供,巧妙设计出一条导读红线,让学生将自主的发现穿珠成串。学生在大量阅读的过程中经书贮腹,久积自得满溢。

比如，《琵琶行》是经典篇目，在设计"问题导读单"时，就需要别出心裁：

（1）假设你来到了音乐交流会，需要向他人介绍你最喜欢的一首歌，你会如何描述你听到这首歌的感受？

（2）在古代，有那么3位文人，洋洋洒洒地写出了"摹乐三至文"，把自己听音乐的感受淋漓尽致地表达了出来，让人拍案叫绝，请问这"摹乐三至文"是哪"三至文"？请你找到并大体说说各自的妙处。

…………

这两个问题其实并不好回答，学生想要回答这两个问题，就需要了解生动表达听音乐感受的技巧和方法，还需要阅读"摹乐三至文"的相关内容和艺术评析。等到讲解《琵琶行》时，"兵马未动"，就有这样的"粮草先行"，课堂教学就变成了"有准备之仗"，进而"知己知彼，百战不殆"。这就是"勤"里偷"懒"的艺术，学生"自读经书贮满腹"比教师讲千遍万遍更能解决问题，也更容易享受到阅读空间的无边春色。

2. 课中品读，"勤"留白，"懒"留声

课中品读分两个阶段。第一阶段是教材文本的品读，可分3个步骤：一是触动感官，以情动人；二是追本溯源，登堂入室；三是挖掘主旨，提炼逻辑。

第二阶段是从教材文本走向课外文本的迁移品读，可分3种方式：一是点式迁移品读，由教材文本的精彩点品读，迁移到课外文本的精彩点品读，二者具有相似点。二是线式迁移品读，由教材文本的情感脉络品读，迁移到课外文本的情感脉络品读，二者具有相近性。三是面式迁移品读，由教材文本的主题面品读，迁移到课外文本的主题面品读，二者具有相通性。

品读的要义是一咏三疑，疑是激发动力的源泉，是发挥学生主动性的密钥。

作为语文教师，要善于布"疑"，为思维"留白"。不仅要善于结合教材内容布"疑"，更要善于综合拓展，突破教材范畴，向课外布"疑"，通过布"疑"留下广阔的思绪空间，让学生不做天马行空、漫无目的的想象，而是聚焦课内课外的优秀阅读文本精准思维，点、线、面三位一体，使综合阅读得到提高。在布"疑"过程中，教师尽量做到少发声甚至不发声，在答案的建构上吝于一字之音。教师的"勤"于留白，"懒"于留声，势必激发出学生强烈的求真欲望，这样课堂教学的触角就会伸向更加广阔的天地，创造出更多让人意想不到的精品。

例如，在鉴赏《沁园春·长沙》"鹰击长空，鱼翔浅底"一句时，由"翔"字引出古人炼字的精妙，进而开始课外布"疑"：（1）类似"翔"字的这种用法被称为什么？（2）你能举出哪些和"翔"字有异曲同工之妙的古诗词名句？（3）请分享你所读到的"一字之师"的名人故事。通过这种布疑的方式，同学们文思泉涌，鉴赏文字更是精妙绝伦。比如，

云日相辉映，空水共澄鲜。——谢灵运《登江中孤屿》

【点评】关于水天一色的诗句，有王勃的"秋水共长天一色"，苏轼的"望湖楼下水如天"，杜甫的"乾坤日夜浮"，唐温如的"醉后不知天在水，满船清梦压星河"……这两句诗，比之自不逊色。

上半句，云日辉映，相得益彰显巧妙；下半句，空澄水鲜，水澄空鲜，浑然一体。特别是以"鲜"来写空，更显水之"澄"。碧空如洗，天然一色，使人赏心悦目。整句诗清新开阔，恬淡自然。

不过，最妙处还在于其层层铺陈的魅力。云映日，日辉空，空澄水，水鲜空，一路旖旎，赏玩无限，回味无穷。大谢山水诗之空灵飘逸，由此可见一斑。

3. 课外评读，"勤"批阅，"懒"批判

苏轼曾言："腹有诗书气自华，读书万卷始通神。"但"尽信书不如无书"，只读书不思考对提升学生的阅读能力可谓收效甚微，而课外品读则是平衡读书与思考的不二法门。在课外读评的过程中，教师要以"懒"为主，可以为学生推荐书目，但要将读书的主体地位归还给学生，督促学生写出书评佳作，让书中的精髓陪伴学生终生。同时，课外评读的检查落实要"勤"，但教师一定要"懒"批判评价，只"勤"做完成与否的批阅。因为学生只有原汁原味地读才能真正读懂弄通，也只有真正的读者才有对所读作品的发言权。

习近平同志曾在中央党校（国家行政学院）中青年干部培训班开班式上发表重要讲话时强调，学习理论要做到学、思、用贯通，知、信、行统

一。教师的阅读教学也要秉持这一原则,"勤"里偷"懒",而让学生"自读经书贮满腹",读原著、学原文、悟原理,让经典流入骨血,注入灵魂。

**(四)"懒"里养"勤":乐写佳篇慧机杼**

机杼,俗称织布机,后比喻诗文创作中的精巧构思。宋代魏了翁在《贺新郎·旧日重阳日》中说:"造物翻腾新机杼,不踏诗人陈迹。"唐代曹松也在《赠镜湖处士方干二首·一》里言:"后辈难为措机杼,先生织字得龙梭。"写作教学的目的,是培养学生"乐写",只有学生自己愿意去写、写得快乐,才能写出"锦口绣心"的佳作。

2019年高考语文全国新课标Ⅰ卷关于"劳动"的作文试题公布后,一时"猜中"之声不绝于耳,随即很多教师的下水作文纷纷出场作秀。我要问的是,这些晒自己作文的教师,你们做到了让学生写过的作文自己都写下水作文了吗?恐怕无一人做到。所以我认为,在写作教学中,真正的现状正是教师的"懒"促成了学生的"勤";但是教师要"懒"里养"勤",勤创新设计作文题目,变着花样让写作贴近生活、融入生活、变成生活的一部分,这样,学生才会乐写佳篇慧机杼。

那怎么"懒"里偷"勤",让学生"乐写佳篇慧机杼"呢?

1. 让学生在自主设计导言与板书中学会写作

曾经有人提出这样的设想:给学生一个空间,让他们自己往前走;给学生一个条件,让他们自己去锻炼;给学生一些时间,让他们自己去安排;给学生一个问题,让他们自己去找答案;给学生一个机遇,让他们自己去抓住;给学生一次冲突,让他们自己去讨论;给学生一点权力,让他们自己去选择;给学生一个题目,让他们自己去创造。这就是在告诫教师们,应该善于发现和开发学生潜在素质的闪光点,因材施教地给学生创造一个自主发展的空间,使他们的个性得到充分的发展,为学生创造必要的条件,让课堂成为他们自由飞翔的空间。让学生设计导言,设计板书,把黑板这块沃土交给学生开垦,这样学生的积极性调动起来了,思维的细胞激活了,他们用手中的笔书写着内心的哲思,未尝不是在书写自己美丽的人生。

## 2. 让学生在阅读中学会写作

从某种程度上讲，只读不写是学而无用，只有读写结合，才能提高语文能力。教师可以通过让学生写读书笔记、读书随笔、读书感悟、人物评价等来提高其写作能力。这些练笔，可以提高学生的文学素养，完善学生的文学功底，帮助学生写一手好文章。教师可以让学生从写读书笔记做起，让他们知道在过去的某年某月某日他们读了什么，让他们记住书中的美好，从而更好地发现生活，感悟生活，学会生活，快乐每一天。然后写读书随笔，由读书所感思考生活，思考人生，学会用理性的思维、感性的认知树立正确的世界观、人生观和价值观。接下来写读书感悟、人物评价……不知不觉间，学生的写作水平就会大大提升。

叶圣陶先生说："阅读是吸收，写作是倾吐，倾吐能否合于法度，显然与吸收有密切的关系。"中学阶段应该从学生的阅读与写作入手，让学生多读胸中有本，勤写笔下生花，不断提升文学素养。

## 3. 让学生在微写作的基础上学会写作

温儒敏教授谈高考语文改革的走向时曾提到"微写作"的概念。微写作就是写一段话、一句话或一点感想，可以有真情实感地、随性随心随时地来完成。微写作对未来全国的语文高考而言，已是一种势不可挡的必然趋势。所以在实际的教学工作中，教师可以把微写作灵活运用在课堂中。

语文课本中的每一篇文章都是经典，完成课文学习之后，学生可以把其作为作文素材运用到作文写作中，写出自己的认识和感受。例如，学习了《苏武传》之后，学生是这样写的："你是真英雄！你虽身处胡疆，但心在汉；你胸怀国家，面对敌人的威逼利诱，你坚贞不屈；面对塞外黄沙漫天、酷寒的风雪，你毫不怯惧；你的凛然浩气、忠贞风范，永垂青史！"学习了《荆轲刺秦王》之后，学生这样赞扬荆轲："风萧萧兮易水寒，壮士一去兮不复还。是谁的背影高大威猛、义无反顾？督亢图中不杀人，咸阳殿上空流血。是谁的心在强烈挣扎、强忍不甘？寒风仍冷冽，壮士不回头。咸阳虽失败，信念永不朽！"

再如，下面所列的学生的"微写作"——

文明之火，只一缕便星火燎原；文明之水，只一抔便雨润万物。（对称排比，温馨点题，是什么）诚如余秋雨在《流放者的土地》中所言：

"文明可能产生于野蛮，但绝不喜欢野蛮。"现代人创造了现代文明，却在一定程度上丢了"初心"。（名言过渡，指出问题，为什么）景区"到此一游"游出了风格，却游走了文明；地铁"韭菜横流"填饱了肚子，却饿死了文明。（摆事实，揭伤疤）但是，脱鞋取钱、勇于扶老、良心制药，这一个个平凡的事件，如清流般涌入心泉，润物细无声般影响着你我。（再转，正面举例，沁人心脾）平凡的你我，或许没有能力成为这个时代的弄潮儿，却可以做守卫这个时代的浪花。文明不倒，世界不老。社会中美好的存在，都不失为一种恩赐，少一些轻佻、冷漠，多一些文明、温暖，或许才能看到更美的风景。（怎么办）

——马铭卓

荀子曾言"人无礼而不生"，我认为，"礼"就是文明的表现。（名言开篇，引出主题）何为"文明城市"？在我看来，一言一行皆文明：在公共汽车上为老人、孕妇让座；在公共场合不大声喧哗、不随手扔垃圾；在路口谦让行人、不乱鸣笛……这些都是文明有礼的表现。（正面例证，是什么）然而，在生活中还有许多不文明的行为：标志性建筑上狂放不羁的"到此一游"；地下通道墙壁上脑洞大开的"随手涂鸦"；马路横栏处身手矫健的"跨栏高手"……这种种不文明的现象让人为之羞愧。（反面现实，对比论证，说危害）歌德说过："一个人的礼貌，就是一面照出他的肖像的镜子。"是啊，我们的举止就是我们的样子，望你我文明行事，展现最美的自我。（引名言，怎么办）

——杨柳荷

这样的短篇练习贵在"勤"，要求学生长期坚持下去，对提高学生写作水平效果卓著。表面上看起来，教师"懒"于整篇整篇的作文练习，但是这样的化课本为素材、依据课本内容进行的练笔，真正能够起到让学生学以致用、活学活用的重要作用。

### 4. 让学生从热点时评中学会写作

生活即语文，语文的教学目的之一就是培养社会主义现代化建设的接班人。所以，我们的语文教学不能脱离生活，不能脱离社会。我们的语文课本其实是一部真实的生活书卷，从古到今，从中到外，从来不曾脱离我们的生活，不曾脱离人类历史。所以，教师在写作教学时也应该秉承语文教学的目的,把生活呈现给学生,引领学生关注社会热点,与时代同呼吸。

教师要引导学生对待社会时事"勤"一点,"勤"于把"眺望"社会的"窗子"给学生打开。现在的教室大多都有投影设备,利用这些设备为学生播放一些新闻类的作品,让学生先了解时事,然后立足社会热点问题,进行作文训练。长期坚持,学生见识宽广,勤于思考,写出来的作文自然而然具有时代感、新鲜感、使命感。例如,学生看了《我在故宫修文物》《国家宝藏》等电视节目的相关报道之后,写出了这样的作文——

## 守文化之根,溯文化之源

### 陈文佳

温情寻觅,娓娓讲述,27位演员用表演揭开历史画卷,让观众随墨香回顾往事,追溯文物的根源。

文化是历史的积淀,亦是文明的象征。守文化之根,溯文化之源,如同冬日中的一杯温酒,滋润身心;如同旭日东升,带来蓬勃生机与希望;亦如一杯香茗,于雾气氤氲中瞥见历史芳华。

文化有根,根植于千年沃土中。

我们有着两千多年的文明史,品读经典使我们得以感文化之脉搏,听文化之心跳。看,李白对月独酌,发出"对影成三人"之叹;苏轼身披蓑衣,高歌"一蓑烟雨任平生"。品读《红楼梦》,我们感伤黛玉的香消玉殒,亦敬佩她的孤高与本真。

品读经典,我们得以对文化追本溯源,体味这千年中华文化的神韵。守文化之根,使其为文明建设注入持久动力。

创新是营养源,浇灌文化之根。

几千年的轮回变换,文化以新的形式变化发展,保存至今。这,靠的是创新。《国家宝藏》中,演员化身"国宝守护人",以戏剧表演的形式重现文物当年的风貌。其中,有《千里江山图》的宏伟壮阔,有石鼓的丰蕴内涵,亦有"瓷母"的绚丽华贵。值得一提的是故宫的"高科技"——通过信息技术,游客可以360°观察文物,获得一番别样的感受。

自《我在故宫修文物》后,《国家宝藏》再掀故宫热。创新,使故宫中尘封的文物再次鲜活，使文物走出冰冷的屏障，贴近群众，使群众能更深切地感受文物的生命力，更好地守文化之根，溯文化之源。

建设文明社会需要文化，实现伟大的中国梦需要文化，国家的兴盛昌隆更需要文化。中华文化源远流长，博大精深，我们需要守其根、溯其源，并运用新技术将其更好地继承与发扬光大。

守文化之根，溯文化之源，才能汲取历史之营养，展望未来之美好；而唯有创新，才能更好地守文化之根，溯文化之源。

## 守民族之脊梁，藏中华之文脉

**马辰钰**

司弓矢掌六弓、四弩、八矢之法，辨其名物，而掌其守藏与其出入。

——《周礼·夏官·司弓矢》

古之博物馆被称为守藏室，身负守护宝藏之责的官吏，则为守藏吏。而今时代日兴而传统渐远，古物在守藏室中已睡过几多春秋。《国家宝藏》的热播，不仅受到了点赞与热捧，更让每个人都成为守藏吏——守民族之脊梁，藏中华之文脉。

一幅《千里江山图》，青绿水墨勾勒锦绣山川；十件石鼓旧铭，古老的汉字将神话传说再现。当古物背后的故事被挖掘演绎，当承载着无数悲喜的古董开口讲话，我们方明白，中国之为中国，来源于它的文化自信，而文化自信，则源自五千年奔流不息的历史长河。

每一件古物都是一个火种，是历史长河奔流不息中定格的一束浪花，值得我们去发掘，去回忆。

何谓古物？那些承载了故事与历史悲欢之物什方为古物。何谓守藏？守民族之脊梁，藏中华之文脉。古物之所以有价值，就是因为那些拥有过它的人，不管是使用它还是收藏它，都对其倾注了心血与感情，这些古物包蕴的文化，才是其价值之所在。

可叹今日，多少故事丰富的古物成了玻璃柜里沉睡的摆设，人们不再有耐心去驻足欣赏。所以，古物蒙尘，文脉亦日渐远去。

从《我在故宫修文物》到《国家宝藏》，当古物以生动的形象将历史呈现于人们眼前，人们得以真正走进历史，成为一名虔诚的守藏吏。我想，这便是《国家宝藏》的意义所在：铺开一卷历史，讲述一段传奇，传承一种精神，留住一脉文化。

守民族之脊梁，藏中华之文脉。当我们看到那些沧桑的物件，沉下心来感受那一段历史时，会看到一幅山水画中的无穷意味、一方石鼓上的鲜活记忆，终会有一些风流过往绵绵传来。

欲得长坚守，依然忆岁华。

旧物情未已，国宝永传嘉！

学生看了《新闻周刊》的报道后，写出了这样的文章——

## 心有信念，不畏路远

### 李婧

汪国真曾说："只要生命还在，我就不会悲哀，纵使陷身茫茫沙漠，还有希望的绿洲存在。"诚然，一个人心中有了追求的远方，便不会畏惧沙漠有多么宽远。信念不在天，不在地，而在于我们每个人的心间。

**执笔古稀，风花雪月，再拾书笔，让生命的信念重生。**

年老头白，不识书字又何妨？心中充满了对文学的热情，对生命的热爱，虽然不是满腹经纶，但古稀老人姜淑梅从识字开始，便努力将自己丰富的人生阅历写成一部部书籍，和人们分享。因为信念，姜淑梅坚持到底，这让她的晚年生活别样精彩。

**融身海底，亲吻珊瑚，海底造林20年，为海洋的生命执着。**

有人说："如果你想要把握生命的真谛，就要在意世界的每一个角落。"这句话在生物学家黄晖的生命刻度中得以体现。怀着对海洋生态保护的信念，黄晖将珊瑚当作自己的孩子，为了珊瑚的生命，为了海底美丽的花园，黄晖将自己的青春谱写成了一曲海底永存的时代长歌。

**岁月既往，不可复追，"普法鸳鸯"为法的神圣奔波。**

沧海桑田几变迁，桃花依旧绕墙边。熊为义和闫怀玲数十年如一日奔波于山间黄土，用自己的画笔为面朝黄土背朝天的村人宣传普法知识，这对"普法鸳鸯"的背影，在无情的岁月中一点点消磨，为村民普法的信念却日益坚定。

然而，透视当下，一些人泯灭了壮志，迎合了平庸，失去了信念。古

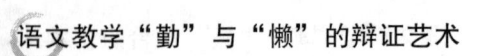

语说:"贪如火,不遏则燎原;欲如水,不遏则滔天。"某些在漫漫征途中被利益冲昏了头脑的人,不正是因为信念的缺失吗?

习近平同志说:"人民有信仰,民族有希望,国家有力量。"心有信念,才能在民族前进的道路上把握方向,才能在物欲横流的喧嚣中洗尽铅华,务实本真。

## 若无坚守,何必远方?

### 冯琰康

从青春到白头,41年的坚持,41年的忠诚,他站成城市的一道风景。没有轰轰烈烈的壮举,不变的是焦卫东对工作的认真负责和坚守。

坚是一种挺拔,守是一种柔情。坚是坚执,紧握生命中所不愿也不能放弃的;守是情怀,是古道热肠的衷情。唯有坚守,才能在生活的大海中不致迷失方向,向着远方拼搏前行。

坚守,是在困境中百折不回的动力。当文天祥不幸被俘,身处异乡,饱受磨难之时,他仍吟诵着"人生自古谁无死,留取丹心照汗青",坚守着赤子之心。忠诚便是他的信念,使他不随局势而变。他的坚守便如明镜般折射出他人性的光辉。当季羡林历经磨难,年过花甲时,他也没有放弃对语言文字的研究,从《罗摩衍那》到吐火罗文,从普通学者到北京大学教授,我们看到了他对古文字研究的执着,对信念的坚守。

坚守,是感化心灵的一缕春风。熊为义和闫怀玲夫妇一生都在义务普法之路上奔波。不论烈日炎炎还是风雨交加,他们都不曾停歇,从青春岁月到年过半百;不论鲜花荣誉还是误解苦涩,他们都淡然面对,追寻自己的人生理想。"为了让更多的农民遵法、学法、懂法、守法、用法,我们再辛苦,都值得。"秉持这样的信念,几十年光阴,几万公里的行程,这对"普法鸳鸯"在义务普法道路上默默奉献,谱写了一曲普法宣传之歌。

坚守是在快时代中不失本真的保证。当华阴老腔这一传统艺术形式进入大众视野,叩击人心之时,人们才发觉华阴老腔已经处于行将消亡的状态。现实的路好走,历史的路易忘,在新技术、新文化高速发展的今天,传承并创新可能会变得更难;但正如习近平同志所言"走得再远都不能忘记来时的路",弘扬传统艺术,让其中蕴含的工匠精神焕发持久的光彩,

第三章　语文教学"勤""懒"结合的艺术

这不仅是一种责任,更是一种使命。唯其如此,民族血脉中的本真积淀和文化符号才能够生命张扬,源远流长。从这个意义上讲,坚守精神对于优秀传统文化和艺术形式是一种莫大的尊重、传承与理解。放大一点来讲,坚守昂昂初心,让自己抛却浮华,多活出一些本真自我,这是站稳时代大潮的根本。

"从此我不再仰脸看青天,不再低头看白水,只谨慎着我双双的脚步,我要一步一步踏在泥土上,打上深深的脚印。"坚守,应坚持不懈,守望奋斗,才不致回首过去,得到的只有一腔慨叹,一腔愁哀,一腔悔恨。

### (五)"懒""勤"益彰:四弦一声动心彻

语文教学的"勤""懒"结合的艺术,目的是搞好语文教学,并不是简单意义上的"懒"或"勤"。语言的学习本质上离不开听、说、读、写四项基本技能,语文也不例外。在语文课堂上如何通过听、说、读、写这四个方面的训练提高学生的语文能力,从而提升学生的核心素养呢?这就需要教师"勤"与"懒"齐飞,相得益彰。

1. 课前"勤""懒"有度,转轴拨弦三两声

想要"勤""懒"有度,备课要做到"勤"有法,"懒"有度。在"三维六元"教学模式的指导下,借助问题导读单、解决单、拓展单,让同学们自主探究,主动成为学习的主人。教师在备课时要"勤",勤学——向有经验的教师学习,向课本学习,向古今经典学习;勤问——向自己提问,向学生提问,向教参提问;勤思考——学生的基础如何,学生的知识漏洞在哪里,如何提高学生的学习效率。教师备课也要学会"懒",将课堂任务通过小组合作、学科助理提前布置给学生,让学生参与备课。

2. 课堂"勤""懒"有法,低眉信手续续弹

在上课时,教师要根据预习的情况,有的放矢地进行讲解,为课堂留白,让学生有属于自己的思考空间。一节课40分钟,如果"满堂灌"或是"填鸭式"教学,学生或笔记满满然后束之高阁,或云里雾里思维飘散,或昏昏欲睡神志不清,但如果"勤""懒"有法,必要内容精讲,剩下的时间留给学生,让他们或小组合作讨论,或援疑质理,或激情朗读,或辩论发难,一扫沉闷冗长的课堂氛围,学生就能体会到语文学习的乐

趣，从本质上提高自身的语文素养。

3. 课后"勤""懒"有规，此时无声胜有声

课后的作业批改与辅导，同样需要"勤""懒"有规矩，并不是改得越多越好，也并不是辅导得越细越好。适时"偷懒"反而会带来意想不到的效果。如字音字词、知识总结等内容能让学生自己动手，教师就不要越俎代庖。正所谓一花独放不是春，思维碰撞春满园，教师要"懒"于教给学生具体的知识和方法，"勤"于记录学生思维碰撞的作品，"勤"于鼓励学生大胆创新、敢于质疑。"懒"教师要教给学生独立思考的能力，以教师的"懒"，促进学生学习的主动性，这对每一位语文教师来说，都是一场挑战。

总而言之，语文教学要培养学生听、说、读、写的能力，这4种能力的培养，不是简单的某一件事或者某一节课的"勤"或"懒"，而是"勤""懒"的有效结合。当"勤"则"勤"，当"懒"则"懒"，拨动好核心素养这根"弦"，必然能够动人心弦，师生共鸣！

## 第四节 语文教学"勤""懒"结合技法举隅

### 一、"勤"引玉，"懒"抛砖，如琢如磨成良璧

宋代释道原在《景德传灯录·卷十·赵州东院从稔禅师》中说道："比来抛砖引玉，却引得个鳖子。"此后，人们常用"抛砖引玉"自谦虽无大才，但还可以小派用场。教师在教学过程中，就需形成这样的认识。学生是学习活动的主体，是主动的发现者、探索者。但是，学生的主体作用需要教师"引玉"引发出来，正所谓"他山有砺石，良璧逾晶莹"，在"琢"和"磨"的过程中成就一块美玉。课堂上，教师如何发挥好引导作用，突出学生的主体作用呢？不妨多思考一下如何抛砖引玉。

"抛砖引玉"是《三十六计》中的第十七计："类以诱之，击蒙也。""抛砖引玉"中的"砖"指小利，是诱敌上当的诱饵；"玉"是大利，是

真实的意图。现在常用来指以自己的粗浅的意见引出别人高明的赏析。教师"勤"引玉,"懒"抛砖,而让学生美玉自琢磨,砺久成良璧,良璧逾晶莹。

### (一)"勤"巧问,"懒"呈现,璞玉初雕琢

课堂应该是学生"学"的课堂,不应该是教师"讲"的课堂。教师应该在明确学生的学习目标和重点的前提下,有的放矢地引导学生利用已有知识,通过自主学习、独立思考、合作交流、归纳总结的方式来把握新知,围绕重点、难点展开学习活动。我们要把学习的权利还给学生,放手让学生独立学习,教师"勤"巧问,而"懒"呈现,学生就能多呈现、多析解。

"勤"巧问,"懒"呈现,要求教师在课堂上多设置巧妙的问题,引发学生思考,进而探究出问题的本质。教师不能把答案直接呈现给学生,而是要多抛出问题,引出学生的思考。比如,在分析小说的主题时,以往教师会把答案直接呈现给学生,但是如果教师能设置合理的问题,又能够给学生充足的思考时间,学生是能够探究出问题的答案的。比如鲁迅的《祝福》一文,如果教师"勤"思考主题和课文之间的关系,假设祥林嫂生活在21世纪的中国,然后让学生分析会有什么样的结果,学生一定会在假设对比中分析出作者的写作意图以及文章所要表达的主题的。

当然,学生的答案可能不会那么完整、正确,这都是正常现象。学生就像一块块璞玉,粗涩又不完美,但是课堂就是打磨璞玉的地方,教师正是通过"勤"设计问题,"勤"发问,"懒"呈现,才能够让学生慢慢褪去表面的粗涩,成为圆润完美的美玉。

### (二)"勤"鼓励,"懒"示范,琼玉正磋磨

在语文教学中,朗读是一种重要的教学方法,可以培养、提高学生的理解能力。教师根据文章的不同内容、体裁和不同的教学程序去选择不同的朗读方式开展教学,可以帮助学生理解课文。所以,在语文教学过程中,由谁来朗读、怎么朗读显得尤为重要。

教师不要积极地表现自己,要适当地"懒"一点,由学生来完成朗

读。教师可以为学生提供良好的氛围，针对不同课文、不同情感，提前准备好背景音乐甚至背景 PPT，让学生对朗读产生兴趣，喜欢朗读，通过朗读加深对课文的印象，深刻理解文章的内涵。

在诗歌、散文的教学中，以前我经常展示自己的朗读，因为我总是觉得班里的学生不喜欢朗读，不乐意表现。但有一次在李白《春夜宴从弟桃花园序》的教学过程中，我提前准备了背景音乐和 PPT 图片在课堂上使用，我发现，学生特别踊跃地想要参与朗读，朗读过程竟然持续了 20 分钟，有个别学生甚至陶醉在了自己的朗读中。此后，在教学过程中，我都会有意识地为学生提供良好的氛围，让学生积极表现。一个学期下来，我发现班里竟然锻炼出了好几个"朗读能手"。

所以，教师即便再怎么想表现，也要"忍住"，要始终记得课堂的主体是学生。自己"懒"一点，让学生"勤"一点，你会发现那些以前不爱表现或者表现不好的学生竟然被锻炼成了一块块"琼玉"。

### （三）"勤"组织，"懒"参与，良璧逾晶莹

根据新课程标准精神，知识传授的时代已经过去，现代教育的目标是培养学生的学习能力，同时引导学生建立正确的人生观和价值观。"改变学习方式，倡导自主学习"成了广大教师关注的重点。作为教育者，我们也应该更清醒地知道，任何的知识内容，学生都可以通过当今时代的网络途径获得，因此教育的目标必然要转变成培养学生的学习能力。

这就要求教师在课堂教学中"勤"组织，"懒"参与，教师的教学设计必然以设计课堂活动为中心。教师要提高自己的组织能力、组织意识、组织形式，以组织活动带动学生参与活动。教师应该及时"隐身"，不能过多参与其中，从而带动学生全面参与。只有真实有效地参与，才能铸就晶莹良璧。

如讲授《史记》中的《项羽之死》时，学生因为之前学习过《史记》中的内容，所以已经熟知了《史记》的叙事模式，即纪传体——以单个人物为中心的记叙方法。学习《项羽之死》时教师不妨放开手，组织学生在通读全文的基础上展演课本剧，通过演绎的形式再现一代霸王项羽的人生末路何等悲壮，感受英雄的末路之叹，学生一定会很感兴趣。教师通过组

织这样的课堂活动，引导学生主动理解全文含义，并梳理全文层次。我在讲授本篇课文时，总会组织"小演员招募活动"和"课本剧展演活动"。学生总是踊跃积极的，自觉地以3个地点的变化梳理全文的情节发展变化，同时主动解决全文文言字词。

因此，教师在进行课堂教学设计时，要更多地放在"引"上，放开手脚，大胆改革，甚至不妨将课堂当成一个活动课。只要问题设计合理，"引"的方式得当，"勤"巧问，"勤"组织，"勤"鼓励，"懒"呈现，"懒"示范，"懒"参与，一定能打磨出良玉课堂。

## 二、"勤"围魏，"懒"救赵，饶有兴趣解三昧

"三昧"一词来源于梵语，意思是止息杂念，使心神平静，借指事物的要领、真谛。《敦煌变文》中有："每向佛前奏五音，恰如人得真三昧。"能够分解出问题的"三昧"，就是领会了问题的真谛。教师面对教学中的问题、重点和难点时，如何突破解决？不妨多思考一下如何"围魏救赵"。

"围魏救赵"是《三十六计》中的第二计："共敌不如分敌。敌阳不如敌阴。""围魏"不是真实意图，是为"救赵"而设计的一个手段；"救赵"才是真实目的。此计谋指当面对困难的问题时，直接的"硬碰硬""正面刚"或许不是解决问题的最佳办法，不如换一种思路，间接解决问题。通过"围魏"的方法"救赵"，就是用间接的方法解决赵国被围困的困境。后来，围魏救赵也指善于用迂回的战术去循循善诱、独辟蹊径。它的好处是，给课堂增加了波折，增加了活力，使课堂有了创新，进而使学生喜欢上课堂。教师"勤"围魏"懒"救赵，能够抓住教学的本质，解得教育真谛。

### （一）"勤"导思，"懒"释疑，避实就虚蕴良思

教师在课堂教学中要有积极的问题意识，巧设问题，以问导思，用巧妙的问题去引发学生对文本的探究兴趣，而应该避免直接解释文本中的疑难点。"勤"导思"懒"释疑要求教师多用"以问导思"的意识去让学生主动"觅食"，而不是把疑难点的答案直接讲给学生。这种方法看似避实

就虚，但其实蕴含着教师的良思。

课堂中，教师设计的问题要能够起到引导作用，这样才能激发学生对文本不断探究的欲望。在语文教学过程中，如何完成教学目标，如何攻破教学重点和难点，是教师备课的重点。而课堂呈现的效果应该是用一种巧妙的良思引导学生思考问题。问题的设计不能太难，诸如要提哪些问题、达到什么样的预期目标等，都要全盘考虑和把握，否则学生会有畏难思想，不敢尝试，课堂就失去了有效性。

比如，在学习柳永的《雨霖铃》时，想要深入理解词人在词中抒发的情感，就要全面剖析词中的典型意象。而且，词中独具特色的意象欣赏也是本节课的一个教学目标。"今宵酒醒何处？杨柳岸，晓风残月"是本词的重点句子，赏析时可提出这样的问题：人高兴时爱喝酒，如杜甫的"白日放歌须纵酒，青春作伴好还乡"；哀愁时也喝酒，如李白的"抽刀断水水更流，举杯消愁愁更愁"；依依惜别时也爱喝酒，如李白的"飞蓬各自远，且尽手中杯"……在这里，词人喝"酒"是出于哪种感情呢？这里的"酒"怎么又和"柳"联系起来了呢？有什么寓意？教师同时也可以引导学生回忆学过的知识，如曹操《短歌行》中的"对酒当歌，人生几何"，徐志摩《再别康桥》中的"金柳"这一意象，以及李清照词中的"三杯两盏淡酒"等，让学生各抒己见。通过教师的一步步引导，学生自然能够得出结论："酒"在此处代表离别后的愁苦；"柳"代表离别时的依依不舍。

### （二）"勤"破立，"懒"拘泥，迂回曲折悟真谛

语文课堂上，教师的提问往往需要开放思想，先"破"后"立"，破除陈旧的、拘泥的思路，后立新颖的、灵活的、高效的教学模式。这要求教师"勤"破立"懒"拘泥，多采用新颖的形式打破常规，少拘泥于课本，要学会用迂回曲折的战术去领悟教育的真谛。一堂课仅仅40分钟，每1分每1秒都是极为宝贵的。有的教师上课循规蹈矩，"黏"住书本不放，课堂气氛很容易沉闷，学生也不喜欢；而有的教师上课看似游离于课本内容之外，实则根据课堂实际和教学重点紧扣课文内容，使学生学得轻松愉快，因而深受学生欢迎。虽然迂回曲折一些，但能更容易实现教学目标。

第三章　语文教学"勤""懒"结合的艺术

比如，在《祝福》一文的教学中，教师可以让学生换一种叙述方式改写全文。"课文如果改成顺叙的形式会是什么样子呢？请以小组为单位试着改写。"这样的问题聚焦的是，不同的叙述方式会有什么不同的效果。学生在写作过程中自然能思考出小说中倒叙方法的好处。倒叙与普通的正叙相比可使文章曲折有致，产生悬念，引人入胜。而且，教师也可以让学生为祥林嫂编写"年谱"，通过年谱，学生能体会到文章开头处祥林嫂在富人们的一片祝福声中寂然死去形成的浓厚的悲剧气氛，准确抓住小说反封建的主题。

### （三）"勤"挈领，"懒"细举，善辟蹊径得要义

"勤"挈领，"懒"细举，要求教师在课堂教学中多用提纲挈领式的问题进行教学，而避免琐碎、细杂的问题。提纲挈领，是指提起渔网的总绳，抓住衣服的领子，比喻把问题简明扼要地提示出来。这就要求教师在备课的时候多设计在教学中起主导和支撑作用的主问题。

高中语文文言文的知识点较多，如果教师提出的问题过繁过碎、过浅过细，很容易由"满堂讲"变成"满堂问"，打散文言文作品的结构，混乱了学生的思维。如果教师"勤"挈领，多采用贯穿全文的主问题，就能够把全文零散的知识点"化散为整"，独辟蹊径，抓住语文教学的要领。

比如，《项脊轩志》一文，作者只是记叙一些日常琐事来表达自己的情感，细节生动，感情真挚，具有诗一般的意境。但是，文章记叙的日常琐事很容易让学生感觉"乱"而"杂"，如果教师针对每一件小事来设计问题就会显得繁杂而抓不住要领。这时候就需要提纲挈领，抓住一个词来统括全文的内容。本文的标题"项脊轩志"中的"志"是"记述"的意思，如果教师能针对这一个字设计主问题，学生一定能够知道本文是通过记述若干事情来抒发自身的情感，表达作品主旨的。这样就把全文看起来普通的日常琐事梳理出来了。

### 三、"勤"假痴，"懒"假癫，循序渐进制胜机

"机"本意指古代弩上发箭的装置，后来引申为事物的关键。《史记·

淮阴侯列传》有:"夫听者事之候也,计者事之机也,听过计失而能久安者,鲜矣。"课堂焕发出生命力要求学生在课堂上充分发挥个性,成为课堂的主人。教师要让学生充分参与教学的全过程,丰富学生的参与形式,发挥学生的个性。在教学过程中,如何让学生发挥个性呢?教师不妨多思考一下如何假痴不癫制胜机。

"假痴不癫"是《三十六计》中的第二十七计:"当其机变未发时,静屯似痴;若假癫,则不但露机,则乱动而群疑。故假痴者胜,假癫者败。""痴""癫"是表面现象,实际上另有深意。此计谋指虽然自己胜券在握,但是"故弄玄虚",让"敌人"放松警惕,在合适的时机给对方以措手不及的打击。后来"假痴不癫"也指揣着明白装糊涂,表面痴呆、暗里充满智慧的伪装行为。从教学艺术上讲,这种方法的目的在于激发的学生"玩游戏"的乐趣,在前半阶段,学生似乎发现了自己比老师高明的地方,但是实践下去会发现原来是老师"故弄玄虚",恍然大悟之后感到的尽是学习的乐趣。教师"勤"假痴,"懒"假癫,循序渐进,是能更好地解决问题的关键。表面糊涂非糊涂,假痴不癫藏枢机。

### (一)"勤"装痴,"懒"解义,故藏陷阱含枢机

在语文教学中,教师在学生遇到困难时,不必急着去彰显"知之者"的魅力,而是尽可能表现得"傻"一些,通过假装痴惑来激发学生自主探究的欲望。这样一来,课堂也不再是循规蹈矩,沉闷无味,而是时时迸发着智慧的火花。

如人教版《高中语文·必修5》中的文言文《陈情表》,其标题与学生初中时学过的《出师表》比较相似,老师在板书标题的时候不妨直接写成"出师表",学生看到老师写错标题了,自然会大呼"老师写错了",甚至还会有各种"嘲笑"。这时候老师自然而然地引出两篇文章标题的比较:"对不起,同学们,是老师写错了。因为这两篇文章的标题太相似了。那么,这两个标题有什么异同点呢?哪位同学能帮我解释一下?"学生在帮助老师解决问题的过程中,自然明白了两篇文章所写内容不同,即一篇是诸葛亮"出师"前的文章,一篇是李密"陈情"的文章,标题概括了全文的内容。相同之处是,两篇文章都是"表",也就是臣子向皇帝奏请的文

第三章 语文教学"勤""懒"结合的艺术

章。这样的装痴、解义之后,学生对两篇文章都能印象深刻了。

在文言文教学中,文言文的知识点细、多而且枯燥,教师把兵法的一些方法运用到课堂教学中,故意设置"陷阱",能更好地激发学生的学习兴趣。学生经过探究发现关键,印象深刻。

### (二)"勤"疑惑,"懒"问答,趣味课堂荡涟漪

在课堂教学中,教师可以适时呈现自己"笨"的一面,自己疑窦丛生、疑惑不解,学生看在眼里,自然会绞尽脑汁,想要帮助老师解决问题。

比如,在我讲授《项脊轩志》时,学生对"庭中通南北为一"这句话如何断句产生分歧。有学生认为应该读"庭中/通南北为一",有学生则赞成"庭/中通南北为一"。此时,学生们都用期待的眼神望着我,等待我的最终决断。我认为这正是让学生自主交流、探究答案的好时机。于是,我皱起眉头,故作为难的样子,说:"老师也不是很确定,老师觉得两种断句的读法都有一些道理。我们一起来集思广益,看看能不能得到更好的解释吧。"很快,就有学生高高地举起手来。经过激烈的争论,学生们一致认同根据句子的意思——"庭院中是相通的,南北是一个整体"——来判断正确的断句方法是"庭/中通南北为一"。学生由此认识到了文言文的句意和正确断句之间的密切关系。接着,学生又主动指出"轩凡四遭火"应该读作"轩/凡四遭火",而不应读作"轩凡/四遭火",因为这个句子的主语是"轩",后面的内容都是陈述"轩"如何的。学生从不断的自主探索和总结中学习到从语法的角度断句的方法。

一位高明的教师不应只顾自己表演,"卖弄"自己的知识和技巧,而要学会疑惑,让学生有机会展现自己。在教学中,教师的"韬光养晦"常常能带来令人惊喜的教学效果,真可称得上是"假痴不癫装'糊涂',课堂涟漪收获丰"。

### (三)"勤"让位,"懒"占据,活跃氛围皆欢喜

在高效课堂上,学生要充分发挥主体作用,教师要真正起到主导作用,要勇于"勤"让位,"懒"占据,不一直占据课堂,做到放手而不放

弃，让位而不缺位。

良好的课堂氛围应该是生动活泼的，充满欢乐和笑声。教师"勤"让位，"懒"占据，多让位给学生，少占据课堂，常常能打破课堂沉闷的气氛，使课堂变得轻松而活泼。比如，我在讲授辛弃疾的《清平乐·村居》时，故意将"最喜小儿无赖"一句译为"最喜欢的小儿子是个无赖"，学生一下就笑了，都说我讲错了。我问学生应该怎么解释"无赖"这个词更为恰当，学生立即展开讨论，认为"无赖"一词应理解为"顽皮可爱"。最后，我总结："无赖"应是贬义，此处的用法是贬义褒用。这样既活跃了课堂，学生对此类特殊的用法又印象深刻。

总之，在教学中，"假痴不癫"方法的运用能收到很好的效果。师生在学习过程中，如果能利用好"犯错"，会很有价值。"犯错"的方式很多，但必须注意：第一，要有一定的目的，并能够根据课文特点，抓好时机；第二，最好偶一为之，不宜常用，更不能滥用；第三，一定要使学生识破"错误"，并知道这是教师的有意设计，这才是成功的"犯错"。

## 四、"勤"于无，"懒"于有，惹是生"非"将绮思

"天下万物生于有，有生于无。"这句话出自老子的《道德经》，揭示了万物的有与无相互依存、相互变化的规律。有与无相互依存，利用好两者的关系，能够生出美妙的思考过程。在教学过程中，让学生体会到美妙的思考过程是一种很重要的体验，也是发挥学生主体作用的重要方法。而要让学生体会到"绮思"的美妙，教师可以在"是"与"非"上巧设心思，惹"是"生"非"，巧妙运用教学方法，"勤"于无，"懒"于有，让学生逐渐深入，思考渐绮思，绮思唤真知。

"无中生有"是《三十六计》中的第七计："诳也，非诳也，实其所诳也。""无"指的是"假"，是掩盖真实意图的手段；"有"指的是"真"，是真实目的。此计谋指用假象欺骗敌人，以各种假象掩盖真相，造成敌人的错觉，然后出其不意地攻打敌人。后来"无中生有"也指启发人们创作的一种空灵的意境，引发读者无穷的遐想。从教学艺术上讲，处理"无"的方式最为重要，它体现出教师循循善诱，对学生问题意识的关注。

## 第三章　语文教学"勤""懒"结合的艺术

教师"勤"于无,"懒"于有,在教学过程中就能够引发学生深入思考,带领学生进入美妙的思索当中。

### (一)"勤"设思,"懒"直问,激活思维疑窦生

直接提问教学问题是一种比较乏味的做法,自然无法引起学生的参与,而如果教师在提问方式上能够多备课、多思考,常想"怎么教"而不是"教什么","勤"设思,激活学生的思维,激活课堂的灵动性,就能最大限度地让师生享受课堂。"勤"设思,这种思维的"路径"表面上好像有很多问题,疑云密布,却最能引发学生深入的思考,学生的思维被激活,课堂活跃起来,教师就能够在学生解决问题的过程中顺利地完成教学目标。

比如,《庖丁解牛》一文虽然字数很少,但深意很大。学生通读全文后,最大的感受是庖丁的解牛技术很高超。在讲授这一课时,关于庖丁这一个主要人物,我设计了一个大问题——"职场小白的逆袭之路"。学生一看这样的问题探究,很感兴趣。接下来,我设计了一连串的分解问题:"职场小白时期:庖丁有着怎样的职场目标?你如何评价?"这样的问题既指向了课文内容"臣之所好者,道也",又指向了学生的评价能力。"职场逆袭时期:庖丁通过多长时间练就了为文惠君解牛时的一身本领?他可能经历了怎样的蜕变之路?"这两个问题指向对文章内容的理解,学生通过读课文能够梳理出庖丁的蜕变过程——"族庖""良庖",直至拥有现在的出神入化的解牛技术。"除了庖丁,你听说过身边有这样的解牛高手吗?这个故事是真的吗?为什么文惠君听完庖丁的话得出了养生的道理呢?"这几个问题的设计跳出庖丁个人的成长之路,而关注庄子讲述这个故事的用意,也就是本文的主旨。在解决这些问题的过程中,本节课的重点和难点也就解决了。

语文教学是一门艺术,好的语文课堂就像是"吹面不寒"的杨柳风、"润物无声"的细雨,学生在感受课堂快乐的同时也收获知识。从某种意义上说,教学智慧是教师全部知识、阅历、智慧乃至人格的体现。教师只有将情感和智慧结合起来并运用于教学中,再结合学生的情感体验,才能使学生在不知不觉中体会到学习的快乐。教师"勤"设思,"懒"直问,

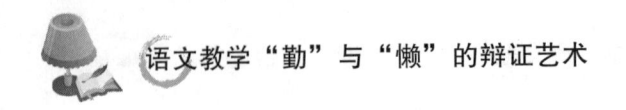

激活学生的思维，学生的问题意识才能被调动起来。

### （二）"勤"引思，"懒"示例，引申遐想解文旨

语文教学的目的是培养学生的语文素养，语文学科素养是课程改革的关键所指。"世界并不是缺少美，而是缺少发现美的眼睛。"教师不仅要有"发现"能力，更要培养学生的"发现"能力，甚至要有针对性地培养学生发现语文美的能力。

语文课文中经常有一些警醒之语，这些语言往往蕴含着哲理，非常适合学生作为名言警句，甚至是座右铭。比如在《伶官传序》一文的教学中，我就经常引导学生积累本文中的名言警句，如"祸患常积于忽微，智勇多困于所溺"，等等。我常常让学生在课堂上拿出积累本，挑出本文中的名言警句进行积累，并根据课文内容写出自己的思考。

而关于本文主旨的深刻理解，我常常引导学生梳理唐庄宗的人生历程。走入一个人的一生，请分别用一个四字词语概括唐庄宗青年时期、中年时期、晚年时期的人生状态。学生在概括总结的时候自然会主动理解全文含义，梳理全文情节。"青年时期"和"晚年时期"是全文笔墨最多的地方，这两个地方意在对比突出庄宗的可悲、可惜。而关于原因，全文笔墨很少，教师可以引导学生补充庄宗是由于什么有了悲剧的结果。学生利用课下注释以及自己掌握的历史知识，能够概括出"沉溺享受"这个原因，再深入一点，教师可以让学生描述庄宗每天的生活是什么样的。教师适时加入关于"伶官"的知识补充，自然而然地得出全文的主旨。

### （三）"勤"尝试，"懒"说教，无中生有酿佳作

写作教学一直是语文教学中的重点和难点，如何开展写作教学，语文教师"各显神通"，但结果往往不尽如人意。如果把写作教学细化到平常的语文教学中，在合适的时机进行频繁的训练，应该会有很好的结果。诗歌教学就是进行写作训练的最好时机——让学生运用无中生有的方法把抽象的形象写得具体可感，掌握写作的方法。"勤"尝试，"懒"说教，运用无中生有的方法，从说一句话到一段话，再到创作整篇文章，让学生无中生有酿佳作。

第三章　语文教学"勤""懒"结合的艺术

比如，人教版《高中语文·必修3》中的《李凭箜篌引》。本诗最大的特点就是具体可感地写出了李凭弹奏箜篌技艺的高超。"湘娥啼竹素女愁，李凭中国弹箜篌。昆山玉碎凤凰叫，芙蓉泣露香兰笑。"李凭弹奏箜篌，高妙的乐声像昆仑美玉碰击的声音一样清脆悦耳，像凤凰那嘹亮的歌喉一样激昂振奋，声音因此有了质感和声色。无中生有是写作的好方法，本来看不到的东西，通过形象、味道、颜色、温度、重量等描写，变得实实在在、真真切切。教师在这首诗的教学过程中，不妨让学生把它改成一篇散文，这样学生在学习诗人描写音乐的方法的同时，还能够锻炼自己的写作能力。学生在思考、写作的过程中，明白了如何描写音乐这一抽象的事物。在学生的习作中有这样的句子："听到美妙的乐声，天空中的白云凝聚，不再飘游，那江娥点点泪珠洒满斑竹，九天上的素女也牵动着满腔的忧愁。这高妙的乐声从哪儿传出？""月宫中吴质被乐声深深吸引，彻夜不眠地在桂花树下徘徊。桂花树下的兔子也伫立聆听，不顾露珠儿斜飞寒飕飕。"通过这样的创作，学生的写作能力得到了锻炼，对文章的理解也进一步加深了。

"勤"于无，"懒"于有，并不是说教师什么都不做，恰恰相反，教师在备课时要花费更多的时间。如何让学生在不知不觉中突破重点和难点，如何把学生带入优美的语文学习氛围中，都是教师要提前思考的问题。正是在不断地质疑、纠正、返想、练笔中，学生的思考渐入佳境，学生的学习体验也有了美妙的突破。

### 五、"勤"逸心，"懒"劳形，高潮迭起消精疲

"以近待远，以逸待劳，以饱待饥，此治力者也。"出自《孙子兵法·军争篇》。人们经常用这句话指养精蓄锐以克敌制胜。王阳明曾说："无事则吾兵即吾农，有事则吾农即吾兵，以逸待劳，以饱待饥，而不令敌人得窥我虚实，此所以百战而百胜。"以逸待劳是人们取得胜利的一个重要方法，而这样的方法也可以运用到语文教学过程中。语文课堂上想让学生真正享受成功的体验、学习的乐趣，就要讲究战略战术，而如何调动学生的积极性，让课堂变得活泼生动、充满激情？教师不妨多思考一下如何以逸

语文教学"勤"与"懒"的辩证艺术

待劳。

"以逸待劳"是《三十六计》中的第四计:"困敌之势,不以战;损刚益柔。"逸指安逸,是一种放松的状态;劳指疲劳,是一种疲惫的状态。此计谋指在作战时采取守势,养精蓄锐,待敌军疲劳时出击取胜。就教学而论,"以逸待劳"指以静制动,教师要学会"偷懒",不能越俎代庖,凡是学生自己可以做的事,就让他们自己去做,教师只要在旁指导即可,以培养学生的自立精神。教师"勤"逸心,"懒"劳形,让学生多做脑力和体力的"劳动",高潮迭起消精疲,用"劳动"换取学习的乐趣、成功的体验。

### (一)"勤"退让,"懒"指点,精彩纷呈收获丰

语文教学过程中,教师要敢于退让,让学生真正成为课堂的主人。这种退让是一种"放心"的退让,当学生出现小错误时,教师不要急于跳出来指点,时时打断学生的思维、讨论,因为这只会让学生越来越不敢表现。教师退居次位,并不是对学生完全不管不问,而是默默记下学生的错误,在最后总结时进行归纳指正。真正属于学生的课堂,必须给学生充分的自由,当你作为一个旁观者安静地欣赏时,你会发现平常默默无闻的学生其实都可以展现出一个个精彩纷呈的小世界。教师"勤"退让,"懒"指点,才能给学生充分的自由,这样"以逸待劳",收获的定是一个精彩纷呈的课堂。

比如,在《老人与海》一课的教学过程中,我尝试和学生一起探讨课堂学习的方式。和学生进行交流之后,我把学生分成了10个小组,让学生自主学习、互助交流、展示汇报。其中5个小组展演老人与鲨鱼搏斗的5个场景,另外5个小组负责总结归纳。展演时,学生自己准备了道具、配乐、旁白、展演角色;展演的学生准备也很充分,真正融入了角色,把老人的神态、心情表现得淋漓尽致。当然,其他学生看得也很尽兴,掌声不断。展演结束后,另外5个小组进行了总结归纳,点评了表演,在学生的交流、辩论中,《老人与海》一文的学习重点和难点被突破,精髓被剖析了出来。下课之后,学生依旧意犹未尽。在这节课当中,学生相互配合,人人皆有任务,每个学生都积极参与课堂活动。一堂课下来,我竟然没有

多少"用武之地",但我很高兴,因为学生在这节课的表演、交流、辩论中有了进步,有了突破。有时候,教师学会"以逸待劳",反而能有"坐收渔利"的效果,何乐而不为?

### (二)"勤"信赖,"懒"批评,春风化雨润心城

在教学管理过程中,教师对学生往往不太信任,很多事情不敢放手让学生去完成,担心他们会出现各种各样的错误。但事实上,教师对学生的信任非常重要,教师的信任就像春风化雨,能够给学生带去最温暖的力量。当学生感受到教师的信任时,学生就好像得到了最大的肯定,学习起来也是"干劲十足";如果学生被否定,对学习也会产生抗拒心理。

我们班里曾经有一个语文成绩比较差的学生,我对他进行了一段时间的关注、批评、指导之后,他的学习仍旧没有多大起色。让我一直担心的是,每次见到他,他都精神不振,好像对学习失去了信心。有一次,早读默写之后,我又找到了他,语重心长地询问他怎么连最基础的知识点都写不对。他耷拉着脑袋沉思着,突然他说:"老师,以后我帮你改默写吧,我语文较差,改一遍我就记一遍,对自己也是督促和学习。"我惊了一下,为他有这样的想法而高兴,但又有隐隐的担忧:他连自己的事情都做不好,全班的作业交给他,他能做好吗?我不愿打击他的积极性,就同意了。没想到他对这件事非常负责,不仅标示了对错,还把错误的字词圈起来,让其他学生能一目了然。我高兴极了,之后我就把每次默写容易错的重点字词事先给他指出来,让他批改时注意这些字词,然后放心大胆地让他去批改默写作业了。他渐渐乐观开朗了起来,一个月之后,他的语文成绩竟然有了很大的提升。教师"勤"信赖,"懒"批评,让信任之春风吹进学生的心房,浸润学生的心田,会有意想不到的收获。

### (三)"勤"留白,"懒"紧催,深思熟虑萦豁朗

教师要学会留白的艺术,课堂上有留白,学生就有了静思的过程。学生的暂时宁静沉思不是沉寂、停滞,而是一种有效休止,是一种以逸待劳的教学艺术,是为新的高潮而酝酿、蓄势。"此时无声胜有声",留白是学生进行内部思维考虑——思维构建、思维提升、思维升华——的过程,留

给学生时间，学生能够根据一定的线索，梳理出自己的思维逻辑，而这也体现了对学生思维能力的培养。

"勤"留白，"懒"紧催，是留时间让学生进行"深思熟虑"的过程。日常的教学过程，教师总是安排得满满当当，生怕有"空场"现象，但是这样"太满"的教育有时候会适得其反。教师要考虑学生的接受能力，考虑学生的真实学情，学生的学习总是一个"接受—熟悉—理解"的过程，教师要预留给学生一点时间，一点真正消化、吸收的时间。例如，《傅雷家书两则》中有这样一句话："倘若你认为这些话是对的，对你有些启发作用。"对此，我在教学中进行了这样的提问："这句话运用了假设性的词语，是否表示傅雷对自己说的话不确信呢？"这个问题一出，教室里顿时鸦雀无声。这个时候，教师不必心急，不要担心课堂一时的"冷场"，或许这正是学生梳理自己的思路，进行深度思考的时候。突然，一个学生举手说："这句话充分体现了父亲对儿子的尊重，他们之间是朋友关系，是平等的。"其他学生豁然开朗，点头赞同。适度的留白让学生有了深入体会文本的机会，有了自己深思的过程，有了豁然开朗的收获。

现在，我常常努力做一名"懒"教师，在给学生减负的同时，我也适时地给自己减压，在时间和空间上给学生更多的自由，让他们的心灵解绑，在课堂上创设一个无限伸展的舞台。

## 六、"勤"连疑，"懒"串解，环环相扣通灵犀

人们经常用"连环"比喻一个接着一个互相关联的事情。苏轼的《记梦》一诗中有"连环已解如神手，万窍犹号未济风"。在语文教学中，通过引导学生一个问题接一个问题地深入思考，能够很好地锻炼学生的逻辑思考能力，引发学生的思考，提高语文素养。课堂上如何引发学生的连锁思考，进行逻辑性的锻炼？教师不妨多思考一下如何使用连环计。

"连环计"是《三十六计》中的第三十五计："将多兵众，不可以敌，使其自累，以杀其势。"一计累敌，一计攻敌，两计扣用，从而战胜敌人。此计谋指使用两个及以上的计策打败敌人。从教学艺术上讲，连环计能体现出教师的循循善诱，引导学生逐层深入地思考，进而发现语文的真谛。

## 第三章 语文教学"勤""懒"结合的艺术

教师"勤"连疑,"懒"串解,通过一连串的疑问,环环相扣,让学生心有灵犀,通明神会。

### (一)"勤"连问,"懒"直讲,环环相扣妙趣生

在语文课上,教师可以巧妙地设计出连环式的提问,这种提问又可称为追问。教师可根据知识的系统性、连贯性,以及知识点之间的内在联系,设计出一系列环环相扣的问题进行提问,以疑引疑。问题之间连接紧密,环环相扣,步步深入,不断促使学生思考,加深学生对问题的认识。例如,我在带领学生学习《祝福》这一课时,为了让学生理解倒叙手法的作用,让学生根据课文内容为"祥林嫂"编写"年谱":

二十六七岁以前——与祥林结婚。

二十六七岁——春天,死了丈夫。冬初,逃出家中,经卫老婆子介绍,到鲁镇做工。

二十七八岁——春上改嫁。年底生阿毛。

二十八九岁——阿毛两岁。

三十或三十一岁——贺老六患伤寒死去。四岁的阿毛春上被狼衔去。秋天,经卫老婆子介绍,重回鲁镇做工,祭祀时很闲,只烧火。年底,柳妈建议她去土地庙捐门槛。

三十一二岁——近秋,到土地庙捐门槛。冬春祭祖时节,仍不能拿酒杯、筷子和烛台。

三十二三岁——头发发白,记性尤其坏。

三十三四岁——可能被赶出鲁四老爷家。

四十岁上下——腊月二十四夜里或二十五凌晨离开人世。

然后发问:"课文是按照怎样的顺序编排这些事情的呢?"学生回答,课文使用了倒叙手法。我通过两个问题引出了本课的教学重点——倒叙手法。接着,我引导学生思考:什么是倒叙?倒叙有何作用?这就引导学生一步一步思考了本文的重点和难点。教师按照学生特点和教学的循序渐进原则,巧妙地使用"连环计"设计出连环式提问。这符合科学知识内在逻辑顺序和学生认知能力的发展,使学生循序渐进地、系统地掌握学科知识,并学会知识的迁移和举一反三,并且有利于学生思维的深化和知识的掌握。

## （二）"勤"整合，"懒"单评，点燃思维气势宏

整合教学、单元教学的重要性越来越被广大教师认识到。整合教学就是找到不同文本之间的相似点，在课堂中把这些文章整合起来进行教学的方法。整合教学可以最大限度地让学生接触到更多的文章，学生的知识面扩大了、接触面扩大了，阅读能力和鉴赏不同文本的能力也就提高了。

比如，在教学《拟行路难（其四）》《蜀相》《书愤》过程中，我以"诗歌朗读"为切入点组织学生活动，进行单元整合教学。"我们学校一年一度的书香校园活动马上开始，请你选择朗读作品参加活动。"学生一听这样的情景设定，都比较积极活跃，而教师让学生从下面3个任务中选择一个参与活动，也提高了学生的主动学习意识。这3个任务是：（1）"我是校园小主持活动"：学校现向所有班级选拔主持人，请你带着对《拟行路难（其四）》《蜀相》《书愤》3首诗歌的主持词参加选拔。（2）"我是校园朗读者活动"：请你带着自己选择的作品参加活动。（3）"推荐齐读作品活动"：书香校园朗读活动最后要选择一篇作品作为全校师生齐读的作品，请你来推荐并说明原因。这3个任务的设计整合了这3首诗歌的所有教学重点和难点，同时更提高了学生们参与的积极性。任务（1）指向对诗歌含义、主旨的把握，不同学生的主持词也能反映出学生对于诗歌的理解能力，老师在"选拔"主持人的过程中自然能够引导学生掌握3首诗歌的含义以及中心主旨。任务（2）指向诗歌的诵读，这应该会是学生最积极参与的部分。任务（3）指向诗歌的不同语言风格，对于格调昂扬的作品，齐读的形式更能发挥出优势，所以选择齐读作品并说明原因，能够帮助学生理解诗歌之间不同的语言风格以及诗歌所独有的气质特点。

## （三）"勤"延伸，"懒"拘泥，思维浮动类旁通

在阅读教学中，教师要始终注意阅读材料的内容要素，"勤"延伸，"懒"拘泥，把阅读和写作、绘画甚至图标等形式巧妙地联系起来，将其作为语言训练尤其是思维训练的途径。否则，一味地分析表达技巧、内容情感等，学生会感到枯燥无味。学生失去了学习兴趣，教学效果可想而知。

例如，在教学《琵琶行》时，为了引导学生掌握全诗描写的音乐变化特点，教师可以让学生根据诗歌对乐声特点的描写，绘制琵琶音乐变化的折线图。确定了横轴、纵轴的变量后，用数学的形式呈现语文内容，这对学生来讲就是非常新颖的体验，学生有了兴趣，才会有探究的主动性。又比如，在教学《滕王阁序》一文时，我总是会让学生选出自己最喜欢的句子，并把它们画成图画。本来我以为学生会应付敷衍，但是从学生交上来的作业看，学生画得很好、很棒，有几幅作品我复印了之后保留至今。再比如，《荷塘月色》中作者的心情变化是比较明显的，教师可以调动学生的创造性，为文中不同自然段中作者的心情特点涂色，不同的颜色表示不同的心情——蓝色表示"不宁静"；红色表示渐渐开朗、明媚起来；黄色表示心情解脱。这样的"涂色活动"对学生来说更是别样的体验。

"勤"延伸，"懒"拘泥，要求教师把学习的方式打通，把学生的不同感官调动起来，甚至把不同学科的知识调动起来，这样的延伸一定是异彩纷呈、趣味横生的。

总之，语文课堂教学是一门再创造的艺术。教师可以大胆地改变教法，大胆地推陈出新，巧妙灵活地运用一些技巧有效组织课堂，"勤"连疑，"懒"串解，通过高水平的连环提问、连环拓展来激发学生的求知欲望，将兵家典籍《三十六计》的精华融入课堂教学中来，以实现语文课堂教学的有效性和高效性，使学生真正发展成为具备创新素质与开发潜力的全新人才。

### 七、"勤"结赞，"懒"相轻，以情为权立绝世

"荣辱者，赏罚之精华也。故礼教荣辱，以加君子，化其情也。"这句话出自《申鉴·政体》。人们对待君子，通常的做法是感化他们的情志。学生在教育活动中是需要被教化的群体，学生的学习过程应该是情感受到感染的过程。在教学过程中，教师如何从情感上教化学生，让学生拥有好的情感态度与价值观？教师不妨多思考一下如何使用美人计。

"美人计"是《三十六计》中的第三十一计："兵强者，攻其将；将智者，伐其情。将弱兵颓，其势自萎。"意思是：对兵力强大的敌人，就

· 203 ·

攻击他的将帅；对明智的将领，就动摇他的意志，这样敌军将帅的斗志就会衰弱，兵力衰颓，战斗力自然萎弱。此计谋指对待势力强大、将帅明智的敌人，最好的办法是用美人计消磨将帅的意志，使其自颓自损，从而保卫自己。从相反的方向说，如果想要帮助一个人，那么最好的办法就是鼓励他的情绪，坚定他的意志，使其对自己充满信心，拥有最好的状态。从教学艺术上讲，赞美、鼓励学生，能够增强学生的自信，帮助学生获得最好的情感态度与价值观。教师"勤"结赞，"懒"相轻，多鼓励，少轻视，学生自会受到极大鼓舞。

### （一）"勤"表扬，"懒"批评，赏识教育增信心

教师是进行情感教育的职业，作为一名合格的教师，应该多发现学生的优点。每一个人都期望自己被肯定，学生更是如此，年少的他们内心涌动着被肯定、被表扬的渴望。赏识教育是一种教育理念，符合当前教育教学改革的要求。它可以帮助学生克服自卑、树立自信、培养良好的学习兴趣。

具体来说，教师要进行"走心"的肯定性评价。"你真棒"之类的肯定评价已经不能满足学生被肯定的需求，有时候反而会适得其反。在这一点上，教师们不妨向孔老夫子学习。据《论语》记载，孔子对待不同的弟子有着不同的回答，因为他深知不同的学生有着不同的个性特点，即便是同一个问题，对不同的学生也要用不同的答案来回答；肯定学生的时候更是如此。有的学生容易自满，有的学生常常自卑，所以教师要针对不同学生的不同特点来进行恰如其分的评价。对容易自满的学生，教师要肯定他们的具体行为，比如"字迹更加工整了""容易错的地方没有再错了，更加认真了"，同时也要提出希望——"但是作业还是没能及时上交，希望下次更加合理地利用时间"。对容易自卑的学生，教师要多多肯定："这才是我印象中的你，你本来就可以很棒的""这次依旧在进步，继续坚持，你一定可以实现自己的理想"，等等。肯定式评价对容易自卑的学生来讲，就如和煦的春风，温暖人心，让学生感觉到自己在被关注、被重视，这样学生学习的积极性一定能够提高。

## （二）"勤"具体，"懒"泛化，春风化雨暖心扉

对学生的表扬不能千篇一律，要对学生进行有效的、具体的表扬，"勤"具体，"懒"泛化，凸显学生的个性。

学生学习的不同时期，教师可以用自己独特的、不同风格的评语给学生带来不同途径的、不同程度的关怀。比如，我总是会积累不同主题的名人名言。在新学期开始时，在每一位学生的作业本上写下要树立远大志向、敢于超越自己的评语。上课的时候我能明显发现学生的状态是不一样的。又比如，在临近期末，学生状态比较浮躁的时候，我总是会在每一位学生的作业本上写下戒骄戒躁、坚持到底才是胜利之类的名言警句。对学生的肯定和表扬就是要这么具体、无微不至，因为只有这样，学生才能真正感受到春风化雨般的温暖。

青少年的性格特点是容易起伏、变化，还没有完全成熟，所以教师要时刻关注学生的不同状态，给予恰当的、更加具体的肯定性评价。"春风"的特点就是和煦的、不留痕迹的、不生硬的，教师恰当的肯定性评价就如春风般，让学生感到安慰、受到鼓舞。因此，教师除了要提升教学能力外，对学生不同时期的恰当评价的能力更应该提升。

## （三）"勤"关注，"懒"忽视，锲而不舍铸鼎才

学生需要被教师关注。学生只有意识到自我的存在，才能真正有提升自我的意识。每一位学生都是不能被忽视的，被忽视是教师对学生的不负责任，更是学生的悲哀。学生被关注，他们才能意识到自己是学习的主人，学习才能达到预期的效果。

我在教学过程中，总会设计自己的课堂活动。比如，我一直坚持精心设计每天的课前演讲、每周的时评分享。每天语文课之前都会有学生进行课前3分钟的演讲，到学期结束，每位同学都会有一次机会。每天的课前演讲活动中，学生根据自己的想法组织演讲内容，然后教师抽取一到两位同学对这位学生的演讲内容进行点评发言，最后教师用一两句话进行总结。课前演讲是教师关注学生心理状态的大好机会。教师通过学生的发言可以了解他们近期的心理活动，甚至可以了解近期班级的整体情况。每周

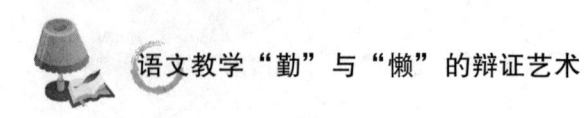

利用晚自习时间进行时评分享,每3位学生提前一周准备,这样的活动更是对学生创造性活动的关注。学生提前准备,时间充分,可以准备图片、视频,还可以提前组织学生活动。这样的活动精彩纷呈,呈现出了不一样的学生形象。由于课堂时间有限,教师不能一一提问所有学生,通过这样的活动,既关注了学生状态,又能关注每一位学生的成长。

总而言之,在课堂上要以平等的姿态对待学生,要习惯经常使用激励语,多发现学生身上的闪光点,并放大学生身上的闪光点。"勤"结赞,"懒"相轻,多用不同的方式肯定学生,多用不同的形式关注学生成长。教师要让学生感受到自己对他的尊重、关爱与期望。"吹面不寒杨柳风""春风化雨,润物无声"便是这种育人境界吧。

# 后 记

遥记辛未（1991年），我从华中师范大学汉语言文学系毕业。虽然回报桑梓、献身教育的决心早已打定，但当我站在沙澧河交汇处的河堤上，看着奔涌东去的金鳞时，一股豪情仍油然而生：漯河，您的孩子回来了！我将努力拼搏为您增光添彩！从那一年起，我一头扎进漯河市高级中学的语文课堂，并在一轮循环教学后，一直留在高三年级。至新世纪到来，9年之间虽然经历了教师、班主任、备课组长、教研副组长、教研组长、政教主任、办公室主任、副校长等多种角色变化，但我最爱的还是一线语文教师和班主任的身份。我与我的学生们一起告别懵懂和青涩，怀着对新世纪的憧憬、向往和追求，带着高考语文多次获得斐然成绩的荣耀，快乐而骄傲地跨入了21世纪。

岁在庚子（2020年），我从教已29年。在学生们的追梦之旅上，我有幸成为陪伴者与引领者，备觉荣耀：数千学子，风雨同舟，同力同向，皆成家国栋梁，无限荣光；29载，春风化雨，妙手文章，奋发图强，喜看桃李满园，梦想飞翔。

29年，似乎弹指一挥间，然而翻开一本本教案，细细抚摸，恍惚间，字里行间一届届学生的笑脸，不经意间，也会掀落一两片没有粘牢的教余碎语：

带着蔚蓝色希冀，心和梦一起飞，相信美好的未来触手可及……

天使折翼也不陨主角意义，我愿做引路人，让语文美不胜收……

课堂上的精彩永远像一个感叹号，却不是终篇……

但愿多少年后，我可以像泰戈尔一样说：天空中没有鸟的痕迹，但我已飞过……

它们因久掩而簇新，多数是钢笔字样，笔迹蓝色，结尾清一色的省略号，仿佛永不知足的困惑状态。我想，这便是我作为一名语文人的初心吧。

陶行知说:"生活、工作、学习,倘使都能自动,则教育之收效定能事半功倍。"碎语类似于批注,作为我教学初期主动思维的点滴表现,至少说明一个愿意进步的人,时间不仅不会淡漠他的身影,反而会近乎偏爱地允许他越来越高大。也正是在整理这些碎语的过程中,我逐渐还原出自己"青涩锋锐—醒悟成熟—包容理性"的成长路径。

这让我不由得想起了青原惟信禅师说过的一段很有名的话:"老僧三十年前未参禅时,见山是山,见水是水。及至后来,亲见知识,有个入处,见山不是山,见水不是水。而今得个休歇处,依前见山只是山,见水只是水。"味到深处,结合自己的一路成长,我姑且斗胆把语文教学的一些个人经验总结为:"多"与"少"的辩证艺术、"快"与"慢"的辩证艺术、"勤"与"懒"的辩证艺术、"死"与"活"的辩证艺术。每一种经验之谈,都对应了我前文所讲立足一线、脱胎换骨的3个成长阶段,并契合了一名优秀语文教师的3个特点:一是学科教学特点,二是心理特点,三是专业化成长特点。这4种经验力求采用发展的观点,尽可能做到理论和实践相结合,有效地呈现语文教学的辩证艺术,为一线语文教师的课堂教学抛砖引玉。所以,回顾29年的教学生涯,跨越两个世纪,陪伴学生们成人成才,并传播4门艺术(姑且叫艺术吧),虽时有食不甘味、寝不安席,甚而忐忑不安,但自感无愧于心,无悔于行,无怍于德,大爱于语文。

本书五易其稿,最终能够出版,绝非我个人之功。前面有张文质、闫学、刘燕飞等导师的引领示范,精准把脉;背后是漯河市高级中学各位同人,如张荣谦、张晨华、冯文权、杨艳华、范亚齐、娄文文、李雨夕、王艳等老师的友情助力,建言雕琢,尤其是张荣谦老师,做了大量工作,付出了辛勤的汗水。河南省基础教育教学研究室主任邵水潮、副主任丁武营等各位领导、专家的亲自指导、大力支持;出版社各位老师对书稿精打细磨,精益求精。最令人惊喜和感动的是,中国教育学会名誉会长、北京师范大学资深教授、教育泰斗、我的偶像顾明远老先生为本书欣然作序。我原本只是想翻看教案中的蓝色风景,可是你们给了我未来无限广阔的蔚蓝天空。在此一并表示我最诚挚的谢意!

另外,书中使用到的精彩课例,经多方联系,已经获得了大部分作者

# 后　记

的授权。个别课例，出于各种原因，我们没有联系到作者。请这些作者看到后尽快和我联系，以便支付稿酬。对于你们，我同样心存感谢，正是你们的智慧滋养，让我逐渐摆脱浅薄。

最后，我愿用我满腔的深情感谢教学。日复一日，年复一年，三尺讲台，三生有幸。秉承一颗纯粹的师心，让一直不曾停止的思索和探求，催绽一个个美丽的青春梦，共圆最美的中国梦，此乐何极！教有法无定法因材施教，学无类有门类术业专攻。作为一名高中语文教学的探索者，我会不忘初心，砥砺前行。本书思索不深，见解固浅，难免流于粗陋，见笑于大方之家；甚或有谬误之处，失察不觉，欢迎专家、同行多加批评、指正，不胜感激。

王海东于漯河市高级中学